This is My Own

这是我所有

[美] 洛克威尔·肯特 著

刘莉 译

Chinese Copyright © 2022 by SDX Joint Publishing Company.
All Rights Reserved.
本作品中文版权由生活·读书·新知三联书店所有。
未经许可，不得翻印。

图书在版编目（CIP）数据

这是我所有 /（美）洛克威尔·肯特著；刘莉译. —北京：
生活·读书·新知三联书店，2022.8
ISBN 978 – 7 – 108 – 07353 – 2

Ⅰ. ①这… Ⅱ. ①洛… ②刘… Ⅲ. ①肯特（Kent, Rockwell 1882-1971）– 自传 Ⅳ. ① K837.125.72

中国版本图书馆 CIP 数据核字（2022）第 016038 号

责任编辑	丁立松
装帧设计	鲁明静
内文排版	王 巍
责任校对	曹秋月
责任印制	张雅丽
出版发行	生活·讀書·新知 三联书店
	（北京市东城区美术馆东街 22 号 100010）
网 址	www.sdxjpc.com
经 销	新华书店
印 刷	河北鹏润印刷有限公司
版 次	2022 年 8 月北京第 1 版
	2022 年 8 月北京第 1 次印刷
开 本	880 毫米 × 1230 毫米 1/32 印张 13.25
字 数	282 千字 图 110 幅
印 数	0,001 – 6,000 册
定 价	79.00 元

（印装查询：01064002715；邮购查询：01084010542）

THIS IS MY OWN

by **Rockwell Kent**

with drawings by the author

DUELL, SLOAN AND PEARCE · NEW YORK

如果我写的这本书里的许多人物是虚构的,那该是多么令人高兴的事啊!可惜他们不是。我怀着对世界的幸福未来的期许写下的那些人物,另外的那些,如果他们是真实的,该是多么令人高兴的事啊!他们是真实的!

——洛克威尔·肯特

目 录

I	异国他乡	1
II	黄金营	11
III	希望之乡	17
IV	砾石坑	21
V	奔向自由	33
VI	地窖与坟墓	39
VII	路之尽头	47
VIII	这是我所有	51
IX	去班伯里十字架	67
X	上帝保佑我们的家	75
XI	凤　凰	85
XII	公共服务	93
XIII	听证会休会	111
XIV	感谢上帝，去工作吧！	121
XV	早点睡	129
XVI	阿斯加德	139

XVII	甘地和佩吉·乔伊斯	**151**
XVIII	洛克威尔,为什么?	**157**
XIX	上帝的子民	**163**
XX	杰伊纳税人协会	**173**
XXI	见鬼去吧!	**181**
XXII	特洛伊木马	**189**
XXIII	再见!	**199**
XXIV	指环、十字架和美元符号	**205**
XXV	开怀大笑	**219**
XXVI	人与山	**229**
XXVII	那种表情	**237**
XXVIII	值得为之奋斗	**247**
XXIX	以伟大的耶和华之名	**257**
XXX	疯子农场	**273**
XXXI	突袭牛群	**287**
XXXII	面包与石头	**297**
XXXIII	更换首领	**317**
XXXIV	啊,正义!	**327**
XXXV	友好的邻居	**343**
XXXVI	没有回音	**365**
XXXVII	我们宣誓	**379**
XXXVIII	上帝保佑我们的国土	**393**
XXXIX	尾 声	**405**
	致 谢	**408**

画 作

基础——25 页

劳动者——55 页

屋脊——81 页

当阳光普照——141 页

他们可以接受——167 页

"世界啊,生命啊,时间啊"——213 页

以伟大的耶和华之名——263 页

世世代代——306 页

在我们主的年代——355 页

全世界的工人,团结起来!——383 页

有一人尚存一息,灵魂却似熄灭,
他从未对自己说过,
这是我所有,我的故乡!
但内心深处从未停止燃烧,
他的脚步已经转向故土,
不再徘徊异国他乡。

——沃尔特·司各特

I

异国他乡

当你如此贫穷,不知道下一分钱该从哪儿挣,或者如此富有,无法想象下一分钱该怎么花,又或者你两者皆非;当你痛苦,当你欢乐;当世界因战火交加而走向毁灭,或在和平中腐朽(如果有和平的话);当你陷入爱情,或者你没有;"当他人的帮助失效,所有的安慰都消失踪影",或者当它们仍在身边;当……简而言之,当现实如此不堪重负,无论是好是坏抑或平庸,你无法看透它——那么**向外看**!当下,对于弗朗西丝(Frances)和我来说,就是如此这般情况。我们向西游历,远到英国资本冒险铺设了铁轨之处,在多尼戈尔（Donegal）[1]的格伦蒂（Glenties），我们站在那里，无家可归，除了身旁地上的行李外一无所有；我们也没有任何帮手——能依靠的只有自己的双腿和口袋里的钱包。让我们彻底迷惑的是，眼前这圈小山的外面，还有些什么。**向外看**？我们的确这么做了：爬上最近的一座山向外看。

我们爬上的这座山，它有些陡峭，四周都是裸露的岩石，光秃秃的，像一座小山应有的样子。当我们站上山顶，世界不仅在我们脚下，而且西多尼戈尔也倾斜着呈现在我们眼前——丘陵和山脉、橄榄高地、镉和翡翠田、白墙的村庄、湖泊和溪流、海湾、沙滩、岬角、海角和半岛——所有这些西多尼戈尔的美景在深蓝色海面的映衬下，在阳光下闪耀。天哪，太美了！就让我们选择这样一个地方——居住下来。

偶尔会有诗人和哲学家大肆宣扬单调的乡村田园生活的满足感，不过，他们会煽情地伴称，住在那里的可怜的人们**选择**了只有习惯、刚需或懒惰才能使他们接受的东西。美丽的草地、平坦的田野、蜿蜒的溪流、宜人的小树林、嗡嗡叫的甲虫、叮叮当当的羊群、哞哞叫的牛群、"肃穆的寂静"[2]、黑暗、就寝、沉睡、鼾声——嘘！不要发出声音！不要吵醒他们！沉睡，有福之死！以及亚伯拉罕的永恒怀抱。雷声中，谁愿意永远躺在亚伯拉罕或**任何人**的怀抱

1　爱尔兰的城市名。——译者注；以下若无特殊说明，均为译者注。
2　出自诗歌《墓园挽歌》，作者托马斯·格雷（Thomas Gray, 1716—1771），英国 18 世纪重要诗人。

里——不管是死是活！"就这样永远地沉睡吧，或昏迷地死去！"[1]天哪，这是多么愚蠢啊！我们非常相爱，甚至有些愚蠢地相爱，我们两人站在多尼戈尔的这座山顶，扫视着这片景色，喊道："天哪，看那儿！"同时指向远离北岸的一座巨大的半岛，那里没有闪着微光的白色小村庄，没有翡翠田，没有沙滩，没有平缓的海岸线，只有山脉、岬角和大海。

我们奋力攀上小山，又连蹦带跳爬下山，雇了一辆车，装上行李，坐进车内，跟司机说："向西开！"车启动了。我们终于到了那儿。怎么到达的？穿过那些曲折的山路，穿过那些马车的轨道，到达路的尽头时，走上小径和无路的荒原，我们庆幸爱尔兰的每寸土地都是美好的风景。我们在那儿住了下来。

有一个古老的传说，故事的结尾处讲述了一个贫穷、饥饿的老流浪汉来到一座巨大宫殿的门口乞讨，年轻的国王被感动了，下令准备一顿丰盛的宴席，摆在这饥饿的人面前。这盛宴是多么丰富！有烤牛肉配约克郡布丁，有土豆泥和煮玉米菜豆，有刚出炉的香气四溢的自制面包，还有黄油——上好的黄油！——来自国王自己的奶牛场。然而，我们将看到，根据国王的命令，除了这些美好的食物和桌子，有一样东西没有送上来。当一切都准备就绪，国王亲自把乞丐领到他的座位上，打开一块锦缎餐巾，老乞丐把餐巾仔细地

---

[1] 句式出自诗歌《明亮的星》，作者约翰·济慈（John Keats，1795—1821），杰出的英国诗人、作家之一，浪漫派的主要成员。诗歌原文是"And so live ever, or else swoon to death"（就这样活着，或昏迷地死去）。

披到下巴底下——他显然是很有教养的。同时,灵巧的仆人已经切好烤肉,在盘子里盛满了食物。刚把盘子放到老乞丐面前,他就激动得发抖,期待得口水直流,渴望地发出哼哼声。他抓起自己的刀叉,向盘子伸去。好啦,让我们暂时忘掉这个老人。

我们两个来到爱尔兰的人,以富人的标准来看,算不上有钱,但也算不上贫穷。我们手头有现金,口袋里有积蓄,日子舒舒服服,当然不是乞丐。然而,我们想要的、渴望的、追求的东西,绝不是能用金钱衡量的,也不是能用钱买到的。假如我们相信上帝有可能给我们想要的东西,无论他是否会留意我们,我们都愿向他祈求与我们心中坚信的价值观相吻合的等价交换。但我们没有祈祷,我们一路跋涉,寻觅。当我们身处多尼戈尔半岛北岸的群山中,望向格伦洛(Glenlough)山谷,我们知道我们已经找到。烤牛肉和土豆泥、煮玉米菜豆、热面包和香甜的黄油,这些对老流浪汉贪婪的肚子意味着什么——格伦洛和环绕它的群山,以及它所面对的蓝色海洋,对我们快乐的灵魂就意味着什么。我的脑海中浮现出一句曾经读到的话(我已经忘了来源):"那里除了青草和上帝的存在,其他什么都没有。"在格伦洛,一切都在,上帝的存在通过这片浩瀚的景色,通过无边的寂静,或仅仅是沿岸波涛偶尔的怒吼,通过孤独,正如少数几个沿路来的人的天性一样,呈现出来。我们在一间断壁残垣的老屋里住了几个月,却十分满足,这本身就是我们对此地敬仰的象征。有人在教堂里耳语,如果连耳语也能听见,那也许就是在格伦洛的那幢房子里。

它不超过 10 英尺 × 12 英尺,是一个简陋的牛棚,而原来有三个房间的主体房屋已经完全成为废墟。我们努力把它变得适于居住，用白漆、自制家具和印花布让它充满家的魅力，"小房子"的名声也因此传遍了整个村子。

随着时间的推移，我们逐渐了解到，我们的房子还有其他的故事。据说，许多代人之前，有另一个流浪者来到这个山谷，他是一个外国人，一个逃亡者。他在我们住的这间小屋找到了栖身之处。他每天都要到海边去，坐在那里，留意来往的船只。十二个月后，有一天，来了一艘法国的大船。他便坐船而去。他们说，他的名字叫"查尔斯王子"。"你们听说过他吗？"他们问道。这个传说令人惊讶，因为直到最近，这里的大多数人都还是文盲，对历史的了解应该仅限于多尼戈尔地区的事情。也许查尔斯王子的确曾经藏身于此。"要是他为了自己留下来就好了"，这种想法本身也许就是我们对此地的爱的表达吧。如果他像我们一样对屋子进行一些修复，并且在这儿结婚，也许余生会过得非常幸福，直到平静地离开人世。他为什么离开呢？而我们最终又为什么离开？我们如此渴望的终生盛宴，我们找到了，享用了。然后，我们离开了。

现在让我们回到刚才坐在年轻国王的桌子旁、围着餐巾、拿着刀叉、面前的盘子里堆满美食的老乞丐那里。让我们回到他身边，因为他和他的盛宴与我们的故事关系重大。他还在那里，美食却几乎没动。但他已经从桌边站起身来，他的手里拿着皱皱巴巴的餐巾，眼里满含泪水。

"坐下吧，坐下，"年轻的国王请求道，"你几乎没碰你的食物。你不喜欢吗？"

老人沉默了很久,茫然地望着前方。岁月的图景在脑海中展开,但睁开眼却什么也看不见。最后他回过头,深深地望着国王的眼睛,说话的声音因激动而哽咽:"陛下,我知道这是绝好的食物,我非常想吃。天哪,我真饿!但是,请原谅我。它们不适合我,它们没有……"

我们在干什么呢!这种讲故事的方式太可笑了,从结尾讲起,却忽略了所有给予结尾意义的其他东西!奇怪的是,这个意义,在一本关于美国这个大熔炉的书中(这里再次出现了烹饪法),绝对不容错过。多年以前(我们现在来用正确的方式讲述关于老人和国王的故事),在我们目睹的这场盛宴的前几年,在一个国家里,信不信由你,有一个有才智、相当英明和得体的国王。中年的他厌倦了皇位带来的管理国家和社会的艰巨责任，便把三个儿子叫到身边，解释了现在的情况，宣布他将退休，并打算根据他们对他的崇拜程度把王国分给三个儿子。彻底解释了他巧妙的提议和条件之后，他转向他的长子，说道："我的大儿子，告诉我你有多爱我。"

大儿子并不是特别聪明的人，但这是一个能够激发最愚钝的人的时刻。"父亲，"他说，"我像爱世界上所有的金子和银子一样爱您。"这样说就对了，他想，并望向国王脑袋上的皇冠。

如果说好国王只知道一个判断价值的标准的话，那就是钱。世界上所有的金银可是价值连城。他十分感动。"亲爱的儿子，"他说，"你将得到三分之一的王国。下一个！"他转向二儿子。

二儿子是不是比大儿子聪明倒是个问题，但是大儿子起了带头作用，循着大哥的目光望向皇冠，他看到了金子旁边的宝石。"父亲，我爱您就像爱世界上所有的钻石、翡翠、红宝石、蓝宝石，嗯……石榴石……就像把世界上所有稀有的宝石放在一起。"哥哥，面对现实吧！他心想，对自己很满意。

如果除了钱国王还知道另一个判断价值的标准的话，那就是宝石。国王思绪纷飞，这是多么宝贵的礼物啊！"好孩子！"他激动地宣布，"你也将得到三分之一的王国。现在，我最小的儿子，你有多爱你的老父亲？"他满怀爱意地看着三儿子问道。他换了个舒服的姿势靠在宝座上，打算好好享受将要听到的话。

国王最小的孩子们一般都具有不可动摇的正直、不可战胜的勇气以及可爱的感性，因为他们想必都没什么机会站在聚光灯下出风头。这个年轻的王子也不例外。他坚定地看着父亲的眼睛，平静地说道："父亲，我爱您就像爱盐一样。"

你可以想象发生了什么，所有的事情也都像你想的那样发生了。被驱逐的王子刚过边境，两个诡计多端的兄长就聚在一起，把父亲赶了出来。然而，在短短几年时间里，小王子凭借自己的天赋，杀死了几头恶龙，并娶了拥有巨大王国的女继承人为妻，现在他的王国比他父亲的还要大。而那个父亲，从一个地方流浪到另一个地方，境况变得越来越差，你认为他最后成为了谁？就是这个年迈的、筋疲力尽的、饥饿的老乞丐。我们讲的这个故事就是从他的穷困潦倒开始的。而这个年轻的国王，天哪，他变得成熟了！他不是别人，正是老乞丐的小儿子。只不过，儿子认出了父亲，而灰心丧气的老父亲没有认出儿子。

随后，在宴会桌上，两人泪流满面地和解了，所有事情也都解释清楚了。年轻的国王很有政治才能，他把父亲苦难的原因描述得极其高尚圣洁，那些从未听说过年轻国王和他的国家（几乎没有人听说过）的人们，通过新闻和广播了解了两人的故事。事情就这么解决了。上千个机械化部队碾压了两国之间的无数小国家（吞并了它们，但没关系，因为并没有宣战），入侵了两兄弟的王国，在杀死了一半的邪恶民众后，俘虏并肃清了剩余的另一半，从而解放了所有人。从那以后，除了死了的、无家可归的、丧失亲人的、失业的人和工人们以外，所有人都过上了幸福的生活。上帝保佑他们！

但是为什么老乞丐那么饿却不吃他的晚餐？原因跟我们离开无比喜爱的爱尔兰宴会，离开多尼戈尔山脉，离开美丽的格伦洛山

谷，离开所有的好朋友，离开真正心满意足的一切一样；对于我们而言，那里没有盐。就像老乞丐国王转眼就知道这卑微的东西的价值一样，我们这些居住在国外的人也知道。

在美国——上帝保佑——并没有国王！我们也不是国王的孩子。但是，如果有一个国王，或者好一点，如果我们的自由女神明白地问道："美国的儿女们，你们爱我吗？"会有很多人回答："我爱你就像爱金子和银子一样。"而且他们的回答是认真的。也会有很多人回答："我爱你如爱钻石和翡翠。"他们也是认真的。但是我们中的大多数，因为品尝过我们这片大融合的土地的美妙滋味，真正了解它的"岩石和小溪，森林和丘陵"[1]，它的小镇和城市，它的东南西北，它的好与坏，我们这些人会哭喊道："亲爱的祖国，我们挚爱的自由，我们爱你就像爱盐一样！"

---

[1] 出自歌曲《My Country, 'Tis of Thee》，也称为《America》，是一首美国爱国歌曲，歌词是由塞缪尔·弗朗西斯·史密斯（Samuel Francis Smith）所作，而曲调则与英国国歌《天佑吾王》相同，是美国在19世纪时实际使用的国歌。

II
黄金营

船舶,尖塔,剧院,教堂,华屋,
都寂然、坦然,向郊野(它们在那儿!)、向天穹赤露。[1]

田野! 我们如此热爱它。**山脉!** 我们却并不喜欢。如果你喜欢的话,可以把那些叫作像山一般的楼群,那里有大片的剧院、神殿

---

[1] 出自诗歌《威斯敏斯特桥上》,作者威廉·华兹华斯(William Wordsworth,1770—1850),英国"湖畔派"诗人。中文为杨德豫译。

（也就是银行和教堂）、低矮肮脏的旧房子、临海的仓库以及潜水处，它们几乎要让土地的根系窒息。而大海呢？我们在格伦洛的前院就是蓝色的海洋——在刚刚过去的那个星期里，它几乎是我们全部的世界。我加入到栏杆边的人群中，看着我们穿过的这片灰绿色的泥浆。"两百。一，四、五、七、八、九……"他们在数着那些被无休止的潮汐带来的褐色的小蘑菇或水母般的东西。是世界上的人太多了吗？或者是爱太多了？还是别的什么原因？但侧耳倾听！有人在齐声合唱。我走到二等舱甲板，向下看三等舱。有五六个人站在那里，把帽子举在胸口，目光热烈地凝视前方。他们在歌唱，虽然唱得很糟糕：

"我的祖国，甜蜜的自由之地……"

我们正经过那座雕像，我的上帝！用如此的信任来迎接未知的事物，这些歌唱的人在家乡到底过着怎样的生活？

是的，自由之国，我们也爱你。我们爱你正如一个人只能爱自己的东西。不是盲目——虽然回家的那一刻眼中不由自主涌出泪水。不，远远不是盲目。这是一种人们与他们完全拥有的东西之间的相互占有，就像我的狗和它的朋友，我的孩子和他们的父亲，我的祖国和她的公民。这种相互占有哺育和塑造了宽容。并不是因为你所有的样貌，亲爱的祖国，尽管如此，我可以自豪地说，我们离家次数越多，回来的时候体会就更加深刻，我们没有幻想我们所面对的钢筋森林——这商业与工程的胜利，这在工业、财富、贸易、交通、奢侈品和艺术上的粗鲁和俗丽的巨大象征——是真正全面意义上的美国。上帝保佑我们，不！我所看到的那些在潮水中在海上

漂流的贫瘠的象征物,只不过是最后变成虚无的富丽堂皇的垃圾堆,而那曾经是一片大陆平原、丘陵和山脉的衍生物。是的,从高地冲刷下来,被河流带向大海,但是在那个三角洲,在那些冰碛中,有金子。我们和成千上万的人一起留在那里,挖金子。纽约,在整个 20 世纪 20 年代,是一个矿工的营地,如果你够聪明的话,还能存下钱,你能变得够有钱,然后收拾行囊,离开。我们是有计划的,并且一直坚守计划。

难道我们在这些年里读的书不够多,思考不够深刻,没有环游世界,看到的事物还不够丰富吗?至少应该知道不要被带进营地,不要因为对城市生活和价值观拍手喝彩的捧场者而失去常识。那些城市艺术商会,那些欢呼、引诱人溺水的女妖罗蕾莱们"来吧"的恳求,是这个城市文化的主旋律吗?"这就是生活。"穷人们在他们的公寓里说。"这就是生活。"富人说。"这就是生活。"华尔街的大生意人以及第三大道的小生意人说。公园里和歌剧院里的影迷们这么说,河滨公寓的情侣们这么说,东区门厅里的情侣也悄悄说,"这就是生活。"匪徒说。"没错,这就是生活。"警察说。烟雾、煤尘、噪音、喧闹、拥挤的人行道、拥挤的地铁、堵塞的交通,还有汽车喇叭、爵士乐和铆钉机的噪音。"为它作画!"评论家们喊道,"用乐器演奏它,用石头雕刻它,用牧歌、颂歌和十四行诗来歌唱它,围绕着它写小说、写论文,表演它、宣讲它、呼喊它、不断重复它。现在,所有的艺术、媒体、舞台、屏幕、平台,一起来吧,**这就是美国!**"

这才不是呢!这是城市,仅此而已。只有当我们乘飞机周游美国,从飞机上隔着几千英尺的短短距离往下看,看到那一望无际、未曾被破坏过的鲜绿,才能了解我们国家的真实面貌。绿色的乡村,草地、牧场和耕地,森林和原野,一小时又一小时,一英里又一英里地滑行过这绿色的土地。房子和城镇,就像是零星撒在桌面上的盐粒。在飞行的数小时当中,也许不时出现阴暗的条纹,烟尘弥漫,那就是城市!在 47000 英里的绿色里,城市只有一英里的面积。在上帝全知的眼中,这些城市的骄傲该是多么愚蠢啊!

上帝的眼睛和其所应拥有的冷静和包容的观点,以及以此为前提的公正判断,绝不应该从我们的思考中被忽略,因为这本质上与我们的一般性和个人性的人类问题无关。如果——现在我们也必须这样认为——关于上帝的整个概念只是人类从常识上**应该**如何看待事物的一种自我美化,有时候做一些尝试比不做更合理。至少,偶尔让我们了解自己身处何地,不论我们是爬上了多尼戈尔的一座小山,还是登上了阿拉斯加的山脉,不论我们有没有在一个繁星满天的夜晚飞翔,或是在帝国大厦的第 120 层往上看,有时候,让我们用上帝的眼睛去端详世界。思考。"站着",像济慈那样"站在广阔世界的岸边,沉思"。也许,当他这样做的时候,"爱和名誉"以及其他许多令人烦恼的事情会突然变得极其不重要。

我们就是从这样一个"岸边"或山顶看纽约的。在我们"神圣而公正"的判断中,没有一项是不承认纽约是重要的商业、文化中

心，以及从建筑上看是我们国家财富和工业化的纪念碑；或是不保证它是一个能让你度过美好时光的好地方；或是不赞同以下这些能让纽约人觉得高兴的说法，比如，第五大道或公园大道是世界上最伟大的街道，中央公园是世界上最美丽的公园，21俱乐部、摩洛哥俱乐部、斯托克俱乐部是世界上最漂亮的俱乐部（它们能提供你想要的一切）。即便以上这些都是真的，甚至包括更多的一切，纽约（或芝加哥、克利夫兰、费城、匹兹堡、圣路易斯、旧金山、洛杉矶和其他所有城市——从工业上、文化上、地理上、精神上或者物质上单独或者合并起来看）仍然不是美国。

让我们就这样认定，无论如何，对我们来说，过去是这样，现在也是这样。

所以，在我们所认为的20世纪20年代的那种宏伟的采矿营地里，我们生活，工作，挖金子，收拾干净，然后离开。

III

希望之乡

"启动。"他说道。我照做。车启动了。"笔直往前开。"我照做。"右转。左转。开上那个山坡。停下。现在重新启动。"我照做。他(亨利)、她(丽齐)、它(T型车)[1],一起完成了一切。

"现在我能拿到驾照了吗?"我无知地问他。

---

[1] 美国福特汽车公司于1908年起推出的一款汽车,T型车以低廉的价格使汽车作为一种实用工具走入了寻常百姓之家。从第一辆T型车面世到停产,共计销售1500多万辆,是平民轿车的典范。

"一周之内你就会收到车管局的通知。"

可是,半个小时之后,我们两个——不,不是和那个考试官,是弗朗西丝和我就带着驾照开着车轰隆隆地离开此地,向北开去。向北去往我们曾经读到过、听说过,但从未见过的北方乡村,去往世外桃源般的乡村,它对所有向往山地农场、山景和荒野的人来说都充满魅力。当然,它并不是真正的荒野,也不像我们国家有些地方那样是真正的山区,但是它在东部——我们都是东部人——最高、最荒凉、最近、我们最容易到达的地方,阿迪朗达克(Adirondacks)。我们不是去当游客,不是用陌生人的眼光去看这个对我们来说陌生的乡村,不是待上一周或者一个月,不是胡乱把它当作补药来恢复日常生活的"正常"。这不是一次野餐远足。我们就像两个一生都远离家乡的人,终于踏上了归途。然而,这个家我们还没见到过,也不知道它的位置和所在城镇的名字,我们的最终目的地毫无疑问将由它的本质特征来定义。人们所说的天堂只不过是他们一厢情愿想象的、愿意在那里度过永恒时光的最后的家园。我们也想象过,但是看不到任何理由为何非得等到死后才去那里,所以我们现在就出发去寻找它。虽然没有指路天使的陪伴,我们还是带上了9号公路的地图和一捆美国地质调查局的等高线地图,开始了这段不成熟的旅程。自己去找更有趣。谢谢了,天使,这样也好。

在本世纪头十年的一个冬天,我骑着马从纽约郊区的塔里敦(Tarrytown)去新罕布什尔州的都柏林(Dublin)。每天九、十、十一甚至十二个小时,连续八天,我都骑着马前行。在这样的旅程中,你会习惯什么事都慢慢来。慢慢地旅行时,你可以观察和思考。你的眼睛不用看路吗?不用,因为马有眼睛,它会看。因此,我对那次的旅程记忆深刻,同样地,对后来的一些在已经消失不见的土路上的旅行,以及开车旅行无法感知的乡村的细节也印象深刻。我现在非常了解从奥尔巴尼沿9号公路向北的那些路段,并不是因为1927年第一次令人兴奋的旅行之后又数次开车闪电往返,而是因为之后为期四天的从特洛伊(Troy)回家的马背之旅。那一次,我目不暇接,永生难忘。

在那第一次的向北旅行中,有一个激动人心的时刻让人难忘。我们穿过萨拉托加(Saratoga)北部几乎没有尽头的平原,穿过格伦斯瀑布(Glens Falls)。山呢?我们以为还有很远的距离。只有起伏的农田和树木繁茂的山丘。我们往上开了一段时间,正当我们继续往上开,树林突然近在咫尺,它们从马路两侧把我们包围起来,

挡住了我们的视线。然后,当我们一个急转弯,我们右边和前面的树林突然消失了,地面陡然下降。"天哪,看那儿!"我们喊道,转向一边,停了下来。那是乔治湖(Lake George)。

还远远不止这些。乔治湖,被群山环抱着,在那个夏日的午后,碧蓝如青金石一般,就像铺在希望之乡的一块毯子——在那一刻之前,我们有真正**看到**天空吗?——头顶是万里无云的苍穹,它的顶部是紫色的,遥远的北方群山的背后是金色的。希望之乡,我们驱车向它驶去。

我们疯狂地开着车——不过那时节什么才算疯狂呢——在我们到达旅行终点前几英里时,影子已经拉长,黑夜威胁着要把村庄藏起来不让我们发现。虽然我们竭尽全力地开车,夜晚还是来临了。尽管我们没有**看到**进入花束河谷(Bouquet River)最后那几英里陡峭下降的山路,我们仍然**感受到**这几乎达到可怕程度的荒芜,那只有夜晚和黑暗笼罩着未知才能激发的恐惧。我想,只有弗朗西丝的歌声才能消除我们的恐惧。哦,多甜蜜啊!她一边唱着歌我一边开着车。终于,我们到达了目的地。

IV

砾石坑

就像平安夜的孩子带着激动的心情爬上床,想着明天早晨会发生什么一样,那天晚上的我们也如此兴奋。第二天,伴着清晨的阳光,我们早早起床,穿衣,下楼,出门。

"山脉和丘陵,你们要称颂耶和华。骤雨和露珠,上帝之风,与世上所有的绿色。愿大地保佑耶和华。让它赞美他并永远尊敬他。"

亲爱的上帝,我们赞美和尊敬你!

我们的目光穿过阳光普照的街道,望向绿树掩映的草坪,望向古老的红砖白柱的法院大楼,望向整洁、体面、坚固的住宅。我们的目光穿过村庄，越过平原，望向环绕着它的群山。我们仰望着峰顶，仰望着清澈湛蓝的清晨的天空。我们转过头看着彼此，说道："我们就住在伊丽莎白镇吧！"

有一个古老的童话故事……（什么，又来一个故事？没错，不过这次的比较短。）有一个童话故事，讲的是一个士兵对一个老乞丐婆非常好，这个乞丐婆其实是一个仙女或者女巫之类的人，她想让士兵得到一笔宝藏。这笔宝藏藏在三间屋子里：第一间屋子里，是铜钱；第二间屋子里，是银币；第三间屋子里，是金弗罗林[1]。士兵进入第一间屋子，看到满屋的铜钱，贪婪得发狂了，他把所有的口袋都装满了铜钱。当他看到银币，就把刚装上的铜钱都倒了出来，又装满了银币。最后他又如此这般倒了银币，装满了金币。好吧，我们就是这样，在希望之乡这"第一间屋子"，就决定要住在这里。哦，住在山里的某个地方！上面是山，下面是小村庄。这里的人们像榆树一样壮实，头脑和灵魂像他们整洁的房子一样井然有序，像他们的草坪一样整洁精致。一天有多长，天空有多蓝，上帝有多好，他们就有多诚实。这些善良而淳朴的人就是我们的朋友。

"农场吗？要卖的农场？有的是。"他笑了。"是的，"高大和气、大腹便便的鹿头客栈主人本·斯泰森（Ben Stetson）说道，"是的，有农场。向北到刘易斯（Lewis），向东到韦斯特波特（Westport），向南到米内维尔（Mineville），向西向南沿着9号公

---

[1] 英国旧时价值两先令的硬币，相当于现在的10便士。

路。如果你喜欢的话，可以去花束河谷，那里有山上的农场，景色很好。我们就有几个这样的农场——里面的房子大部分都没了。我们不卖。农场到处都是。看看纳尔逊·戈夫（Nelson Goff）的农场吧，你会喜欢的。"

去纳尔逊·戈夫农场的路从陡峭的山坡通向起伏的高原沙地，那里曾经因为农场而被清理干净，现在却到处是生长过盛的无用的野草和零落的小松树跟桦树，曾经是谷仓和房屋的废弃棚子，或者是在那些残缺的坟墓中腐烂的骨头堆，还有地窖洞。随处的荒凉景色让这里充满凄美的感觉。"凶残贪婪的时间和充满嫉妒的年龄"，对这两样，所有东西都会最终屈服。最令人心酸的是，在人类生活的价值观里，总有一两个这样的家庭，没有意识到这一点，仍然执着于他们贫困的家园，坚持住在那里，想要摆脱贫困。

戈夫的地方不是这样。牧场里的草被剪得很短，没有杂草，这是精心耕种的成果。老谷仓也修缮得很好。房子周围的草坪里有花坛，苹果树下有供人休息的座椅。这栋小房子的状态维持得很好，藤蔓遮住了门廊，仿佛对着我们的眼睛说："这里住着好人。"它说得没错。

快中午了，戈夫太太叫我们去吃饭。正午差十五分钟的时候，老纳尔逊叫我去地窖试试他的蒲公英酒。我们试了一杯又一杯，很快就变得无话不谈，简直不知道谁更健谈。

"你们两个，快出来，"戈夫夫人叫道，"天哪，他会说个没完的。"

"遵命。"我们边从地窖上来，纳尔逊边说，"告诉你，我跑步很厉害。县里有一场比赛……"

"哈!"戈夫太太笑道,"他会告诉你,他的脚每次一落地,大地就会颤抖!"

"好了,他妈!"纳尔逊说。

"好了,他爸!"她说,"现在,你们俩都坐下。"

坐下比吃完饭再次站起来,简单多了。

又高又瘦、有点跛脚的七十多岁的纳尔逊爬上他的山丘,我们跟随着他。在牧场一个朝北的小坡顶上,他停下来,转过身,我们站在他身边,俯瞰牧场、矮坡上的树梢、埃塞克斯(Essex)郁郁葱葱的山丘,眺望尚普兰(Champlain)湖岸、宁静的浅蓝色的湖水和远处的青山。纳尔逊现在非常安静。

过了一会儿,他带我们去了另一个山顶。在那里向北望去,是几英里外的一座树木繁茂的大山。他指着从山顶一半高度向下的滑坡痕迹,告诉我们,那是麦金利(McKinley)总统被刺那天发生的滑坡。它被命名为麦金利滑道。大约是在同一年,发生了一场森林大火,烧毁了那一侧山坡上的树木。纳尔逊停下话头,看着我们。

"想听我讲个故事吗?"他问。

我们急切地回答:"想!"

"好吧,"纳尔逊若有所思地说道,"火灾后的第二天,我和一个邻居一起来到这儿——我忘了他的全名了——我和他一起上来,就站在我们现在站的地方,眺望那座山。'纳尔,'他说,'看到那些树都没了你不会觉得有点孤单吗?''是啊。'我说。"(纳尔逊严肃地说。)"'是的,约翰,确实有点孤单。'"我们

基础

很长时间没有说话。

"你们想再听我讲一个故事吗？"他充满希望地问。

我们当然想。他的后几个"故事"简单而平淡，与第一个相似。这些故事的要义在于用一两句简单的话表达出来的情绪。这些话很感人，因为发自内心。

我不知道最后为什么没有买戈夫的农场。我们几乎决定买了。但我们看向了更远的地方。

我们看了山上被森林几乎掩埋的废弃农场，还有保存得很好的山谷农场，近在眼前的极其壮观的山脉几乎令人窒息。至于房子，有各种类型的，维多利亚式的、1840年希腊式的、阿迪朗达克法式的和拼图洋基式的，不过越是打扮得花哨的房子现在看上去就越糟。那个时期的阿迪朗达克并不安定，当时的定居者把乔治时代建筑风格带到了新英格兰，不过他们既没有足够的空闲，也没有足够的技能来建造房屋。第一批来到这里的人应该很强壮，也很绝望。这片山谷坐落于茂密而潮湿的森林中，东部其他地方迎来第一批定居者的丘陵地带则要么人迹罕至，要么太过陡峭，不适合耕种。从工业家的消遣和魔鬼般的现代战争的角度来看，人类对阿迪朗达克荒野的侵蚀，经过一个半世纪"激烈"的斗争，陷入了僵局——文明的力量固守山谷，而前哨部队的开垦在荒野这个敌人持续的反攻下不断退守。荒野，就像为生存而战的中国一样，总会取得最后的胜利。

每个人都对我们要找一个农场这件事很感兴趣，通过我们不断反馈看到了什么，喜欢什么，讨厌什么，大家终于领悟到我们想要的是什么样的农场。"试试弗勒里（Fleury）那儿。"他们说。

弗勒里农场不在山顶上，而是建在山边。它唯一平坦的地方是一片三四英亩的池塘和沼泽。池塘上方有一小片空地，空地上有几棵半死不活的老苹果树和一个地窖口[1]。再往上走半英里，隐没在森林里的是另一片空地，几乎被荆棘和桤木覆盖，那里又有一个地窖口。但是，在池塘下方，是整理得很好的土地、向下倾斜35度的牧场、长满了桤木的草地，以及一片树海，还有山谷。在这一切之外，在山谷、丘陵和我们之上，是连绵不绝的山脉和参差的山峰。铁山（Iron Mountain）、秃峰（Bald Peak）、里美基尔山（Limekiln Mountain）、三角峰（Tripod）、诺布尔山（Noble）、把手峰（Knob Look）、皮托夫山（Pitchoff）、鞍背山（Saddleback）以及飓风山（Hurricane）。天哪，这景色，让我们喘不过气来，让我们目瞪口呆，让我们抛弃了一切常识。农场？谁还想要农场？房子？这里有一所漂亮的小房子，就在此地的入口处。也可以说有两所房子，不过另一所既不适合居住也无法维修。但是这景色！就这么决定了，我们要买下这个地方。

这个地方是纳尔逊·弗勒里（Nelson Fleury）的，他想要卖掉。"你要多少钱？"我们问他。他告诉我们价钱。"没问题，我们买了。"就这么快，除了契据一切都解决了。我们为寻找到如此美的

---

[1] 美国大部分农场家庭都会建地窖，用于储存食物、酿酒等。地窖口之所以会裸露在荒野和树林中是因为原本使用它的人的房屋已经损毁或倒塌，没有人再去将用于储存的地窖盖好。

地方而激动不已，决定开车去吃午饭。

当然，我们又匆匆赶了回来。从这片地方变成我们的那刻起，我们就对它充满了各种想法。**我们的池塘**、**我们的沼泽**、**我们的地窖**、**我们的房子和土地**，**我们的风景**！我们的，我们太爱这一切了！正当我们欣喜若狂地四处闲逛时，纳尔逊·弗勒里向我们走了过来。"我刚才在跟我妻子聊天，"他说，"你知道，我忘了说了，我们以后还是得一直住在那儿的房子里。"

好吧，让我想想，哪儿有夫妻会不愿意在那所房子里度过余生呢？反正**我们**愿意。而且，即便你买了这片地方，要求别人搬出他们的房子总是显得有些不道德。除此之外，弗勒里一家都是好人，勤劳、节俭、诚实，在社区里也受人尊敬，毫无疑问，连上帝也尊重他们。如果我们对他们的合理要求有那么一两分钟的犹豫——我毫不怀疑因为这突如其来的要求我们确实犹豫了——那都是非常让人羞愧的事。"弗勒里先生，你当然可以住在那里。我们应该提前考虑到的，你们当然可以住。"这件事就这么定下了，不过一小时后，弗勒里先生又出来告诉我们，他们还得要房子下面两三英亩的地来做花园用地。这碰巧是整个"农场"里唯一可以耕种的土地，但现在这是他们的花园，我们猜这里应该继续属于他们。"好吧，好吧，弗勒里先生。"我们同意了。然后又开始兴奋地计划，走来走去，在头脑中规划我们房子的样子。

我们选择的这个地方非常绝妙，高原略为突出的海角在山谷的深渊上向外伸出。这是一个完美的建筑地点，而且因为其他能看到风景的地方都是陡峭的斜坡，这也是**唯**一一个可以修建房子的地方。不幸的是，在海角的较低侧，大规模的砾石挖掘已经破坏了此地的整体外观，威胁到了它的美景。"幸好我们现在买了这块地方！"我们说道。下午的时光倏忽而过，很快太阳就要落山了，我们看着光线暗淡下来，暮色降临，便匆匆赶回家吃晚餐。明天我们就能拿到契约了！

那天，陪我们去的是我们的朋友、我们的顾问（在除了政治的其他各个方面）、我们在各种常识性问题上的后盾以及非常识性问题上的律师——詹姆斯·罗森博格（James Rosenberg）。"都决定好了，吉米。"我们告诉他。

"可是，"他带着煞有介事的谨慎态度说，"我以为你们想要的是一座**农场**和一所可以住的房子。两者你们都没得到。没有理由……"

没理由？那儿有美景！"等一下，吉米，等你看到我们的房子再说，等你看到房子的地点再说，等着，快来吧！"

"这是弗勒里先生。这是罗森博格先生。我们现在准备好了来谈妥这件事。"

"是的，是的，"弗勒里先生若有所思地说，"我和我妻子昨天晚上在谈这件事，砾石坑——我已经跟镇上签了提供砾石的合同。我不能让他们失望。我得保留砾石坑。"

什么，保留砾石坑！没有房子，没有花园地，现在连建房子的地方都没有了！"为什么，弗勒里先生，你不能……我们不能……就在昨天你还说……"

"是的，是的，我知道。但是我已经承诺过镇里了，我不能食言。我必须得提供砾石。"

"多长时间?你答应提供多长时间?"

"听我说,"吉米插嘴道,"你能不能让他在今年余下的日子里把砾石清除干净?就这一年?他不可能把整座山都搬走,肯定还有地方能建房子。怎么样?"

我们看着这片景色。昨夜,在一片熔金色的天空衬托下深紫色的群山,今天是蓝色的,淡蓝绿色上映衬着紫色的阴影。

"行,可以这么办。"我们说。

"行,这样可以,"弗勒里先生说,"你瞧,我答应人家的……"

吉米已经把相关事宜起草成文件:土地——大约二百英亩;减去房子(用于租客的生活)和花园用地;在1927年剩余的时间里可以继续挖掘、打钻、爆破、开采砾石,有以拖运、车载、吊车或其他方式运输上述砾石的权利,等等。"现在你们可以在这份买卖合同上签字……"

弗勒里先生退后了一步,说:"我不会签的。刚才说的没问题,我同意,但是没有律师陪同我不会签任何东西。"

"好吧,"我们喊道,"谁是你的律师?他在哪儿?"

"他是布鲁斯特(Brewster)先生,地区检察官。他在法院大楼。"

两点钟,我们四个人来到事先预约好的法院大楼、地区检察官的办公室。弗勒里先生迟到了。

"关于砾石的事儿太愚蠢了,"布鲁斯特先生说,"镇里不必非得从那儿弄砾石。如果因为这个承诺困扰他,镇里不会追究他的责任的。镇里肯定没跟弗勒里先生签过合同。不过，如果你们允许他再开采一年砾石，那就这样吧。正好他来了。"说着弗勒里先生进来了。

"这个安排你同意吗？纳尔逊。"重新约定条款后，检察官问道。

弗勒里先生说："我中午一直在跟我妻子商量这件事。我必须保留砾石坑。就今年一年不行。你瞧，我跟镇里承诺过……"

"镇里不会追究的，纳尔逊。他们不需要你的砾石，他们不想要。"

"不，"弗勒里先生说，脸上一副事先排演好的表情，"我必须保留砾石坑，我承诺过的……"

我打断他。"弗勒里先生，**你知道**你现在要求什么吗？你完全明白你的条件是什么吗？你想要房子、那块地、通行权、永远保留砾石坑？这些是你的条件？"

"是的。"

"你确定？百分之百确定？"

"是的。"

"好吧。我无法接受！就这样！我们说完了。"

纳尔逊·弗勒里站了起来，满脸通红，拿起他的帽子，走向我，伸出一只手。

"无论如何，"他说，"让我们友好地再见。"

"我们没有友好，"我回答道，"我们不是朋友，我们从来没有成为过朋友。我希望以后再也不要看见你。"

上帝保佑纳尔逊·弗勒里！如果他没有想要**永久保留**他的砾石坑，或许我们现在还住在那里。如果我们住在那里，我们就不能时不时**去**那里。如果不能去那个地方，不能一次次体会看到那幅美景时的新鲜与壮美，不能在山崖上点燃篝火，没有我们的朋友弗勒里夫妇总是在那儿欢迎我们，阿迪朗达克的生活好像会有那么一点不对劲。上帝保佑弗勒里一家！

V

奔向自由

愤怒,多么伟大、纯净、清澈、有益的一种情感!去她的,去他的,去他们的,一切都见鬼去吧!挚爱的人们,你们让我们失望了不止一次,上帝保佑你们!保佑这最后一根稻草!疯狂地寻找——找房子、爬山,疯狂的我们。在愤怒中保持理智,头脑清醒。明智地找到我们要找的价值,明智地对待那片山景让我们犯的错误。

拜伦·布鲁斯特说:"埃塞克斯县可不止这一个山谷,我带你们去看看。"

"你愿意吗？"我们喊道。

"来吧！"就这样，由纳尔逊·弗勒里和县政府的律师作为向导，县会计作为房产顾问，我们坐上了一辆比自己的车好得多的车，背朝朝阳，向西驶去。

上云杉山（Spruce Hill）的路是漫长而曲折向上的，因为今天的高速路的前身是过去四到六匹马拉的马车都很难走的道路，在那之前，这条路已经被早期内陆荒野的征服者们踩烂了。在这条路上，来自奥萨沃托米（Osawatomie）的约翰·布朗（John Brown）走在一辆牛车旁，车上载着他的家人和生活用品，去往他们位于北厄尔巴岛（North Elba）的农场。奔向自由的奴隶们选择走这条路，因为它如此崎岖和荒凉，挡住了追赶者的脚步。

1859年6月的一个夜晚，约翰·布朗向他的家人和邻居们郑重、平静、迅速地告别后，骑上马，最后一次，活着，从这条路经过。他们把约翰·布朗带回家的时候已经是冬天了。他们从佛蒙特（Vermont）的费尔根内斯（Vergennes）出发，穿过湖泊，到达韦斯特波特，天黑时抵达伊丽莎白镇。那天晚上，他躺在法院大楼里，由一群志愿者组成的仪仗队守护着。第二天，也是他旅程的最后一天，眼看就要有暴风雪了。幸运的是，地面上没有积雪，这支队伍在夜幕降临前到达了北厄尔巴岛。接下来的一天是12月8日，他们埋葬了他。

约翰·布朗站在西弗吉尼亚查理斯敦（Charlestown）的法院大楼里的时候，与其说是对着法庭，不如说是对着全体同胞，曾这样说道：

"我曾以我认可的方式对抗(奴隶制)……如果我的所为是代表那些有钱、有权、有智慧、所谓的大人物,或者代表他们的朋友、父母、兄弟姐妹、妻子儿女,或是他们所属阶级的利益,并因此受到我现在所遭受的苦难和牺牲,那一切就没问题了。法庭上的每个人就会觉得这是一种值得称道而非应该惩罚的行为了。"

约翰·布朗的行为直指一种南方地区特有的不公平制度,而且有记录表明,他的遗体在运送回家的途中,在距离他的活动地点远近不同的地方,得到的荣誉和哀悼也各不相同。如果他是在自己的新英格兰和北厄尔巴岛"如此干预"弱势人群,我们还会以正义的名义把他绞死吗?我们为约翰·布朗的灵魂继续前行而歌唱。它也

正是如此前行着。另外，上帝帮助我们——对那些把他钉在十字架上的人们的灵魂，也把它们钉在十字架上。

  云杉山。我们希望，那一定得是一个明媚和煦的春日上午，约翰·布朗的大牛车的五英尺大车轮从伊丽莎白镇一直滚到几千英尺的山顶。牛车停下来休息。约翰·布朗坐了下来。"看！"其中一个孩子喊道，指向——不是风景，在这狭窄、树木繁茂的高原上没什么风景——路旁的一条小溪。"看它在往山上流！"这种奇异的视觉误差，是因为经过几个小时不知不觉地来到山的一定高度后，仍在上升但是相对水平的山顶地带似乎会向远离我们的地方倾斜，也就是向下倾斜。他们已经到达了山顶的峰口，但是仍然在攀登，今天这条穿过草地的高速路，那时只不过是一片丛林和沼泽，没有比木排路[1]更好的道路了。在那片沼泽中，今天那些海狸——可能作为美国综艺人协会会员，为过往的游客献上一场受限制的动物园式的表演——的数不清的祖先们，对于工程和洪水方面的水利项目的规划和开发拥有完全和无可争议的先天权利，如果不考虑它们对人类造成的后果，这可能是最适于它们的生存方式。对海狸来说，那是伟大的时代，是遥远的拓荒日。它们可能会带领人类走向更伟大的时代。

  它们本来可以做到的，如果不是因为鲁莽和目光短浅的拓荒对它们的后代形成了威胁，它们会成为美国边远地区不受限制的自由

---

[1] 将树干并排横铺于湿软的地面上的道路。

的象征。约翰·布朗抬头所见的山坡上是初生云杉组成的森林，树荫下覆盖着一至四英尺厚的由云杉腐烂的树干、树皮、针叶、球果和苔藓堆积起来的地毯，它叫作伐木者云杉半腐层（woodsmen spruce duff）。它有类似海绵的结构，能吸收水分到饱和点，等到夏季干燥的日子里，释放这些水分，渗透到山谷小溪的涓涓细流中。它还能吸收和储存夏季的雨水，避免洪水泛滥，并养护土壤。这些云杉长得又高又直，当它们散布于森林中的低枝、幼苗照不到阳光时，它们就会死去，倒下，在潮湿的堆肥中安息，成为半腐层。当闪电袭来，燃起了森林大火，树冠轰然坠落在潮湿的地面，就像火把落入大海。约翰·布朗那时看到的森林，今天长满了第二三代的枫树、杨树、桦树和松树。然而，相较于阿迪朗达克失去的许多永恒的、阴郁的尊严，我们因接着到来的许多改变而感到欣慰。至少，人类在与荒野的斗争中做到了，使荒野——因为荒野仍然存在——朝他微笑。"好吧，你就保持荒野的样子！"愤怒的人类咆哮道，"长你那该死的桤木、杨树、漆树和桦树，我砍一棵你就长二十棵、四十棵；爬上我的草地；在我的牛群的鼻子底下，长满我的农场；保持荒野的样子——让你见鬼去吧！至少像人类一样！在春光里微笑，像我们大家一样快乐，**让我们看到你的快乐。**到了夏天？就好好热爱夏天！热爱它——好好生长，伸展你的枝叶，伸出你的'双手'，把你的'嘴唇'伸向高处。**放声大笑吧！**当夏天过去的时候，保持微笑，因为光阴短暂。当死亡就在眼前？那就尽情地嘲笑它吧，解开你的旗帜，解开你的三角幡，挥舞你的旗帜，展示你的色彩。你必须走下去，上帝为证，永不停止。"

就是在这样一个荒野，夏天的荒野，被落叶堆积到恰到好处的绿色所覆盖，闪烁回应着清晨阳光的爱抚，在风吹起的银色涟漪里微笑，我们从云杉山陡峭的西坡看到的就是这样一个带着人性的荒野。在我们下面一千英尺的地方，有一片狭长的草地，那是奥萨布尔河（Ausable River）东段的山谷，远处的树木之间几乎看不见那条小河。在山谷后面，从西侧边缘的陡峭山麓中上升，从山头下探，那是一座山，再下探，又升高，变成了更高、更陡峭也更宽阔的山墙，一波一波的山墙，这树木葱茏、山峦起伏之地，就是西阿迪朗达克山脉。我们心灵的家园，我们来了。

VI

地窖与坟墓

大路还是小路？我们在考虑到底走哪条路。我们沿着东坡边的大路，在每个利于观察的地点，只要有一片空地和偶尔出现的农场带来新景象，我们都会停车，下来看一看。"就选那里。"我们在深入了解情况后，最后会这么说。我们会转入具体的讨论："那儿，远处那儿，"我们指着那个方向说道，"那是一片山顶空地，看着像农场。那里应该可以住！"

"实际上那儿住不了人，"拜伦说，"我在那儿猎过鹿，那里三面环山，什么都看不到。"

"那里怎么样?"我们指向远处的另一块空地。

"那里是属于约翰的。"会计说道,"估价大约是2000元,值1500。约翰的妻子去年去世了,他愿意卖900,这样大概能还清贷款和补缴税款。"

"不过,你在那里种不了东西,"拜伦说,"土地都荒废了,而且,那上面也没水。"

"那么那个呢?或者那个?"

哦,那天我们看了也指了很多地方。会计总会告诉我们每个地方的面积是多少,估价是多少,实际值多少钱,是否被抵押了,是否欠税了,是否可以出售或者购买。拜伦,这个北方乡村的儿子,是个真正的"森林之兽"(timber beast)[1],这是这里的男人们彼此的称呼,他们了解这地方,因为他们在溪水中钓过鱼,在山坡上猎过鹿,关注过这里的选举,追求过这里的姑娘,据我所知,有些还入过狱,或者幸运地免于牢狱之灾。拜伦了解这片土地和土地上的人们,了解他们的性格、美德和缺陷,他们的生活发生过什么变化,他们的过去、现在、将来,以及他们生活的不确定因素。他了解,也告诉了我们。他是我们遇到的第一个土生土长的北方乡村故事的讲述者,也是其中最年轻的一个,他们过去被这片与世隔绝的土地所哺育和抚养,骨头是这片土地之骨,血肉是这片土地之血肉,他们的心就如这土地一样心灰意冷,灵魂像这土地一般逐渐空

---

[1] 美国北方俚语,是伐木工之意,在此理解为字面意思。

无,他们现在已经屈服了,但是听听他们说的故事!

  我们把车停在一个山坡上的农场里,下了车,朝那所房子走去。这所房子——如果有那么一刻我可以把自己塑造成一个艺术家的形象的话——是如画般迷人的建筑。屋脊像吊床一样悬在山墙[1]之间,还有那屋顶的色彩和质地——腐朽木瓦的银灰色和棕色,生锈锡皮补丁的深棕红色,黑色屋顶油纸的表面反射出紫色的天顶——与远处白脸山(Whiteface Mountain)宁静的蓝色山景形成了鲜明对比。屋顶是凹陷的,门板和门槛也是凹陷的,角柱倾斜着伸向天花板。凹陷、倾斜、扭曲、腐朽的房子,似乎有着凹陷、倾斜、扭曲、腐朽的灵魂。但是,等等!我们是艺术家,我们知道腐朽是美的。这旧柱子银色撕裂的侧面是美的;摇摇欲坠的厨房顶棚、腐朽的门廊、一堆旧垃圾、旧的马车轮、旧的破椅子、旧的桶、拖把和扫帚,还有锡罐,都是美的。迷人而混乱。迷人——上帝啊!她真适合这里,正像这里的女主人!看看她站在门前,在裙子上擦拭她湿漉漉、红彤彤、瘦骨嶙峋的手。看看她的脸!不像这所房子那样老(她不可能超过三十岁,不过你永远也说不准),也不像房子一样饱经风霜(阳光、风、雨和雪都会让肌肤变色),她脸上有某种东西,一种奇怪的与她那憔悴的面容相得益彰的神情。是朴实无华吗?不,那暗示着一种道德品质。连这所房子都缺乏这种品质,它本也不是建造得多好多坚固的建筑。也不是绝望——因为那是在

---

[1] 山墙一般称为外横墙,是建筑物两端的横向外墙。

经历过希望的前提下才有的。希望，很显然，她不知道什么是希望。也许仅仅是枯燥无味。对生活中的日常事务，她表现出一种了无生趣的感觉。每段流逝的岁月，来临，过去，只是她的日历上的一页，如果逝去的岁月表现出一点仁慈的话，那就开出一朵花——一朵开在农场的**永恒的**花朵，让它成为这个荒野中无名女战士的坟墓上众多鲜花中的一朵。这些对艺术家的灵魂是极大的触动，这凄凉的、荒芜的山坡上的农场，这荒废的房屋，门口的这个女人，这阿迪朗达克的戏剧连同它经典的"三一律"——时间，20世纪；地点，纽约州；情节？尚未发生。一切都那么感人，那么美好！但是，仔细听！

一个声音从敞开的门里传了出来，一个肥胖的、装腔作势的男人的声音："**你**不想失去丈夫的爱吧？那试试这个（带着恳求）。试试软肥皂，这是可爱的女士们使用的肥皂。你能变得更美。"另一个声音说道："你刚才收听的是'软肥皂时间'，'杰克·废话'和他的好莱坞……"

"哦，把那东西关掉。"女人用尖锐而严厉的声音说道。接着她转向我们："你们有什么事？……不，他现在在路上工作。"

"他**应该**把这个地方卖掉，"当我们驱车离开时会计说道，"它要缴三年的税。"

不过他不想卖。我们又向前开了一两英里，发现镇上的修路队正在干活。他是一个瘦削的、晒得黝黑的漂亮小伙儿（不，他的妻子不可能有三十岁），看到我们很高兴，直到我们提出要买他的农场。"不，"他断然拒绝，"不卖。我出生在那个地方，我猜我得一直住在那儿。"事情就是这样，愿上帝保佑他。但是后来到1927年，那个农场——去年房子被吹倒了——成为埃塞克斯县公园的一部分。他们一家——男人、妻子和四个孩子——可以在假日去那儿野餐，这是他们作为公民的权利。

那天和之后的许多日子里，我们参观了这个国家的许多农场，这些农场或破败，或繁荣，或贫瘠或肥沃，与伊丽莎白镇周围的农场不同，它们都**不卖**。这些农场给我们留下了深刻的印象。它们并不欣欣向荣，如果不考虑伊丽莎白镇那些废弃的土地和建筑的话，它们比起伊丽莎白镇更荒凉一些。这些农场不愿出售的原因，也许是农村的**旅游度假**的价值这一概念还未深入人心。在东布兰奇（East Branch），除了最前头的基恩谷（Keene Valley）有一些分散的夏令营和小别墅外，还主要是一个农业地区。这在我们的眼中更有价值。我们是来这里购买属于我们的地方，如有必要也会建造房屋，我们是来**定居**而非观光的。虽然本地人总是认为我们是外来者、城里人，但在我们的心里，我们却不是。甚至，我们是来——别笑，我们这么傻只会让人感到可悲——**种地**的。拥有一个农场，通过耕种，通过努力工作和节俭生活，来建立我们的安全感，去应对我们感受到的经济崩溃——不，是即将到来的经济崩溃。在它到来之前的好几年前我们就确信它肯定会来。我们觉得，在这片土地上，当我们最终找到并买下属于我们的土地，一定能住上5户、10户人家。那时候我们懂得了不少，不过现在我们懂得更多。

我们至少对自己有足够的了解，知道自己想避免成为那些夏日别墅客的邻居，当然他们毫无疑问是非常善良的人。我们寻找农场的时候要是来到小别墅旁，或者视野范围内有这样的别墅，我们会立刻转身逃走。不过，就像我们说的那样，这些有夏日度假者的小屋并不多。这些度假者成群结队，挤在一起，就像受惊的绵羊，好像害怕这荒野的怀抱，不过对我们来说，我们庆幸他们这样，只是感到有些奇怪，他们赶了这么远的路来到这里，但是得到的只是在佩勒姆庄园就能得到的一切。多么奇怪啊，人们的需求如此不同！但也很幸运！可能没那么奇怪，对我们来说也没那么幸运的是，无论何时我们发现一个有着很棒的房子和谷仓、很棒的田地、翠绿肥沃且修剪整齐的草地、大片牧场和绝佳景色的农场，一个我们喜爱和想要的农场时，恰好它的主人也喜欢和想要它！上帝保佑他们。

于是，我们的寻找持续了一天又一天，寻找的轨迹每一天都在拓宽。在等高线地图的帮助下，我们甚至找到了被人遗忘的小路。有时候，我们会在这些路上走好几英里，穿过长满小树的树丛，那些树丛常常把我们和我们的敞篷车刮得伤痕累累，越过连绵的杂草或砾石小路，停在森林里一块长满桤木的空地上的一个地窖处。我们探索的这些死胡同，虽然毫无结果，却与我们的当前目的多少相关，每条道路不可避免的终点，都给我们带来了片刻庄严、肃穆，甚至从深层次来说是宗教性的反思。这些坟墓，当然象征着人类转瞬即逝的生命，也许也象征人类的虚荣心和个人自信"破碎的面容"，以及毁灭了的巴别塔。它们在某种意义上说对人类有更私人的含义，是最高程度的个人能动性、勇气和耐力的纪念，这些始于对美国荒野的征服的人类品质，帮助我们建立了民主制度，并使之运用于生活、自由和幸福中，这是这些品质的最高回报。也许只有那些用斧头对抗过荒野的人——在我们这个年轻的国家里还有很多这样的人——他们砍倒了树木，清除了树桩；把巨石挖出来，滚动、拖曳到一边，筑起石篱笆；挖坟墓、砌墙；把圆木砍成方木；站在坑里锯木板；把雪松劈成屋顶板；凿过榫头，钉过铁钉；把门框和门板装上榫眼，把柱子和椽子装上榫头，钉好边框，在邻居的帮助下，兴高采烈地把门框支起来；架起门框，登上两侧，用木瓦盖上屋顶；用他们通过崎岖的小路用牛车运来的砖块垒起烟囱；开采石灰石，在他们建造的窑里烧成石灰；满怀爱心充满耐心地刨出檐板的线条，刻出齿形，雕刻山墙、椅子的扶手和壁炉架；不知怎么总是为家里提供鹿肉；不知怎么一直在耕作、锄地、砍柴。也许只有亲自做过以上这些事的人，才能知道，因对民主的信仰，人们对民主投入了多少精力。还有女人们！谁将羊毛纺成布，织成衣服？谁从小溪和井里挑水，用自制的肥皂擦地板、洗衣服，还有——一周一次——让全家人洗澡？谁做饭？谁把玉米晒干供冬天食用，把苹果切好晒干，摘浆果做蜜饯和酒？谁做完了自己那部分的家务，又在她们自己制作的牛脂蜡烛下继续干活到深夜？这些女人，她们也知道。她们在自己开垦的土地上，在自己建造的家园里，生儿育女，让他们能享受民主带来的福祉。

　　上帝啊，这些定居者是如何不加怀疑地工作的。就是在他们的国家的承诺下！他们养育子女继承自己的事业。至于他们的遗产？那就是地窖。

　　这些孩子，他们不会轻易放弃，他们坚守自己所拥有的一切，努力工作保持现状。要是房产契约和他们的工作成就能为这些太过骄傲、太过忠于民主、被不幸打击、被无知所麻木的人们辩护就好了，他们甚至无法想象对命运进行反抗，也无法想象这种反抗意味着背叛。要是房产契约，做好工作，打好地基，建好房子，在战争中获胜，获得自由，履行承诺——要是这些能为他们辩护就好了！它们可以为他们辩护。但没人听，谁也不听，连他们自己也不听。因为在这片缓慢恢复荒野状态的原野上，在人们用如此巨大的辛劳建造起来的一切逐渐衰败的过程中，那些仍然生活在那里的人也在衰败。要打倒一个好人不容易，要把一个家庭赶出家园也不容易：他们承受了很多！难以抵抗的命运的安排让他们承受了更多。他们被打，被踢，被铐，鼻青脸肿，最后被狠狠打败——治安官帮了他们的忙——他们搬走了。

说回地窖。我们注意到它们了吗？一点都没有。"活到老，学到老"的格言不仅仅是一句准则，还标志着一种秩序。要是反过来说的话，活下去又是为了什么？难道别人耕种会失败，我们自己耕种却能获利？不管怎样，我们还是想这么做。就这么定了，常识，再见！感谢上帝，再见！

再见，弗朗西丝——小别一天左右。开车的时候要小心。如果你喜欢，就继续打猎吧；记住我们和格兰特将军都赞同"建议在这条战线上决一死战，即使要打整整一个夏天"[1]。

---

[1] 尤里西斯·辛普森·格兰特（Ulysses S. Grant，1822—1885），美国军事家、陆军上将、第18任美国总统，是美国历史上第一位从西点军校毕业的总统。

VII

路之尽头

我下火车时,她满面笑容。她为我的归来而微笑,那是美好、坦率、欣喜、自然、真诚的笑容;除此之外,她的笑容更有一种高深莫测的气质,不太像蒙娜丽莎,更像是柴郡猫[1],刚吃了金丝雀,只

---

[1] 柴郡猫(Cheshire cat)是英国作家刘易斯·卡罗尔(Lewis Carroll,1832—1898)创作的童话《爱丽丝漫游奇境记》(*Alice's Adventures in Wonderland*)中的虚构角色,形象是一只咧着嘴笑的猫,拥有能凭空出现或消失的能力,甚至在它消失以后,它的笑容还挂在半空中。

为自己感到骄傲。我很好奇她为何微笑。她笑着说:"我找到了!"

开车穿过云杉山,下到东布兰奇谷。在山谷里,我们顺流而下,向北走,沿着河的东岸,也就是当时的 9 号公路。我们穿过基恩小十字路口村,穿过上杰伊(Upper Jay);穿过杰伊,河岸仍在视野范围内,我们继续向北行驶。沿路尽是绿色的平原、整洁的农场、魁伟的大树和树木繁茂的山坡。但要说景色,大山把它藏了起来。在杰伊往下 4 英里,我们离开了横穿河流的高速公路,沿着一条土路一直开到东部山脉的下山麓。上坡 1 英里后,我们又转向北方——转向北方,然后停了下来。在那里,是阿迪朗达克山脉的全景,向西延伸到白脸山高高的山脊,向北延伸到山脉的尽头,向南延伸到山脉的最高峰。这种震撼让我们感觉仿佛从未见过高山。

我写这篇文章并非源于对多年前经历的记忆。我们无数次看到过这一全景。可以说,我们对它很**熟悉**,但是这种真正的庄严打破了熟悉。凡是本身无可比拟的东西,必然如此。我们的一生中,每一次看到这样的景象,总感觉自己从来没有见过山一样。

我们所在的地方往北是一片连绵不绝、树木稀少的平坦草地,在东侧陡峭的山峦和树木茂盛的峡谷之间有一块平地,河流从那里流过。从大路望过去,那低矮的草地连绵不绝,和在山顶时让我们备受感动的景色一样,我们和群山仿佛手挽手前进。我们进入了一条私人小道,这条小道穿过草地,通往远处的房子和谷仓。群山正对着我们。

越靠近那所房子,它看上去就越糟糕;当我们终于近到看不到它整体的丑陋时,却更加意识到它具体的粗劣。对于美酒和友谊来说仁慈的时光,在此除了加速建筑的早逝,别无他用,当然周边的环境也早就显露出这种气氛。让我瞧瞧你的房子,我可以由此判断你是什么样的人。无论如何,我要告诉你,别要建筑师和装潢工人的手工作品,以及整形外科医生和美容师的家。我可以告诉你关于你的出身和文化背景,以及在你们家保有这座房子的期间,关于物质生活的变迁、道德和精神的成长或衰落的情况。乔治时代风格门道里有一扇漂亮的涂漆玻璃门:哈!这说明了什么!它是红杉还是金橡树制造的?(这里钱说了算。)制作日期:应该是比较早期的作品。那么,是你们中间有一个人,经过几代人对务农的丰裕生活的自豪满足之后,对暴发户商人和财富新贵们卑躬屈膝了吗?是谁把那个手工雕刻的壁板扯下来,把壁炉架弄坏的?是谁把那些锯齿形支架放在历史悠久的檐口下面的?是谁干的?谁在乎!坏品位和好品位的**原因**,我们这些会读建筑笔记的人都明白。从一座碍眼的农舍和它周围优美的环境中,我们读到:它大约是三十年前建造的,那时当地的农业大概已经开始衰落;它呈现出便宜的"气球"造型,完全缺乏装饰,到处都是自命不凡的风格——好的,坏的,或是冷淡的;从它的丑陋中揭示出它没有任何生活艺术方面的功能性——无论是多基础性的;它表明它的建造者是当地那些贫困的外国移民家庭里新近富裕起来的接班人,他们构成了后来定居者的主体。不过谷仓非常不同,它至少比这所房子老一代人,也远比房子破旧,它保留了一种尊严,这种尊严是其拥有的设计常识和建筑的本质特征所固有的。这座房子与周围的环境很不协调,但是谷仓、木材制成的阿迪朗达克牛棚,则很和谐。

值得注意的是，住在那里的人们对此地有一种陌生感。人们愿意相信，人的面容在某种程度上是由环境塑造的，而我们来到的这个地方所具有的威严感，在那些有幸住在这里的人的脸上，也会同样反映出来。我们当时没有注意到这一点，也没有注意反之亦然。如果那天我们除了房屋、土地和景色以外，还能以批判的眼光去注意一些别的东西，我们也许会发现那个人的脸特色鲜明，他的两眼靠得很近。他的妻子是一位漂亮威严的中年妇女，她不仅是夫妻二人中口齿清晰的那个，而且各种迹象表明她也是做主的那个。他们拥有这个农场，并在此生活了十年之久。

"农场卖吗？"我们问道。

他们觉得可以卖。

"多少钱？"我们屏住呼吸问道。我们意识到我们的想法，意识到我们没有资格却无比想要拥有和生活在那儿，我们意识到自己有严格限制的银行账户，我们表现得如此明显，在我们看来，他们肯定看出了我们的想法。也许他们真的会读心术。

"5000美元。"他们回答。

这是我们能出得起的最高价。

"我们买了。"我们说道。

因此，就像一个人可以很容易地总结、结束、收起一卷人生著作一样，我们的第一卷"找寻"就这样愉快地结束了。

VIII

这是我所有

　　找寻，结束了，我们的第一卷，可以收起来了。现在是第二卷。
　　翻开一本没读过的书，总是一个令人兴奋的时刻。"小心地打开它，"出版商在小纸条上警告说，"一次向后翻几页。"——就好像一个爱书的人会不这么打开似的。"注意别将易坏的装订绷得太紧。"还不如说，小心一点，别鲁莽地破坏了好书给我们的亲近他人生活的机会。小心。现在是第二卷：让我们翻开它。读一下标题：**这是我所有**。这是你所有吗，亲爱的作者？那就好好利用它，希望我们能翻开这崭新的一页。

第一页，空白。翻页，第二页、第三页，都是空白。第四、五、六页，第七、六十、九十页，空白。从头到尾都是空白。这到底是什么？一本假书吗？不，有迹象表明，它远不是空白。你作为一个活了这么久的人，作为一个知道全世界你最想要的东西是什么的人，一路走来耐心寻觅终于发现了它，发现了它的你成功购买了它，为它付了钱，你拥有了它，建设还是破坏——都是你自己的，你准备开始生活，那就继续这么做。至于你怎么做，你把事情办得漂亮还是把事情搞砸，你跟邻居相处得好还是不好，你是多么赞同和支持这美好的"与自然对话"，或者不赞同，你如何生活，你的男仆和女仆、你的公牛、你的驴子如何生活，你门口的陌生人和门外徘徊的税收员如何生活，所有这一切和更多其他的一切，用你书中的空白页来记录。对于自豪的城市居民、公正而富有天赋的好莱坞人、蛮勇的牛仔、贫穷的佃农、好斗的矿工和汽车工人来说，这些——在人烟稀少、几乎被人遗忘的阿迪朗达克地区生活，甚至在与世隔绝的山区农场生活——都是美国。

不管怎么说，如契约所言，那是美国52900万英亩土地中"或多或少"的200英亩，其中100英亩是平坦的草地，其余的是松树林和类似的牧场。东边和北边是土路，南边是牧场、树林和废弃农场的桤木树丛，西边是山谷，靠近奥萨布尔河的东支流。整个农场区域的东半部是草地（超过三分之一英里宽），是我们之前写过的山景的重要部分。你可以一眼看到一半的农场，而另一半则需要慢慢探索。

在西边草地旁茂密的松树丛中艰难地向前行进，我们突然发现自己来到了一个陡峭的下斜坡的边缘,从那里,越过覆盖低坡的松树顶部,越过河谷隐藏的深渊和围绕着它的陡峭而树木繁茂的山坡,越过15英里连绵不绝的森林,我们再次看到了白脸山。但现在是多么不同啊!附近有一座树木茂盛的小山,近旁生长着松树,视野因此非常狭窄,只能看到那一座山:在一场轰隆隆的交响乐之后,寂静的树林里传来了一件可爱的乐器——也许是一支笛子——的声音。那个地方特别安静而隐秘,看不到任何"人类肆虐的影子",看不见一片空地,也看不见近处或远处的屋顶和尖塔,让人有一种远离尘嚣的感觉。在这个边缘,我们想到,这是建造房子的好地方。尽管我们继续探索着我们的土地,艰难地探访其边界线上的每个角落,一次又一次地考虑能够看到更壮丽景色的地方,我们最后总是会回到那个地点。我们在那里徘徊停留。现在我们就住在那里。

我们住在那里。每天早晨,我们都向西眺望,在白脸山的景色中展望新的一天。我们也总是被那座山提醒:外面还有更多的山。经常——可能不是每天——当我们去到能看到所有山的地方时,总是表现得好像从来没见过山一样。没有最高,只有更高,如果说我们在选建房地点时还没有充分意识到这种享乐主义的智慧,那么在那里生活的岁月让我们增添了这种意识。但与此同时,另一种真理出现在我们面前,这一生活的真理或原则,如果不是因为我们找寻的特殊命运,也许我们永远无法察觉。

我们的想法一直是买一座老房子,一座一个世纪或更久以前的房子,是专门为这个地区及此地的定居者量身定做的,这座房子可以浪漫地看作当地文化的一种表达，是对先驱者的力量和美德的一种纪念，感觉所有这一切都与今天的你有千丝万缕的关系；父辈的美德，通过住在他们的房子里，能出现在你自己的身上——他们的不适则通过安装空调和现代管道被消除。因此，我们的想法是买一座老房子，把它翻新。拉直下陷的窗台，重新铺设护墙板，用木瓦盖屋顶，挖出旧的荷兰灶，刮掉旧漆；挂上印花棉布窗帘，把别人祖先的照片挂在墙上，地板铺上钩垫，用摇摇晃晃的古董和美国压制玻璃装饰房间。透过波浪起伏的窗玻璃，眺望让人眩晕的世界，与它和平相处，也可以与你的灵魂在这个家——**你自己的家**——表达自我。我们当然有这样的愿景。

我不是 1904 年哥伦比亚大学建筑学院的学生吗？在学院的教导下，我相信火车站应该像卡拉卡拉浴场[1]，银行应该像罗马寺庙，教堂应该像沙特尔或圣保罗教堂，城市住宅应该像布拉曼特（Bramante）和桑索维诺（Sansovino）的设计，乡村别墅应该像（这里我们是自由主义者！）法国城堡、都铎王朝或乔治王朝的大厦，或者，嗯，像任何古老的建筑，而不像我们现在的建筑。难道我不够年轻，无法分享对两个世纪前美国品位的觉醒的荣耀吗？几年后，又几乎年轻到可以接受维多利亚时代的令人讨厌的建筑是美丽的？我——实际上是我们，我们这一代中的大多数人——十二年

---

1 古罗马的公共浴场，建于 211—217 年卡拉卡拉统治罗马帝国期间。整座建筑不仅是古罗马建筑的精华，更成为人类文明史上的瑰宝。直至 20 世纪初期，浴场的设计依然能给现代建筑带来灵感，包括美国纽约宾夕法尼亚车站的原车站大楼和孟加拉国民大会大厦。

劳动者

前就已经足够老了，可以接受这一基本的好品位的原则，那就是，新东西做旧是好的，旧东西则是最好的。那么我们该如何建造呢？我们坐在草地上不断思考。

我们坐在工地上思考。西面的群山是多么壮观！山顶上的日出一定十分美丽！夜空是多么美丽！因此，我们知道——无论怎么做——这所房子，它的眼睛、它的窗户，必须朝向西边。起居室必须足够向西舒展，书房也必须朝西。必须有一个朝西的避风廊，楼上的卧室也要朝西，这样客人们才能看到我们国家的壮丽景色。至于东边？那里有什么？那里有朋友们来这里的路。当他们走近时，他们一定会看到在房子的正中央敞开的前门，像张开的双臂间的嘴唇一样，微笑着欢迎他们。早晨太阳在东方，这样的话，厨房和厨房门廊都应该朝东，晨曦的祝福应当属于那些最早起来工作的人。另外，与其说是为了鼓励不如说是为了在早晨洗澡时能**更愉快**地歌唱，以及为了在早餐桌上有一个良好的开端，让一天都有好心情，浴室和餐厅必须朝东。楼上有许多窗户，这些年里，我们的大多数客人会在晚上到达，他们一起床就会向外望着群山思考：住在这里有什么好？我们是不是也应该住在这里？毕竟，这是我们重盖的房子，有更多计划值得期待，而不是在将来回顾。"我记得，我记得……"无论如何，让我们记住它，记住这太阳；它并不是一点点照进来，而是流入，用晨光淹没整个房间。既然"早起"（诅咒它）——无论是什么时候睡的——因为教养和必要性已经成为我们生活中一个不可改变的习惯，就让我们充分利用它。好好享受早晨的阳光。坐在我们的建筑工地，并不是特别专心地皱着眉头思考，不是像专家那样用逻辑精度或设计生活机器的功能性原则来思考，而仅仅是思考能住在这里该有多美妙，仅仅幻想着早晨、中午、下午、日落后以及晚上，在此处我们如何生活。

　　曾经有一个突然毫无征兆却充满信任、不顾一切全身心陷入爱情的人告诉我，他蒙着眼睛，完全鲁莽地投入另一个人未知的心灵，但一切——后来的亲密关系揭示出的点点滴滴的个性特征和人品——表明他们一开始疯狂的"盲目"根本不是盲目，而是一种预言性的愿景。仅凭人品，不管是觉察到的还是感受到的，他们感动到相爱。他们不断发现的彼此在思想和行为上的相互爱慕并不是所谓奇迹般的巧合，而是与他们感受到的彼此的品质一致，正是这些品质造就了他们。我们两人一起坐在建筑工地上，跟成为我们的小世界的这片土地用爱牵手，不断地发现这片土地的美好之处，我们的想法和计划如此妥帖，就像奇迹一般，但这只不过是跟我们朋友的爱情故事一样的"爱地"故事而已。我们爱这个地方，难怪我们发现它时，它所有的细节都奇迹般地与我们的想法相一致。难怪在外面的河堤下游不远的地方，有一条小溪藏在树林里，在小溪的某处，由于地势的缘故，筑起了一座水坝，形成了一个小池塘。来吧，我们来盖房子。从陡峭的悬崖边上，我们可以俯瞰几英里外的森林，看到白脸山；我们有（将有）一个在山坡和高大松树遮蔽下可以游泳的池塘。在视线所及范围内，从山边往回一点离开草坪的地方，离预期中的池塘足够近处，尽可能少需要上下跳跃的地方，我们会在此建造。至于建筑设计的具体要求，我们作为住在里面的人有自己想要的东西。

因此，我们决定按照我们的想法建造这所房子，不仅完美契合我们日常生活的习惯，也能为我们和那些来探访的客人带来最大的乐趣，但因为本质上微妙地与我们自己有关，如何建造房子这个问题似乎更像是心理学而不是建筑学的问题。建造房屋理应如此。就像合身的衣物是按照穿着者的尺寸来做的，设计时也要考虑穿衣人的姿势和动作习惯，因此，在更深远的意义上来说，一座房子也必须适合居住者的心理。他们是什么样的人？他们的先天遗传是什么？他们婴儿时期直到童年的环境如何？比起所谓故乡或者成长年代这些空泛的说法更具体地问，他们在性格形成期最常接触的文化是什么？他们害怕黑暗、光明、空旷或洞穴吗？他们是合群的还是孤独的？他们是混日子还是抓紧时间？他们是什么类型的人？但不管他们是什么类型的人，都应该尊重他们，因为他们是在房屋建造之前的某个时间出生的，是由各种元素组合而成的，而这些元素是不能与任何从建筑商的产品目录或最新的建筑时尚月刊中挑选出来的东西混为一谈的。"要乔治时代风格的。" 1910 年的建筑师说。是不错，但这是你吗？你是这种类型吗？"要现代的。"今天的建筑师说。但这是你吗？你是这种类型吗？——你们能清空自己，不通过以前就变成现在这样吗？你想不想明天一早起来变得脑中一片空白？你会不会对自己的过去视而不见？功能性建筑！你真的有这么好，百分之百有效率吗？不受习惯、爱好、品位的束缚，不受记忆的束缚？当然，这也许是明智的选择。但你会吗？你会放弃烤牛肉和土豆泥，吃从药店买的健康全膳小药丸吗？当亨利·福特证明喝酒会降低工作效率的时候，你会戒酒吗？或者，作为一个禁酒主义者，你能接受一个百岁老人宣称自己从未清醒地上床睡觉吗？悬臂梁是很好的结构，它们当然是！难道我们一辈子都没有在身边看到过树木吗？没看到过它们**真正的**流线型的、如定制般的树干和枝叶的完美运作吗？但我们是鸟还是松鼠？玻璃墙，它们十分流行。好，让它们流行。但是我们中的一些人——有趣的是——会扔石头[1]。

---

1 此说法来自谚语：Those who live in glass houses should not throw stones. 本意是，住在玻璃屋里的人不应该向他人扔石头，也就是说，每个人都有自己的缺点，所以不要轻易揭别人的短处。

然而，这并不是向现代建筑扔石头。现代建筑旨在废除与现代生活不相称的住宅规划，废除过时的建筑设计和材料，以及过时的装饰。它的目标是用优秀的工程来代替陈腐的经验法则，用无情的常识来代替感情。这是一种纯粹理性的建筑学，它的纯粹也配得上它的名字：**功能性**。就像现代收割机之于农业，现代报刊之于印刷，定员40人的飞机之于飞行，纯粹的功能性建筑之于生活。它是现代的生活机器。上帝禁止我们向"现代"建筑扔石头！我们没有这么做。我们只是对生活在其中的灵魂感到悲哀。

有太多我们喜欢的旧东西了：旧椅子和桌子、旧挂毯和地毯、旧画、旧瓷器和玻璃器皿、旧装订的旧书。不是讲究什么"年代"，不是在优雅意义上的**古董**，**不值一文**，大多数情况下，就是我们用过和喜爱的半旧物品。是的，就是这样，我们**喜爱**它们。我们喜爱是因为它们曾经属于我们，或者曾是母亲、父亲、阿姨、叔叔的东西，或者是我们童年时的东西。它们在某种程度上说就是我们的一部分。那么我们也是旧的吗？我想应该是。我们可不是1927年出生的。

走向"现代化"的过程牵涉到的事情太多了！以窗户为例。宽敞的窗户是现代建筑的特点之一，钢结构使它们成为现实。"我们终于可以打开我们的墙了！"现代风格宣称。仿佛从一开始，墙就在受苦，在抗议。"窗户是用来往外看的！窗户是为了让阳光进来的！"好吧，这一切听起来很合理。但真是这样吗？有些人希望室内和室外**不同**，他们希望，进到屋里时，能离开无垠的大地和天空，在自己的家里寻求安全感，他们感激墙内的安全保证，并在室内较暗的暮光里，获得如母亲子宫般的平静。

再说说壁炉。在现代空调房里，它们当然毫无意义。它们不仅脏，还会冒烟。但我们喜欢壁炉。我们看着火焰和燃烧的煤块；我们望向大海，耳边是海浪的拍击声；我们仰面躺着，仰望天上的星辰：这些东西感动我们的方式是相同的。是的，我们会有壁炉的。

事实上，我们的房子里会有我们想要的东西。当那些工作压力过大的"美丽之家"的推销员拿着过时的手册来拜访，煞有其事地展示某位绅士的威斯康星流线型建筑（某位女士是现代博物馆的董事会成员），我们会坦率地说："我们一点也不在乎它是不是梅·韦斯特[1]的住所,我们不喜欢它。"

但是经济方面!用现代方式你可以省很多钱。现在我们涉及了一个将彻底结束所有讨论的因素。每当在人类活动中,新的生产方式和材料被创造出来,能以更低的成本达到更好的效果时,它们就会占据优势地位。它们有关于效率和经济的完整的常识论点作为背书,不需要其他任何东西了。至于悬臂——这里有一张图片——

——还有它的变体,钢管椅,它们被制造、购买和使用,直到我们所有人都习惯了它们。这样,一个人的审美就会被麻醉或扼

---

[1] 梅·韦斯特(Mae West,1893—1980),出生于纽约布鲁克林,演员、编剧、歌手、剧作家。

杀。但是为什么？为什么以常识的名义！"美是真；真是美"：难道世界还没有接受这一点吗？在今天的建筑中，真已经被接受，或许是作为工程完整性？好的工程是美的吗？等等！当然！好的工程是美的；完美的工程是完美的；坏的工程是丑陋的。而应用悬臂的现代工程，无论在建筑结构还是在装饰性上，都是坏的工程。工程师们知道这一点。他知道当靠近突出端时，悬臂的深度应该随着应力和应变的减小成正比地减小。他知道，假设顶部是一条水平线时，底部应该是一条精确的数学曲线。虽然在建造的时候，很少是这样。它只不过是一根由推杆推出来的工字梁，从根部切断，按磅出售。看起来就是这样。使用工字梁悬臂和立柱、钢管椅，它们又坚固又便宜，我们会习惯。但是不要要求我们喜欢，因为我们的感受不会被钱包所左右，但我们的选择会受钱包的影响。如果在建造房子时，我们最终没有使用现代方法和材料，那只是因为在我们建造房屋的那个地区，它们的成本太高了。

我们的房子看起来应该是颇为老式的了。但让我们按照自己的方式去做吧。由于它古色古香，假以时日，它至少可以更容易地融入这古老的山丘环境中去。如果这所房子真的像我们，这也许是我们欣然接受和认同自己的一个预兆，也是将这片土地看作自己的家的预兆。让我们继续建我们的房子吧。我们清楚自己想要什么和不想要什么。我们了解自己。我们想要一个建筑师，一个能够接受问题的局限性（财务上的），并不会对此说三道四的人。一个能充分欣赏我们自己的嗜好、习惯、感情、实际需要和总体文化标准的人——欣赏和接受它们。（难道这所房子不是用来包容而是用来治

这是我所有

疗的吗？它是疗养院还是家？）一个会喜欢、宽容、反馈和迎合我们恐惧症的人。更重要的是，一个善于做自己的工作，了解帕拉迪奥[1]但是不会为他所困的人。一个了解和欣赏美国2×4结构的合理原则和实操的人；一个知道如何打好基础，如何切割门板、梁和椽、屋脊和屋面斜沟，知道窗户灯的大小和数量，能立刻告诉你立柱的开口应该是什么样的人；他知道库存量；看一下设计图就能判断横梁的尺寸应该是多少。我们想要一个了解他自己的工作、了解我们、了解生活和未来的建筑师。上帝啊！我们想要**做自己**。下面是建筑师的话。

客户可能会补充说，他们需要速度快。他们做到了，速度很快。在他们买下这个地方的三个星期内，计划定好了，批准了，并提交投标了。合同四个星期就签订好了，又一个星期，工人们开始浇筑混凝土。第一场雪落在木瓦屋顶上。

---

[1] 帕拉迪奥（1508—1580），意大利建筑师，常被认为是西方最具影响力和最常被模仿的建筑师，他的创作灵感来源于古典建筑，对建筑的比例非常谨慎，而其创造的人字形建筑后来成为欧美豪华住宅和政府建筑的原型。

IX

去班伯里十字架[1]

  4月里的一个早晨，8点钟左右，两匹母马被牵下了特洛伊城哈德逊河的船跳板。一匹是我养了一年，骑了一年的可爱动物；另一匹看上去没那么可爱，推荐的人说它有一种内在精神上的可爱之处和基督徒般的温顺，适合弗朗西丝，因此是为她买的。在码头接收它们的——实际上我们从纽约一直陪伴着它们——是我和一个美丽的富于冒险精神的女孩，她除了摆在我们面前的一场160英里的

---

[1] 位于英格兰牛津郡查韦尔（Charwell）区城镇，班伯里十字架（Banbury Cross）的名字来源于著名童谣"骑上公鸡木马前往班伯里十字架"。

马背上的旅行什么都不想要,以及在这清晨河边的三四十个兴趣浓厚的人。这是一个值得注意的景象,两个骑马的人在特洛伊的水边。

我们先开始照料我的马,给它套上笼头,我把那个裹着厚毯子的英国马鞍提起来,放到合适的位置,把带子拉紧。到目前为止一切顺利,现在轮到另一匹了。另一个马鞍是最近收到的还未试过的礼物。它是一副旧马鞍,不过状况还不错。当我把它放到合适的位置,将肚带穿过皮带扣拉紧。咔嚓!它断了。我小心翼翼地穿另一条肚带——哦,非常小心——拉紧。咔嚓!又断了。我们就在那儿,还没出发就出故障了,周围的人看着我们,觉得我们很傻。人群中的一个好人知道哪里有马具店,但需要沿着城市街道走很长一段路,不过他愿意带我们过去。我把第二个马鞍拴在码头随手找到的绳子上,人群里跟着我们的人不多,我们步行的队伍就这样出发了。

经过好几个街区,一切都进行得很顺利,特洛伊人对我们的步行表现出友好且越来越大的兴趣。我们来到城市的主广场,这里人群最密集,噪音最大,交通也最拥挤。就在那里,那匹长得并不好看的母马开始上演好戏。没人能责怪它。它那卷着毯子的马鞍恰巧向后滑了一下,在它的肚子那里上下翻转。所以它开始狂踢,踢得如火如荼。人群像 7 月 4 日的风车上迸发出的火花一样四散奔逃。它继续狂踢。两个男人抱住它的头,因为它不断在踢,所以需要两个人的力量才能控制。如果他们早点过来的话,现在就会有更多人来帮忙了;这里反倒是唯一安全的地方。我抓住它的肚带,它的反应仿佛我抓住的是它暴露在外的神经一样。它的反应奇快——我也一样。我想起了我的折叠小刀,拿出来打开一看,这不是一把小刀,而是一把大匕首。一有机会,我就扑过去割断绳子,让马鞍摔到地上。母马立刻站了起来——它还在微微发抖,汗水从身上淌下来,但它的四肢已经着地了。每个人都很喜欢这场"演出"。我把马鞍甩到肩上继续赶路。

我们确实来到了马具制造厂。

在那里待了一个小时后,肚带和马鞍都修好了,我们上路了。现在让他们都盯着我们吧,我们不觉得自己傻了。

那些在近十二年多次骑马长途跋涉穿过东部人口众多的地区的人,已经烦恼和绝望地认识到我们国家是多么彻底地现代化了。即使许多年前,在高速路上,马也是过时的交通工具。有时,我们会碰到一些非主干道的路面不是硬路面,但它们不过是用来连接边远的农场和村庄的。他们带我们参观。当我们进入舒尔维尔(Schuylerville)城,想找一个出租马房时,天已经快黑了。离开镇上的同伴,我带着两匹母马来到 3 英里外的乡下,一个几十年前马戏团废弃的冬季驻地,此时天色已经完全暗了下来。有一个负责的人,他说:"你可以把马放在这里,但是这里没有饲料也没有寝具,除非你能在旧马厩里翻出来一些。"翻找费了一番工夫,不过还好两匹马没有挨饿。我找了一辆车送我回城。第二天,下雨了。

我们并不是很介意下雨。我们有雨衣和雨帽,还有轻骑兵不屈不挠的精神,我们正在经历一场冒险,而且我们喜欢冒险。我们在马戏团的仓库里骑上马时,天还很早。大雨滂沱,我们继续赶路。

谚语说"7点前下雨，11点前放晴"。雨和太阳不负众望。到了11点，我们骑着马经过了一个4月阳光照耀着的最美丽、最芬芳的世界。

有马可骑，谁会愿意步行？如果有火车可乘，谁会愿意骑马？如果有飞机可坐，谁不愿意坐？我们已经拥有所有这些新的出行方式了。对此我们很感激，而且可以说一个接一个地爱上了这些新的方式。活在今天太好了！我们大喊道，我们相信这一点。回首过去，我们常常怀疑我们的祖先是如何忍受他们的命运的。然而，他们生活得多么幸福，多么悠闲，多么健康啊！

我们参加的是旧时的休闲活动。我们有很长的路要赶，马每天要走好几个小时。骑在马背上的旅行必须慢慢地走，不是为了照顾马背上的人，而是基于对马的悉心全面的考虑。如果你一天骑行几次，平均每小时五六英里，也许是没什么可以抱怨——不过如果你爱你的马，你就不会这样。如果你热爱户外运动，热爱你所游历的国家，热爱它的村庄、农场、森林、溪流、丘陵和山谷，热爱你在旅途中的生活，那你不会有任何抱怨。在汽车里，你可以开得很快，因此，你也不得不开得快。而骑在马背上，你就是没法快，如果你对自己诚实一点的话，你会因此感谢上帝。于是，我们步履蹒跚，时而骑着马走一段长路，时而跑一小段路，一次又一次，在柔软的路肩上用慢跑让马匹和我们自己都活跃起来。那天，雨停了之后，温暖的太阳又出来了，一切都是那么美好，令人愉悦。

"来吧！"我说，"让我们小跑一下吧。"因为我们还有5英里路要走，而我的同伴，或者说她的马，已经落在后面了。"快来！"我张望着。"上帝！怎么了？"我一边问道一边拉住缰绳。

她不应该参加这次旅程，至少不应该在那一周。但是因为太想参加了，她没有告诉我实情。现在，她抽筋了！幸运的是，再往前不远就有一座农舍。我们慢慢地骑着马，进入院子，下了马。一个女人正在厨房的走廊上忙着干活，我的同伴向她诉说了自己的经历，请求她允许自己进屋休息。那女人板着脸听完了她的话。

"不行，"她回答道，"我们这里不接待陌生人。如果你愿意，你可以躺到那些树下，但是这儿不行，我们不接待陌生人。"

那天，我发现很难相信自己的耳朵。现在，我也很难相信自己的记忆。但那是事实。那个女人到底在怕什么，我无从知晓。她经常看关于牛仔土匪和他们的同伙的西部电影吗？但我们的穿着也不像是西部牛仔。事实上，我们穿着东部风格的服装。我曾经游历过很多地方，也经常需要别人帮忙。大多数时候，人们都是热情和慷慨的。我从来没见过像那个女人一样冷酷无情的人，她住在离纽约舒尔维尔不到20英里的地方，具体是哪儿我已经忘了。我让同伴躺到那个女人说可以躺的"那些树下"，骑马去给她买药和食物，喂了马，然后租了一辆车。汽车及时开来，把她带到沃伦斯堡（Warrensburg）。日落时分，比马还累（我轮流骑着它们）的我也到达了那里。

今天生病，明天就能起来：人真是太棒了！就好像什么事都没有发生一样，我们第二天一大早就出发了。沃伦斯堡的"阿迪朗达克女王村"，就像路标上写的那样，是"弗洛伊德·贝内特[1]的出生地"，"再见，下次再来"。我们的心情仿佛晴朗的天气一样明亮，继续向前赶路。有一次，在一片开阔的平地上，两辆鲜亮的朱红色货车从我们身边开过，激起一片尘土。司机向我们招手，我们也向他们挥手。他们竟然是帮我们把家用物品运到北方去的货车司机。我们走得很顺利，在中午以前就进入了切斯特镇（Chestertown）。道路非常平坦，我们走在又宽又平的路肩上，进而小跑起来。

突然，我的马前腿下的沙地陷了下去。它的膝盖几乎都没了进去。它挣扎了一会儿，差点摔倒，然后又爬了出来。我们看到两个人向我们走来。

"我们原以为，"他们中的一个人说，"你是威尔士亲王——直到我们看见你没有掉下去。"我们都笑了。马好像没有受伤，我们继续往前。

我们还没走出村子1英里，马就开始有点跛脚的迹象，正好来

---

[1] 弗洛伊德·贝内特（Floyd Bennett），飞行员。1925年随同麦克米伦远征队去格陵兰岛西北部，曾被授予国会荣誉勋章。纽约市布鲁克林的弗洛伊德·贝内特机场以他的名字命名。

到"游客之家",我们便在那里停下吃饭,让两匹马吃中饭,并休息一小时。

我们再次出发的时候,那匹马的跛足已经变得非常厉害,不管我的体重是轻是重,骑在马上我都感受到精神的折磨。我下马拉着它走，希望能找到一个可以收留它的农场。没有人愿意，有些人是因为没有地方，有些人似乎认为它是我偷来的。我们走了10英里，到波特斯维尔（Pottersville）时，已经是下午了。因为没有马厩，我们只好把马放在车库里。我们设法让它们睡觉，又去买了干草和饲料，让它们饱餐了一顿。

第二天一大早，咖啡都还没喝上，我们就已经套上马鞍继续赶路。我们沿着斯克伦湖（Schroon Lake）蜿蜒曲折、树木繁盛的道路前进，我骑了一会儿，大部分时间都在走路，因为我的马还是跛得厉害。我们停下来吃早饭，又停下来吃午饭，或者仅仅是停下来，不为什么事。随着下午的到来，在天黑之前还得走15英里，我们招呼一辆过路的汽车，为我的伴侣请求搭车。"再见！"我的女伴挥了挥手，坐车走了。

骑着那匹健全的马，牵着另一匹，我可以更快地赶路。暮色已经降临，我离伊丽莎白镇还有几英里，这时，弗朗西丝和孩子们开着一辆敞篷T型车来了，就像勃南森林向着邓斯纳恩城堡移动[1]，就像山向着穆罕默德移动，就像——就像没有什么能比这更好：我的家坐在汽车里来迎接我了。

---

[1] 在莎士比亚《麦克白》的结尾处，当四面楚歌、濒临崩溃的麦克白再度求助女巫给予预言，女巫说：除非勃南森林（Birnam Wood）向着邓斯纳恩城堡（Dunsinane）的方向移动，否则麦克白不会被打败。

X
上帝保佑我们的家

4月下旬的阿迪朗达克非常美。春天到处都是美丽的，但在某些纬度的地区可能是最美的，那些地区漫长的冬季磨损了人们的耐心和忍耐力，他们渴望世界的重生。山区的春天最美，夏季、秋季和冬季，以及在四季影响下的整个世界，都是美好而多样的。单单是在白脸山，一眼就能看到在我们所处的地区和北极区之间存在的不同纬度的植物群。这是一幅把地球表面一千英里的景象压缩成五千英尺高的倾斜的画卷。也许正是这种倾斜，这种展示方式，就像把照片立起来观看一样，让山景使人印象深刻。

这是一个春天,不是我们写到的1928年的那个春天——那时,弗朗西丝坐着廉价小汽车,货车运送家具,我们俩又骑着马来到乡下——而是之后的那个春天。优秀的表达技巧要求应该做到这一点。我们准备向读者展示我们的房子,就好像他们是热切期待的周末客人一样。让我们将年份推进到房子完工的日期,草地已经成为草坪而不再堆满刨花、砖块和石膏;道路是红煤渣铺就的干净车道而不是穿过湿漉漉的草原的满是车辙的泥沼;通往大门的小路也应该是整洁的步行道。相当不错吧?我们把房子和庭院收拾得干干净净以便招待客人,这仅仅是出于礼貌。不过,来吧!弗朗西丝在欢迎我们;来吧,朋友,进屋来。把你的帽子和大衣放在那张椅子上,或者放在桌子上,或者挂在楼梯扶手上。进来,进来,我们有太多东西要展示。**快瞧瞧!** 如果我们说得太多你们能原谅吗?我们的家——我们太爱它了!

在我所就读的那所学校的建筑系——和文学系——偶尔,深受爱戴的威廉·R.韦尔教授会分配给我们每个人一张优秀古典建筑的照片,让我们详细描述这个建筑,听的人把这个建筑画出来。这样画出来的建筑往往与原始的照片有很大出入,这也引起了大家的讨论:到底是描述者还是画画的人应该对此负责。我们认为优秀的房子是能让居住者快乐的房子,所以在描述我们的房子时,与其说是在传达确切比例的信息,不如说是在表明,根据我们对房子的定义,它是如此让我们满意。这里有一张白纸,我们几乎可以这么说:亲爱的客人,你们画出自己喜欢的房子吧;就让我们的家成为这座房子。为你自己画一间不太大的起居室,两个人可以舒服地待在里面而不会觉得空荡荡,同时又有足够的空间,能让许多人一起畅所欲言,一起玩得开心,而又不会太过拥挤。让天花板既不低得有压迫感,又不会因为过高而没有安全感,你会意识到——毫无疑问你会意识到——高度是与长度和宽度相关的。作为一个可以引起警觉的关于比例如何重要的例子,我引用一下某个有钱邻居的房子的例子。他被我们的房子迷住了,决定着手建造一座相似的房子,不过,因为他们有钱,所以每间屋子都建得长一点、大一点、高很多。最后,他们花了大价钱建成了一座旅馆,在里面,主人们争吵

不休，客人们感到厌烦，最后，再也没有人愿意住在里面了。哦，千万要小心，即使你很有钱！

我们起居室的天花板是用木材做的，从太平洋沿岸的森林里砍下冷杉运到这里，卖给东部的人，天知道价钱居然比东部的云杉还便宜。这些12英寸×12英寸的大梁和4英寸×6英寸的横梁都是真材实料，经受住了时间和炉热的考验。随着时间的推移，它们的颜色也变成了波旁威士忌的棕色。时间还会把它们变成巴巴多斯朗姆酒色——或者，如果你喜欢，可口可乐红色。时间，只要放开它的额发[1]，松开它的缰绳，就能去到任何地方。

起居室的墙上贴满了我们、她或者我曾经去过的所有地方的地图和图表。一面覆盖着我们曾经居住过的美国地区的小型官方地图，包括弗朗西丝的弗吉尼亚州、马里兰州和亚利桑那州，我的缅因州、新罕布什尔州、佛蒙特州、马萨诸塞州、康涅狄格州、明尼苏达州，还有我们的纽约州。另一面墙上挂着纽芬兰东海岸、麦哲伦海峡和南边群岛的航海图，都是我航海时用过的。阿拉斯加的地图帮助我和小儿子找到了那个岛，我们在那里度过了近一年的时间，过着永生难忘的安宁幸福的生活。还有一面墙上挂着丹麦格陵兰岛地理测量图，以及爱尔兰地图。天哪，这些图片对我们来说意味着什么！对生活在这里的我们而言，这些不仅仅是墙，而是能望向我们熟悉的世界以及过去岁月的窗户。它们也不仅仅是窗户，它

---

1 来自谚语 take time by the forelock，本意是抓住时间的额发，意指把握时间，抓紧时机。

们就是世界本身,就像从山顶观看土地和海洋,我们有幸可以在壁炉旁审视它。

地图、图表还有"纪念品",是所有曾经生活过、游历过,并且有个善解人意的妻子的男人会收藏的东西。这里是一块不起眼的古代西班牙瓷砖,上面是正在休息的西班牙查理五世、最伟大的统治者的左脚,在他濒临死亡之时,他站了起来,最后一次眺望这个世界。那里,门楣上,有一支9英尺长的扭曲的象牙枪,那是来自北极格陵兰岛图勒的独角鲸的长牙；挂在它上面的是一支东格陵兰岛鱼叉，它的投掷板上布满了微型的鲸鱼和象牙制的海豹。这个烟灰缸是格陵兰岛的皂石灯；那个门挡是一匹军用骡子（褐砂石，弗拉纳根作品），就是那匹让它的雕刻者被圣名会赶出来的骡子。书架上有一个高贵的头骨，那是北极熊的头骨；在它的旁边，是一个同样高贵的印第安人的头骨，不过牙齿已经被蛀坏了。这里，那里——不是每个地方——都有一些东西，有些远算不上漂亮，但都是我们喜欢的东西，以及因此在某种程度上与我们相似的东西。

那儿有一台留声机和一台收音机。有架钢琴——它多美啊！有时候它——不是我们来弹——值得一弹。因此我们拥有它是完全合理的。钢琴上是我的长笛，这支漂亮的长笛曾属于我父亲，它是由波姆和门德（Boehm & Mendler）制作的。这长笛**从来没有被好好演奏过**，但是我对它充满爱意。因此我拥有它也是合理的。

还有书，到处都是书：排在窗户间的整面西墙上；架子上，任何有空间的盒子里；桌子上，桌子下的架子上；钢琴上——见鬼；钢琴下。书房里，有三面墙的书。办公室走廊里也都是书。卧室里也有书。大部分是好书，有一些是极其优秀的书，少数是垃圾。有让你开怀大笑的书，让你悲伤落泪的书，让你受教和厌烦的书。书，书，为什么有那么多书？上帝知道——除了因为我们喜欢书，一部分书就像是我们的密友，还因为书像一群人，我们可以随时与他们中的任何一个至少打个招呼。

有画吗？不太多。没有惠斯勒的母亲，没有毕加索或梵高。一间卧室里放着米开朗琪罗的《创造亚当》，另一间卧室里放着《先

屋脊

知以赛亚》。有几幅皮拉内西[1]的版画。一幅巨大的兰西尔的《海湾里的雄鹿》的钢版画。还有三四幅我自己的画（顺便提一句，我们将被列为重要收藏者），以及一排关于格陵兰岛的小水彩画，它们让我回想起画上的场景和当时的快乐。无论墙上挂着什么画，我们都从艺术上或者情感上喜爱它们。我对那两个3英尺高的爱斯基摩人木雕当然是纯粹的喜欢，它们的脸上一厢情愿地涂着油彩——粉色和白色的！我想确实挺糟糕的。这到底是什么？也许是一种情感——但肯定不是弗朗西丝能理解的——让家里的每个抽屉和缝隙里都堆满了残破的金属制品、螺丝、钉子、铁丝、绳子、锡盒、瓶子和垃圾。不过，如果一个人喜欢收集和保存，就给他一个农场吧。

亲爱的客人，在这里的时候，你们一直看这个，看那个，或读书，或弹琴，或坐着聊天，或仅仅是坐着，你们谁也没有往窗外看。这让我们高兴。因为我们一直认为，一所房子与其说是要往外看，不如说更应该往里看；伴随着画、书籍和各式各样的东西，它的设计和比例，它的家具，它的整洁或杂乱，房子可以被看作一个家庭用他们熟悉和珍视的元素，以他们自身需要的方式，对宇宙的再造。这样的方式，对他们那相较神而言小小的天性来说，是恰到好处的。就像艺术对于生活的重要性，家对于户外世界也如此重要。从生活到艺术再回归生活。现在来吧，让我们去户外！

说去户外就让我们真的走出去，不要在窗帘后面偷看。风、

---

[1] 乔凡尼·巴蒂斯塔·皮拉内西（Giovanni Battista Piranesi, 1720—1778），意大利雕刻家和建筑师，以蚀刻和雕刻现代罗马以及古代遗迹而成名。

声、香气和土壤,这五种属性中的四种在被窗玻璃过滤改变后,是不可能被充分感受的。人们过去常说,整体等于各部分之和。对于自然也是如此吗?我们真的要把它包在玻璃纸里吗?看看吧!从我们的门廊或凉亭——随便你怎么称呼它,那间朝西的砖砌的三面墙的小屋——望出去,是一片依然光秃秃的淡紫灰色森林,围着绿色的黑云杉和松树,点缀着桦树闪闪发光的叶子,更远处,是被蓝色阴影笼罩的白脸山。感受吧!柔和的西风吹过你的脸庞。听吧!越过森林里柔和的沙沙声,听那瀑布和小溪的声音。闻一闻:松树、香脂和潮湿的土地。尝一尝:味道不错!看、感受、听、闻和品尝这个世界,它是如此美丽。

  我们第一次一起站在房子西面的门槛上时,是春天。此时我们站在这里,也是春天。但是,不管我们是否站在这里目睹一年的温柔重生,盛夏的充实圆满,抑或是它对即将到来的睡眠或死亡的最后欢快的嘲弄,还是那覆盖它的白色寿衣,我们都无法忍受只做生活的旁观者,或是成为通过玻璃窗窥视的人,因为上帝赐予我们健康,让我们活着、呼吸,拥有我们的生命。至于我们的房子——上帝保佑——如果可悲地,我们爱它少于人们应该爱自己家的程度,我相信,我们至少可以做到,不会总是向外看。

XI

凤 凰

"它又圆又壮,肚子快贴到地上。它重 1040 磅。"乡村拍卖商卖马的时候这么喊道。就这样——除了滚圆的身体、肚子快垂到地上,以及重达半吨——卡尔佛医生结束了对我的体检。然后,他们给我投保了人寿保险,重点是,**如果意外死亡,可获得双倍赔偿**。弗朗西丝站在布雷顿海角(Cape Breton)的尽头向我挥舞她的手绢,我驶向格陵兰岛。(因为**那场**冒险故事的结局比收取双倍赔偿还要幸福,请阅读《北偏东》一书——此处为广告。)当一切都结束时,我们——因为弗朗西丝来丹麦接我了——启程回家,心如燃烧一般。不是"以自我为中心的可怜虫"[1],不会"双重死亡"[2]。对我们来说,是让"吟游诗人狂喜"[3]。我们的心为家而燃烧。

　　我不知道那些<u>没有</u>出国旅行过,没有旅居国外、长时间离开故乡在外居住的人,是否知道他们对家乡的爱。在爱没有被意识到之前,能称作爱吗?除非经历过饥渴,否则需求能被意识到吗?我想要:这是两个不同却相互关联的意思结合成的一个词,那就是我缺乏和我渴望。我们想要回家。在回家的路上,我们首先计算着到家需要几天;当越来越接近,我们开始按小时计算何时到家;当火车驶近普拉茨堡(Plattsburg)时,我们开始以分钟计算,几分钟就像几小时那么长,几秒钟就像时间静止了一样。终于,火车开始减速,它鸣响汽笛,颤抖地刹车,停了下来。普拉茨堡到了!

　　　哦!欢乐的梦想!我真的看到灯塔了吗?
　　　这是山丘吗?这是教堂吗?
　　　这是我的国家吗?[4]

　　不过平静下来吧,多情而渴望的心。还没到,家还在千里之

---

[1] 出自英国著名历史小说家和诗人沃尔特·司各特爵士(1771—1832)的叙事长诗《最后一个吟游诗人的歌》。
[2] 同上。
[3] 同上。
[4] 出自《古舟子咏》,作者塞缪尔·泰勒·柯勒律治(Samuel Taylor Coleridge,1772—1834),英国著名湖畔派三诗人之一。

外。向西南越过普拉茨堡的平原和秘鲁镇的农场和果园，越过克林顿县废弃铁矿的山林；如果按乌鸦飞行的距离，还有20英里；如果是人步行，大约30英里；如果坐火车，应该不过30分钟的路程；火车——每天往返的一节车厢的火车——爬行、缓慢移动、匍匐、喘气，摇摆着颠簸着行驶一个小时；群山中有两条岔路，北面那条通往奥萨博福克斯（Ausable Forks），往东在福克斯上面1英里的地方，就是我们的家。

这条小小的单轨铁路蜿蜒穿过从普拉茨堡到奥萨博福克斯的美丽乡村，它并不是爱国者们吹嘘我们伟大祖国的铁路有多好时所想到的那种常见的运输工具。事实上，它只是我们这个骄傲、庞大、富裕的铁路系统中的一个穷亲戚、一个附庸、一个微不足道的随从。正因为如此，它带有附属物的特征：衣衫褴褛、蓬头垢面、寒酸潦倒、营养不良、条件恶劣，它似乎是人类贫困的象征，希望自己能在美国与我们所夸耀的——或许是以它们为基础构成的——生活条件共存。它以残羹剩饭为生——它是如何为人们工作的！那台老掉牙的发动机，拖着配有更老掉牙的煤炉和油灯的车厢，凭着什么样的决心，每天尽最大努力达到标准，完成工作。是出于对它体弱多病的怜悯，好心的旅客才不愿给它增添负担吗？还是因为对自己的健康和舒适过度的自我关注？或者是对时间愚蠢的重视？总之很少有人坐那列火车，更没有人因为喜欢它来坐。当把我们带到普拉茨堡的那列火车开走的时候，我们急切地想要回家，这种严峻的需要迫使我们去寻找那辆古老的火车。它就在附近的某个地方，如果没有拉紧它的缰绳它就要启动了，应该是这样，但是它在哪儿呢？

"去福克斯的火车？"一位铁路工作人员回答我们，"不跑了。停运了。"考虑到今后的麻烦，以及我们坐着回家的出租车优雅和快捷地花了 10 美元（这在铁路生涯里从来没有过），我们意识到，我们是多么热爱、多么需要这火车。对过去的几代人来说，是高速路把更广阔的世界带到了阿迪朗达克；对有些人来说，直到这火车退役的那天，它一直是这样一个纽带。好吧，让我们拭目以待。与此同时，我们到达了福克斯。

奥萨博福克斯（这个命名非常巧妙，因为它位于河流的两条支流的汇合处）主体位于埃塞克斯县将两条支流分开的那片土地上，其余部分在河流之外，向北到克林顿县和黑溪镇，向南到由于某些原因被称作泽西岛的地方。穿过整个村庄的南北高速公路是它的主要街道，在它不到半英里的主要街道范围内，有三座教堂、两家旅馆、一家银行、一个邮局、两个剧院，包含商店、办公室的街区，还有几个车库和加油站，以及一些私人住宅。它是邻近地区的市场和整个东支谷的"白色大道"[1]。它是一个机敏而富有进取精神的地方,不过看起来像是地狱。

它看起来怎么可能会是另一番景象?它没有成长,它只是扩张。新一代的需求和品位在逐渐变化,但它没有对此自然地回应,没有进化,它只是被巧妙地设计、建造、运行,这是为了响应一种即时的、急迫的需求,恢复业务的需求——在被大火烧毁的主要街道上——而且要快!然而,新建的街区不是为了恢复旧貌,木材和砖石表达出了商业欲望,伴随的是苔藓和过去岁月的风韵被破坏。如果不是禁锢了凤凰的木笼,那又是什么助长了让它重生的火焰呢?如若传闻所言,是它自己点燃了火焰,用翅膀扇着火焰,那听起来似乎与奥萨博福克斯1925年大火起源的传闻是一样的。现在都无所谓了。某天晚上,村里的街道被烧毁了。几乎在一夜之间,它又被建了起来。看起来就是如此。

看上去就是这样的,但与其说是由于其建筑结构表现出的明显的仓促行事,不如说是由于这些建筑与过去、与环境,总体而言与任何的审美都毫无关系。这只是一个商人梦想的实现罢了。而且对银行家而言,这场火是多大的恩惠啊!"现在我们可以拥有一家银行了!"他们解放的灵魂呼喊道,"它应该成为权力、威严、统治和财富的象征,以及人们对它的崇拜的象征:上帝的神殿!基督徒吗?不!上帝保佑我们!我们尊敬的不是把金融家赶出去而是

---

[1] 当年戏剧活动的全盛时期,百老汇号称"伟大的白色大道"(the Great White Way),而今百老汇大道是美国现代歌舞艺术、美国娱乐业的代名词。

让他们进来的那个人。我们将建一座罗马神殿。在多变的世界中,它是唯一可能不变的,我们将用花岗岩来建造它。财富没有尽头。阿门。"

这次火灾对商人们来说是多么大的一次解放啊!"现在,"他们的灵魂哭着说,"我们可以在玻璃门面的商店里卖东西,还可以在二楼建公寓。北方所有分散居住的人都可以住过来,就像住在城市里一样。"然后,为了让大火没烧干净的泽西的街道看起来更都

市化，他们砍掉了所有曾庇护他们的美丽老枫树。

还有教堂！主街上有三座教堂：一座古老英格兰式（美国圣公会）的爬满葡萄藤的漂亮石砌小教堂；一座小小的漂亮的石砌南方殖民教堂（卫理公会）；一座罗马天主教的巨大教堂，灰蒙蒙的花岗岩，如永不褪色的青春和丑陋。制造美丽要花很多钱，但丑陋的成本更高。天主教花得太多了。

有一天，一对贫穷但善良的老夫妇正吃着简单的餐食，这时，正如我们预料的那样，突然出现了一位仙女："你们可以许三个愿望。"仙女说完就消失了。三个愿望！他们该祈求财富、权力、青春还是快乐？该如何从世界上所有的好事中选择呢？

"好吧，不管怎样，"老人说，"如果我们能边吃东西边商量就好了。我希望有一根美味的大香肠……"香肠就出现在他的盘子里了！

"你这个笨蛋！"他温柔的妻子喊道，"这样就少了一个愿望！我真希望这该死的香肠挂在你的鼻子上。"

愿望实现了。老人鼻子上挂着香肠真是可怕的景象，肯定也是个累赘。无论如何，他希望香肠不在那儿。香肠和三个愿望就这样消失了，留下这对贫穷但善良的老夫妇吃着简单的饭菜。

我不知道对奥萨博福克斯的优秀商人扮演仙女的是银行还是保险公司。不管怎么说，他们已经许了愿。在阿迪朗达克乡村美丽的环境中，那鼻子上的香肠，那可怕的景象，就是村庄的街道。

他们会希望它消失，让大树和过去的风韵回来吗？他们不能，即使能也不会。他们喜欢它。

来到村子街道的尽头,我们两个人在离开数月后,坐着褪色的豪华轿车(多大的代价!)从丹麦回来了——我们两个归家者离开高速路,穿过大桥,驶入泽西,离开泽西沿着乡村道路开了有1英里,这条孤独的乡村道路早被人遗忘,离开突然变得狭窄的公路蜿蜒上山,穿过一片松树林,进入了广阔的高原草地,一目了然地看到那些可爱的土地,那些整洁的白漆谷仓和棚舍,那些没有完全掩藏在松树林里的不显眼的低矮房子,那些环绕着的远方的蓝色山脉——审视它,如饥似渴地观赏它,细细地品味它,让它浸透我们的灵魂。感谢上帝,我们到家了!

XII

公共服务

　　如果你们想打架，到外面去——走得远远的，就算走到最远处仍嫌离家太近——走远点，再打。愿上帝怜悯你们的灵魂。如果你想冒险，就加入劳工运动，为和平呐喊，或是坐船去格陵兰岛。如果你想找麻烦，先试着培养自己的思考能力，然后在我们的《权利法案》颁布149周年之际，站出来发言。如果你想**做**什么事情，有整个广阔的世界可以做这些事情，并且有如此多的事情可以做。但是，如果你**不愿意做什么**，如果你碰巧需要和平、宁静和闲暇来反思，如果你相信培育自己的花园能够得到爱和幸福的果实，那就待在家里吧。我们的确相信。不相信的话我们会来到阿迪朗达克吗？还在那儿寻找和发现一个人迹罕至的地方？还买了200英亩土地而不是两英亩？不是把我们的家建在大路边而是建在远离大路的田野上？没有选择望向高速路、尖塔、墓地、磨坊、村庄或者农场的景观，而是选择了森林和山脉的荒野？也许因此我们山雀般的灵魂可能会在山巅徘徊得太远，以至于飞向天堂、我们的归宿。为什么，只是为了和平宁静的环境？我们的确是这么认为的。

可以肯定的是，在我们宁静的田园生活中发生了一两个小插曲，不过我们倾向于认为这是在适应新环境的过程中不可避免的，可以直接归因于我们的善意和太过轻信于人而做出的错误决定。比如，签完合同买下农场后，一个直接而严重的问题是，需要人手。你买了一个农场？是的，那么还有一个问题：谁来种地？

尽管你已经成为一个农场的合法拥有者，但是这个农场里住着一家人，你也不愿意赶走他们。我们一股脑儿买下了农场，包括土地、房屋、团队、母牛、小牛、马车、设备和工具，整个儿都是我们的。在那个我们完全没想使用的房子里，住着这对夫妻，他们了解这个地方，他们关于怎么打理农场的知识我们无法匹敌，而他们的未来都靠自己的双手，而且没有其他备选的计划。我们想，就让他们住在那儿吧，我们可以雇他们干活。所以，在我们来之前，他们在这所房子里交税，勉强维持生计，现在他们不用交税，继续住在那儿，领工资，分享或者准备分享利润。

莫尔奇（Murky），不管他的名字是什么，是一个性格特征含糊不清的人。"他看上去就是那样。"人们回想的时候可能会这么说。但莫尔奇并不是那样。他饱经风霜的脸上有深深的皱纹。这些阿迪朗达克农民的艰苦生活会在他们身上留下印迹。他们是硬汉,有金子般的善心和良知。莫尔奇,是我们国家农民的脊梁,是咸咸的土地上的盐:能相信你吗,埃塞克斯县土地的好儿子?我们相信。

莫尔奇——上帝保佑他——已经卖了他的农场和牲口,但仍渴望得到自己的牛和一两匹马,这是一种古老的父性本能或者类似的一种感觉。就是想要拥有,一开始有一两个就行。在我隔壁的谷仓里,有足够的空间。阁楼上有很多干草,足够他用。商店里有很多饲料,我的银行里也有很多现金。好吧,莫尔奇,继续干吧。他确实继续干了下去,而且干得很快。他的牛也成倍增加。

莫尔奇很有商业头脑——上帝保佑这种使我们伟大的精神。他发现在当地卖牛奶比往布法罗运送奶油更有利可图。恰逢当地的牛奶运输线路要出售,我听他的话买了下来。还要买瓶子和盖子,这个那个。因为你已经购买和支付了保持一个企业商誉的东西,你必须坚持下去。"我们的目标是让顾客满意。""服务:这就是我们的名字。""我服务。"我不确定我的公司是否有座右铭。买东西剩下的钱不足以雇广告公司的天才。不，实际上我们并没有座右铭；但是以上的佳句确实很好地表达了我在支票上写"付给莫尔奇"的精神。

和恺撒一样，莫尔奇也有野心。他就是不能看着为了运营这个农场投入了这么多钱，而自己却不能得到更多收益。即使是最优秀的人，也会因为没有得到全部利润而心烦意乱。我有点指望莫尔奇对他的利润份额感到满足。不过，细想一下，**我的份额也没让我感到满足**。为什么，我甚至不记得到底有没有利润！你会认为——我的意思是那些从未拥有过一个农场的人会认为——当一个农民自己交税，自己负担农场的所有成本时挣的钱足够养家，那么当别人帮他交税和负担成本时，他挣得至少得一样多，更别说还有付给他的薪水了。但是农业有一点很有趣——那就是，有一个农民帮你务农时，事实并非像上面所说的那样。无论如何，神的天意在守护着我。就算我想把多余的利润或者财产的自然增值装进口袋，或在别人的劳累中无所事事地生活，甚至拿回付给那些辛勤劳动的一部分钱，也不会让我成为罪人。然而，莫尔奇想要更多。

也许是当时在我耳边低语的常识告诉我没有义务多付钱？我们确实进行了一些讨论，每次商讨中他似乎都明白了，只不过回家商量以后来找我时，又完全不明白事理了，而且带着更多的要求。没有用。

"莫尔奇，"我最后说，"老朋友，我们散伙吧。农场付不起钱，我——我也不愿意付。现在是秋天了。等到春天，不用着急，等你慢慢打听好有什么机会，但是到春天，拜托你，去干别的更伟大的事儿吧。"

时间以自己的步调前进。

我们听说在春天的阿迪朗达克，我们的双眼将多么感激这含苞欲放的枝丫和裸露的土地，我们的双耳将多么感激这潺潺的流水声，我们的身躯将多么感激春天的太阳。牛群感激春天，它们在草地上雀跃。甚至对莫尔奇来说——尽管他没有表现出来——春天也有它的优点。他四处寻找、计划，最后买了一个农场。他有家畜，银行也有存款。没有什么好担心的。我也毫不担心农场的农民即将发生变化，离莫尔奇离开只有两个星期的时间了。我小小的牛奶生意也很正常，莫尔奇的继任者尼尔（Nihil）对自己的能力很有信心。然而，就像春天湛蓝天空中的一道闪电，坏消息传到了我的耳朵里。

是谁告诉我的？为什么？什么样的人会为了无聊的情操和软弱的良心背叛这种当地人除掉外地人的历史悠久的风俗习惯呢？谁在乎谁在哭泣？消息传到了我这里。我给顾客打电话的时候，他们证实了这个消息：莫尔奇，声称那条送奶线路是他的，而且似乎没费什么力就让我的顾客跟他走了。他的其他行动还包括接手了我的轻型工具和设备。包括——这个词真妙。

莫尔奇做完晚上的杂务，正准备回家吃晚饭时，我拦住了他。

"莫尔奇！"我喊道。他停下来等我。我大步走向他。"莫尔奇，"我说，"我知道你偷了我的牛奶线路。我听说了你干的好事。我知道你，莫尔奇，你是一个……"

"你和你的装备，"我继续说道，"还有你所有的东西和牲畜，

在二十四小时内从这儿消失。"

莫尔奇的脸红了,他的眼睛眯成一条缝。上帝,贴近我的是什么样的一张脸啊!他咆哮道:"你不能……"

"闭嘴!"我说(我几乎控制不住自己的声音)。"你要再说一句……"我突然无话可说,因为莫尔奇已经不在那儿了。

第二天,莫尔奇、他的妻子、他的牛和驴以及所有他认为属于他的东西,都不见了。

因此,就像之前说的,尽管有一两个小插曲跟我们所想象的大山里的平静不协调,但这都是过去的事情了,在罪恶的莫尔奇"闭嘴并滚出去",被逐出伊甸园之后,早就被我们抛之脑后了。"让世界充满和平。"我们许愿,就会有和平。奥萨博福克斯、杰伊镇、埃塞克斯县、纽约州,是上帝按照天堂的模样创造的,靠那些仍愿意为有目的的创造而服务的慷慨的人们,靠我们规划设计(其中几英亩)、装备并致力于实现这一目标的精神,我们的农场理应成为平静生活的住所。而我们?就像盖伊的牧羊人![1] 他也曾住在"远离城市的地方,卸下了一切利益的重担"。

---

[1] 约翰·盖伊(John Gay,1685—1732),英国诗人和剧作家。这几句诗皆出自其作品《寓言集》中的诗歌《牧羊人与哲学家》。

在夏天的炎热和冬天的寒冷中

他喂养着他的羊群,他还圈起羊圈

正如我们喂养、安置、精心照料我们的奶牛,给它们挤奶,正如我们写下有韵律的散文。啊,多么美好的生活!

只是,那条该死的铁路!住在"远离城市的地方"什么都好,但是你得时不时出去一次,出去,再回来。单程 10 美元的出租车费比 85 美分的火车票实在贵太多了。开着自己的车去普拉茨堡站,然后回来的时候在那儿集合?也可以这样做。不过毫无疑问,高速路又窄又弯,而且崎岖不平。冬天的时候可能被雪封住,或者因为有冰而变得十分危险。这趟旅程对于想要来见你的亲友十分不便,在天气恶劣的时候也会非常不安全和让人不快。虽说选择一辆时速近 60 英里的摩托车往返也是可行的,但是门口就有一条铁路,为什么还要选择其他呢?为什么那条铁路要停运?谁给它的假期?信不信由你,村里没人知道。

在这样一个时代,人们普遍认为公共设施应该为公众服务,在政府的民主制度下,假定公众参与公共事务,让人难以置信的是,与这条有问题的铁路服务最密切相关的那部分人——奥萨博福克斯的居民——竟然没有人与他们协商过这个对他们来说非常重要的问题。同样让人不敢相信的是,德拉威尔和哈德逊铁路公司会因为某些高压手段就损害自己的切身利益或者公司的整体利益。那些呼吁公共事业"社会化"的人不总是说,如果不加干涉,企业对于提供社会公共设施会比政府更为慷慨?然而事实是:这些损毁了数英里乡村道路的轨道，用"停，看，听"的标志在不计其数的十字路口阻断了机动车交通，冬天的时候，铁轨虽然仍然在保养和清除积雪，每天为往返的货运列车服务，却不能提供乘客出行服务。似乎没有人知道为什么。问问为什么也无妨，所以我给州长写了一封信。

几年前的某一天，我顺道拜访一所乡村小校舍，与那里的孩子们进行了一次友好的交流。老师邀请我去"听"地理课。我接受了，拿着书，向孩子们提问今天课上的内容。

"马萨诸塞州的首府是哪里？"有人知道。

"佛蒙特州的主要工业是什么？"天哪，这也有人知道！

"缅因州的首府是哪里？"没人知道，还好书里有答案。

"马萨诸塞州的海岸线有多长？"学生们被难住了。我看了看书，书上没有，我也不知道。"我们得问老师。"我说，然后问她。

听到这话，老师忍不住抽泣起来，拿着手绢擦着眼泪汪汪的双眼，离开了教室。可怜的人！我猜她也不知道答案。

现在，我无从得知，当州长富兰克林·D.罗斯福（Franklin D. Roosevelt）收到我的问题时，他是不是也突然抽泣起来：为什么奥萨博福克斯支线上的客运服务突然中断了？当然，他是在自己的私人办公室里收到这封信的。这个问题很刻薄，一定让他措手不及。也许他甚至不知道奥萨博福克斯有一条支线，或者奥萨博福克斯在哪儿。不过，他承认作为州长，他不知道该怎么回答这个问题，因为他回复说他把问题提交给公共服务委员会（the Public Service Commission）了。

现在人们可能会争辩说，铁路怎么样跟奥萨博山谷的人们无关，既然与他们无关，他们既不应该知道，也不应该关心这个问题。公平地说，即使一位州长在选举期间非常明显地对所有选民都表现出浓厚的兴趣，他也不可能——因为候选人都是大忙人——充分知晓与**他们的**小小利益相关的所有问题。但是公共服务委员会！那是另外一回事。公共服务委员会作为我们国家行政部门的分支，作为使用纳税人的钱的部门，如果它只应了解一件事的话，那就是公共设施的情况。所以问题交给公共服务委员会了：为什么服务停止了？

再一次，信不信由你，公共服务委员会**不知道**！

不仅不知道**为什么**服务停止了，甚至不知道服务**已经被**停止了。委员会回信写道，这项服务在"不知情或者未经同意"的情况下已经停止。好吧，**现在**他们知道了。

我因自己为政府部门带去了一点重要信息而获得的满足感——如果有的话——与我通过这个信息为我的同胞以及**我们**带回了铁路服务而感到的强烈的利他主义喜悦之情相比，是微不足道的。我们必须承认，公共服务委员会的首要责任是了解公共服务的情况，其次则是，它必须采取行动。那时，我的爱国信念让我如此彻底地相信政府（想到这儿我就脸红），以至于我真诚地相信，公共服务委员会会有所作为。不要笑，亲爱的公民们，我真的这么相信。

我们从丹麦回来的时候所过的平静生活，不是对铁路未经批准就终止必要服务的不满，以及因此向政府投诉这种程度的不快所能扰乱的。当然，如果你被剥夺了正当的权利，你会很愤怒。你抗争——正义会恢复你的正当权利。事情到此为止。生命的溪流，越过浅滩，表面再次平静，深处则毫无变化，继续向前流淌。

也许有一天，我们可能意识到，一个对人民负责的政府的一项最重要的职能，就是通过对社会事务的有效管理，减轻人民的焦虑、仇恨和烦恼，使他们更关注自我。难道普遍的幸福不是我们的最终目标吗？难道幸福不是取决于内心的平静吗？我们把司法工作交给非人格化的权威，使人们免于争斗，可以和平地生活。追溯到1929年，我们确实这么相信——于是我们带着信仰者的愚蠢的自信，放心地等待火车。

等火车并没有什么新鲜的。我们都这样做过，一次又一次，以环境所允许或上帝赐予我们的耐心，忍受每一分钟或每一小时。我们平静地坐着等了一刻钟，又毫无抱怨地看着时钟变成半个小时——甚至几个小时！我们没有尖叫，没有砸钟，也没有殴打代理人。我们知道，有一天火车会来的。这取决于公共服务委员会是否采取行动。所以，我们相信我们的火车很快就会再次运行，我们等待着。

一位喋喋不休的演说家最后看了一眼手表，一位愤怒的观众咆哮道："你需要的不是手表，你需要的是日历！"我们有一个日历。我们以为两天之内火车就会来，因为对于诚实善良的公民来说，法律对做错事的人说"改正"是一件很容易的事——对一家触犯法律的公司说"遵守法律"也一样——公共服务委员会对德拉威尔和哈德逊铁路公司说："你们未经我们同意就擅自停止服务，请重新提供服务！"于是，我们傻乎乎地等了一个月。当我们懊丧地意识到公共服务委员会在这件事上没有任何采取行动的意图时，我们都愤怒了。别了，和平的甜梦，自由的甜梦，放松、画画、写作、种田、骑马、散步、游泳、工作、玩耍的梦想！别了！多谢你了，公共服务委员会!

"1930年2月7日左右，洛克威尔·肯特……向该委员会提交了一份请愿书……声称德拉威尔和哈德逊铁路公司……已停止其客运列车在奥萨博分支的运行……希望恢复该支线的客运服务。"公共服务委员会第6150号案件报告如此写道。2月7日？他们三个星期前就知道了！无论如何。**现在**他们总该知道了。而现在——当然是迅速地——在他们"不知情或不同意"的情况下停止的服务将重新开始。他们会命令服务重新开始的。他们的尊严、他们的职责，让他们必须做到。

他们下了这样的命令吗？没有。

2月20日，也就是差不多两周以后，"投诉者"——在奥萨博山谷定居的、过着平静生活的、性格温和的人——被告知，有关此案的听证会将于2月24日上午在奥萨博福克斯举行。对于为了两个县的许多城镇和村庄的人们的利益而提交的请愿书，在这个显然引起公众关注的事件上，公共服务委员会"仁慈"地给了我们四天时间来采取行动。好吧，没关系。把画笔和颜料放到一边，印刷展示牌、海报和传单，把它们钉在路边的榆树上，把它们放到门口的院子里，把它们贴在窗户上，把它们从门下塞进去。像保罗·列维尔[1]一样，向每个村庄和农场宣告：拿起武器，战争开始了！

---

[1] 保罗·列维尔（Paul Revere，1734—1818），美国早期实业家，也是美国独立战争时期的一名爱国者。他最著名的事迹是在列克星敦和康科德战役前夜警告殖民地民兵英军即将来袭。

2月24日的早晨,正如阿迪朗达克二月天应有的样子,阳光明媚,清朗寒冷。这是个好兆头吗?是的,如果你喜欢的话。但更好的是,一群人在美国退伍军人协会大厅门口转来转去,他们是来自几个乡镇和几个县的农民,来自许多村庄的生意人,甚至有些不是福克斯地区的人,不过对我来说,几乎每个人都是陌生人。好兆头,这些公民。但最好的兆头,一桩诚实交易的最好保障——这也是我们所追求的——是听证会的主审、人民的朋友、公共服务委员会的总工程师瓦尼曼(Vanneman)先生和蔼友善、带有男子气概的笑脸。看到他的微笑,我们就满怀希望。他的握手似乎暗示了我们的胜利。他喜欢我们,那就足够了。他不喜欢铁路公司的人,那就更好了。而且他一眼就确信他肯定不喜欢他们。他是和他们坐同一辆车从普拉茨堡来的吗?不是的。他们大多来自奥尔巴尼,就像他一样。但是,他有没有跟他们攀交情,就像在偏远乡村偶尔遇到家乡人一样?他没有。他一定很不自在,可怜的孤独的灵魂,就好像被迫跟他们在一个车厢里旅行一样。是的,这个工程师是我们的朋友。满怀着希望,我们中最后进来的那个人跟在他后面爬上楼梯,在已经拥挤不堪的大厅里找到地方坐下来。

会议要求诉讼当事人就座于某个区域,这给了那些和工程师一同坐在会议桌旁的铁路公司代表一种不应有的尊严感,这种尊严似乎与他们在涉及未经批准就停止公共服务的案件中作为被告的角色并不相符。也许有人会说,那是地方法院——或者,至少是法官和陪审团——在对一群乌合之众进行审判。对于乌合之众来说,没有指定的领导者,我们就是这样。我们坐着——找到多少椅子算多少——或者站着，或者蹲在楼梯的二层台阶上。我们的律师是我们的朋友菲尔·劳里（Phil Lowry），一位来自纽约的律师，那天恰好来我们家做客。但是镇里的共和党监察官托兰斯（Torrance）律师，在这件涉及人民权利的事情上本来是最适合为人民辩护的，却始终被挡在外面。

因为此次事件涉及面很广，事实证明，我们见证了最广泛、最具代表性的，以及最热忱、最愤慨的出席者。作为当时公众情绪的一种表达，以及对人民的案件所依据的事实背景的一种简明而有启发性的描述，我引用来自支线某个车站的一位老居民，J. W. 哈克尼斯（J. W. Harkness）先生的一封信：

亲爱的肯特先生：

在今天的《共和党人》报上读到你向公共服务委员会要求恢复奥萨博支线客运服务的请愿书的片段，我想感谢你为了克林顿南半区和埃塞克斯北部所有民众以及你和你的家人的利益所做的努力。我是为数不多还活着的曾帮助修铁路的市民之一，那时这条路还被称为白厅和普拉茨堡铁路，也许我还记得一些你可能感兴趣的事实。我只想说，州议会在1867年拨款25万美元以协助修建这条铁路，同时还授权沿途的城镇为同样的目的发行债券。我知道秘鲁镇自己也发行了大笔债券，我对那些债券是否已经全部还清表示怀疑。当时我父亲和其他镇民希望不用债券就能筹集到奥萨博需要的金额，他的记录显示在1867年的9、

10、11、12月，他利用自己的时间收集签名。另外，1868年，除了直接付现金支持之外，大部分奥萨博农民都利用业余时间帮助修建铁路。所以，即使这条铁路租给 D. & H. 公司99年，而且一半以上时间的租期已过，我们仍然觉得自己对它还保有一定的权利和权益。当然，我们知道最近的车票费用无法负担每天两列火车往返的费用，但正如你所说，它的货运业务一直很赚钱，而且 D. & H. 公司无疑可以收取一大笔可观的邮费和快递费用。即使它的一小部分产业没有产生单独的利润，它也应该被认为是整体的一部分，并且公司完全有能力维持它的运转。

既然据称这是案件的事实，我们很可能要问，为什么公共服务委员会认为应该下令举行一次公开听证会？除了奥尔巴尼的记录之外，公众还能提供什么信息呢？是想问奥萨博山谷的居民是否**想要进出普拉茨堡的客运和快递服务吗**？或者他们想要更多的火车和更方便的火车班次吗？他们是否喜欢更快的火车和更好的车厢吗？一个"旨在提升生活水平的委员会"还需要举行听证会来决定：

人们想要住在房子里吗？

他们更喜欢好房子吗？

他们想要穿衣服吗？

他们更喜欢好衣服吗？

他们想要食物吗？

更喜欢好食物吗？

委员会是否会和人民一起承担听证会的费用来决定这样的事情？坦率地说，我认为它会。无论如何，公共服务委员会就这么干了。在没完没了的证词之后，他们学到了什么吗？他们学到了：

人们建造了一条铁路，就想让它运行。

如果火车的运行时刻考虑到使用者的便利，他们就愿意坐火车。

如果车厢已经比内战那年还古老，那他们希望能有更好的车厢。

他们希望从普拉茨堡回来时有客运列车而不是货运慢车。

他们希望送来的那些容易腐烂的货物，比如早春的嫩鸡，到的时候还是新鲜的而不是冷冻的。

他们希望漂泊的亲人死后能乘快车而不是货车回来。

他们宁愿——即使他们很富有——在这趟旅程花 85 美分，而不是花更多的钱在又慢又破的公共汽车上，或者花 10 美元在出租车上。

还能告诉他们些什么呢？机动车的路比铁路长几英里？看一眼地图就应该知道。一些社区没有公共承运人的服务？再看看地图就行。这是一条单车道公路？可以从高速公路相关部门了解到这一点。这路又颠簸又危险？他们的工程师，他一天的经验就可以告诉他们这一点。"别再让我来了！"他叫道，四处寻找同情的眼神，终于找到了。

哦，我们当然喜欢瓦尼曼先生，他也喜欢我们。他和我们都不喜欢铁路公司派来的队伍：冷酷、面无表情，让你不得不想到他们在家是什么样子的——当他们回到家，他们的孩子会不会跑向他们喊道"哦太好了，爸爸回来了"，然后张开双臂，期待自己被举起、亲吻并抛向空中？或者，他们有没有孩子？或许，从来没有人爱过他们！我们反正不爱。瓦尼曼先生也不爱。瓦尼曼先生对待他们的方式几乎让你为他们感到难过。有点粗暴无礼？很明显。甚至几乎是轻蔑地。但这是他们应得的。他们比我们还早知道听证会的日子，但是他们就那么一无所知吗？这条铁路能赚多少钱？不知道。运营它要花多少钱？不知道。他们知道任何事情吗？他们不愿意承认自己无知。很好，那么工程师先生给他们时间——非常慷慨——要知道可没有人给**我们**时间。（加之我们完全不知道铁路最后提交的数据,事实证明这样已经是尤其慷慨的了。)哦,我觉得,尽管工程师不喜欢他们的人,但他对铁路部门还是很公平的。

在听证会最开始的时候,我站起来——虽然对要发言紧张得要死,但是我不得不这么做,因为连我的律师都不知道我应该说什么——说道:"在任何证词被记录之前,我要求委员会下令让支线铁路恢复客运服务,因为停运没有经过委员会的允许。"我这么说的时候,瓦尼曼先生看起来有点受伤,他说:"噢,我不能这么做。"听证会快结束的时候,我又说了一遍,说我想把它记录在案。我猜,那些记录有点像我自己的一些记录——放在了地下室的盒子里。但是外行人对法律有一些有趣的想法。他们认为这与常识有关!就连《纽约晚邮报》的社论作者也犯了这样的错误,在6月发表的一篇关于我们案件的社论中,他说:

"国家的铁路法并没有明确规定,一条铁路必须得到公共服务委员会的同意才能停止服务,但它确实规定,未经同意,任何车站

不得关闭。这肯定是一项特殊的规定，它禁止未经委员会同意而关闭车站，但却允许关闭整条线路上的车站，因为这是停止服务的必然结果。"

莎士比亚不是律师：

> 打住！还有一些事情。
> 这次条没有提及关于血液的任何事情；
> 文字仅仅说明了"一磅肉"的需求：
> 那么你可以拿走你的赔偿，拿走你那一磅肉；
> 但是在你割下那肉的时候，
> 如果有一滴基督徒的血液留下，
> 根据威尼斯的法律，你的资产将会被没收，
> 充实威尼斯的国库。

要是鲍西亚[1]在公共服务委员会面前为自己辩护，他们也只会充耳不闻。

在那个2月24日，在毫无准备的情况下，人们表达了不满，提出了需求，为自己辩护。但是，没人理睬。将近两个月之后，公共服务委员会根据工程师报告公布了其决定，驳回该案件。德拉威尔和哈德逊铁路公司赢了。

---

[1] 莎士比亚戏剧《威尼斯商人》中的主要人物之一，足智多谋。

XIII
听证会休会

"终止服务……违反了公共服务委员会法和铁路法……"

"（它）违反了德拉威尔和哈德逊铁路公司的公司章程、专营权和职责……"

"（它）违反了纽约州的法律……"

"（它）违反了当地的普通法……"

"申诉人和其他有关人士没有得到任何交叉质证的机会……"

"申诉人和其他相关人士没有得到任何机会简述和分析所涉及的章程……"

等等，等等，包含我们准备证明的能够支持我们申诉的十一个法律要点和事实。1930年5月28日，我们的律师菲尔·劳里和詹姆斯·N. 罗森伯格（James N. Rosenberg）为我们起草并提交给公共服务委员会的重审申请得到了批准。

委员会决定批准铁路停止客运服务的决定，震惊了大多数的请愿支持者。对他们中的少数人来说——他们也许更熟悉政府的运作，或者天生就比较悲观——这不过是对一个强大的公司采取任何公共行动都是徒劳的证明。"浪费时间。""没用的。"即使在充满希望的公布决定前的日子里，我们也听到了许多这样的论调。"利益集团拥有政府。"我们民主国家的公民到底经历了什么，让他们产生如此邪恶的想法。"北方地区"特别是埃塞克斯县的公民到底经历了什么，让他们坚持相信人们对此无能为力？只要对他们说："这是**你们的**政府。"——他们就会大笑。

我们的监察官托兰斯就笑了。他说："你们获得重审的机会就像地狱里的雪球那么大。"很多人听到了他的话，他的话很有分量。我很好奇！他知道了吗？当然，甚至在6月的第一次听证会之前，支持者就曾明显地减少，那些仍愿意参与的人的说话声甚至可疑得低到耳语。某些我认识的生意人在我跟他打招呼后会说"请进"，然后把我领进一间谈话能够保密的内室。他们会坦率地给我建议，但是愿意提供第一手证词的人却很少。尽管早期这项请愿得到了很多人的支持，参加第一次听证会的人数就证明了这一点，这本有利于形成一个代表委员会来资助和运作整个请愿行动，或者至少获得某些在社区中运行的商会的支持，不过现在越来越明显的是，如果这件事还要继续做的话，那只能是我来做，并由我付钱。

但即便如此，我们也没有屈服于现实。从社会的观点来看，民选或被任命的官员的每一次失职或背叛公众信任都很可能被认为是头等大罪。作恶者应该看起来像罪犯——正如他们在激进漫画里所呈现出的样子。考虑到他们罪行的性质，违背公众利益的自私的阴谋者完全**应该**被他们脸上悲惨而羞愧的表情所出卖。不过，他们的表情和常人无异，他们中最糟糕的人看起来也和正派人一样，这是我们慢慢认识到的事实；我们后来又认识到——尽管如此不情愿！——让这种行为成为对普通人来说正常的行为，将造成整个社会的堕落。不是在德拉威尔和哈德逊铁路公司诉讼期间，也不是在随后几年里，我曾在一个公务机关或是某个履行相关职责的办公室遇到一个男人，仅仅看着他的样子，我就说："他是个骗子。"

对于支线客运服务的问题——包括快递服务和邮政服务——可能会有很多人不感兴趣。他们可能很有钱，可以雇司机开车送他们去蒙特利尔或纽约坐火车，在冬末阴暗的下午或是严冬的早晨去火车上接他们。他们可能不关心快件或者邮件延迟，也不关心运送的货物结了冰。可能有些人——不幸的是，过去有，现在也有很多——从未旅行过。他们为什么要劳神这是什么服务？但是任何站出来积极**反对**人们对客运和快递服务的渴望的人，对于阿迪朗达克的道德信仰者来说，都是难以置信的，而在 1930 年时，我们正是如此难以置信。但是，活到老，学到老。

当地报纸《阿迪朗达克记录》——民主党的报纸——没有发表我最近关于此案的一份重要通信。我拜访了主编邦维尔（Bonville）。

"就我个人而言，"就像那些对自己的所作所为并不感到骄傲的人的说辞那样，他说，"我愿意登载你寄来的有关这件事的所有材料。但是……"他放低声音，环顾四周——"有人叫我不要再发表有关这件事的任何东西。"

"到后面这儿来。"镇里一个很重要的商人低声对我说，并把我领进他的办公室，关上了门。"你知道，"他继续说，声音仍然很低，像在解释什么，"如果有人看见我跟你说话，我可能会有麻烦。我想尽我所能帮你，但是不要提我的名字。他们会立马把我的财产夺走。"

"他们？谁？"

"信贷公司。"

奥萨博福克斯作为支线铁路南部的终点站，是一个约有2000人的村庄，其中大多数人或直接通过就业，或通过各种商店和商业企业间接地依赖于罗杰斯公司在当地的纸浆和造纸厂。这家老企业被认为与此地区以前钢铁业的最初发展相关，艾萨克·H.查霍恩（Isaac H. Chahoun）（人们亲切地叫他乔纳·查霍恩）是这家公司的总裁兼首席股东。

在现在的年月，对于建造房屋、购买汽车、收音机或电冰箱，对结婚、离婚或者葬礼，对房地产的发展，对农场的经营，对开创和经营生意，信用都是必要的。奥萨博信贷公司的老板就是艾萨克·H.查霍恩。

现今，银行在处理各类事务中起着至关重要的作用。奥萨博福克斯银行的主席不是艾萨克·H.查霍恩，不过他是权力大得多的普拉茨堡第一国家银行的主席。

铁路,在今天即使对一个社区的生活并不是必不可少的,也可能是其繁荣的重要贡献因素。艾萨克·H. 查霍恩不是德拉威尔和哈德逊铁路公司的主席(上帝保佑人民!),他是董事。

政府对于社区、州和国家来说都是必不可少的,而在民主政府的选举中,政党(复数)也是重要的部分。纽约州北部只有一个有效的政党,就是共和党。艾萨克·H. 查霍恩是州参议员。

是的,从春天到夏天,一周周过去了,第一次重审的日子越来越近了。我意识到,如果需要做些什么,我、我们、我们的家庭必须去做。勇敢?无畏?还是像圣乔治与龙那类的故事?其实一点也不像。我想起阿拉斯加的老奥尔森 [请去读我的《荒野集》(Wilderness)一书]——奥尔森,遥远西部的老人,回忆他在蒙大拿的岁月,他的马被人偷走了。"我跟在他们后面。"他说。

"什么?"我叫道,"抓盗马贼?你自己?"

"怎么了,是啊,"他有些吃惊地说,"谁会害怕那样的人。"

此外,我们并不孤独。我们偶尔会得到我们杰出的朋友詹姆斯·罗森伯格的建议,还有我们的法律顾问菲尔·劳里提供的不懈服务——他确实有自己的法律团队——还有一些农民或者商人公民的精神支持,我们认为,正是这些造就了美国人。不过,我们和我们的律师做了一切。这些已经足够了。

我们与各个城镇的居民没完没了地通信。有一份请愿书需要整理和跟进,那些不愿意签名的人需要通过辩论消除恐惧。必须不断地搜集人们对此事的不满。"过去的一切经验表明,任何苦难只要还能忍受，人类都宁愿忍受下去，而不愿废除他们久已习惯的规则以恢复自己的权益。"托马斯·杰斐逊是多么了解人类啊！北部的人民可以忍受，并且一直忍受着。

有无数的研究要做：研究宪章，研究奥尔巴尼立法机关的法案，研究法律以及各个法院的判决对法律的解释。我们的要求拥有正确而清晰的常识，但能找到支持它的法律依据吗？

有一些侦探工作要做，要采访胆小怕事的铁路雇员、工程师、刹车手、场长、售票员、领退休金的退休雇员。运行那辆火车要花多少钱？一次行程用多少煤？什么品级的？油——客车灯用的煤油，炉子用的无烟煤，修理的费用。火车头是什么时候造的？还有活着的人知道吗？……了解这些事实很简单吗？你试试去问那些害怕的人！

还有海报和传单要印刷和分发，告诉人们6月16日在奥萨博福克斯将举行第二次听证会。这需要时间、精力和汽油。

还有一些海报和传单等着印刷，要求听证会推迟到6月24日。需要更多的时间，更多的精力，更多的汽油。

当我们了解到，这次又有一名像瓦尼曼总工程师一样，是委员会的雇员而不是委员会委员的人，被授权主持听证会，我们的律师对总工程师在第一次听证会的处理方式提出了三页纸的批评，并要求由委员会的一名成员来主持此次听证会。委员会批准了这项要求，并任命了乔治·R. 伦恩（George R. Lunn）专员。

尽管当地证人已经受到了警告，新闻媒体也封锁了消息，6月24日的听证会上聚集的人群还是比2月的时候多了许多。街道两旁停满了汽车,空地上也停满了车。大厅里——这次是在哥伦布骑士团大厅——挤满了人。这次的案件,尽管面临种种威胁,仍然是公众起诉铁路公司。这件事变得非常受欢迎。除了它要达到的目的之外,听证会本身就像一场表演。而作为一场表演,它有地方情节、地方背景和人们熟悉的人物,它通过日益紧张的党派关系保证了戏剧性的时刻,离福克斯不算远的人们谁会错过!

在大厅里,舞台布置得十分齐备,既为了表达对将要主持会议之人的尊重,也象征着迟来的对人民权利与公司权利是平等的承认,如此一来,诉讼当事人在法官和听众面前似乎有了平等的表象。他们共用一张会议桌。但是他们的相似仅此而已。两三个"主要公民"和他们唯一的年轻律师对抗的是一台收割机才装得下的多个铁路部门的主管,以及由德拉威尔和哈德逊铁路公司的律师、前法官约瑟夫·罗施(Joseph Rosch)亲自率领的一群精力旺盛的法律天才!他十分关注雇主利益的法律合理化,还有一颗对雇主的耿耿忠心,因此他对任何幽默或者轻松愉快的外在表现都觉得很不体面。他一开始让我们吓了一跳,然后又逗得我们大笑。要知道,绝对而纯粹的严肃是好笑的。

陪同法务人员和 D. & H. 公司安抚北部地区情绪的是普拉茨堡的沃利·皮尔斯(Wally Pierce)。他是一个英俊的小个子男人,有着异常美丽的眼睛以及口袋手帕。他穿着和他们一样的衣服,似乎与自己的时尚品位不相吻合,从各方面来看,他都带着一种引人发笑的高贵神气。他是一位坚定的共和党人和该党的县主席,他对北部地区公共事业的杰出贡献后来为他赢得了北部各县公共事业的最高奖赏——一个国会席位。铁路律师皮尔斯曾经严厉地挨个儿询问陪审员："你对铁路公司有任何偏见吗？**有意识还是无意识的？**"在关于此次案件的多次听证会上，他说的一切都与这种不想要偏见的想法不符。

铁路职员的脸色和神情都很可怕，不过证人们却并不惊惶。他们声明，他们的不满是事实。律师的甜言蜜语和愤怒只会激起人们对铁路做法的义愤。罗施律师咆哮；证人却不害怕，甚至咆哮回去。试试扔石头，沃利·皮尔斯，你这个公司玻璃屋的租户！试试？你竟然真的扔了——而且是对一位女士。而且还是一个叙利亚人！麦考利的阴影！皮尔斯，你在学校学会的东西，你的常识、你的礼貌都到哪儿去了？你的尊严、律师的风度，都到哪儿去了？乔治夫人气得脸色发青，她带着绝佳的权威感，让你受到惩罚。人们一片欢呼！

还有哈克尼斯先生。对一个年事已高、身经百战的人进行侮辱，这样做明智吗？铁路律师们或许并不明智。而那个智慧之人——他曾用自己的双手建造铁路，他坐在那里，手里拿着克林顿县公众认购铁路债券的记录，这些债券是用现金、货品、成天的工作劳动换来的，他拿着用劳动挣来的债券——却受到了羞辱。他应该让公司感到羞愧，因为他手里那张没有任何价值的、装腔作势地刻着绿黑字样的债券，不正是证明了公司毫无诚信吗？

仅仅看作一场表演的话——许多人就是为此而来——这场表演很不错。现实生活中的演员们生活在自己的角色中，被这次案件所鼓舞，以正义的热情、对苦难的悲愤、让对手付出代价的愤怒或幽

默来扮演自己的角色,仁慈的上帝赋予他们力量。就连查霍恩也被传唤到证人席上接受质询,关于他在本地涉嫌的经济利益问题,他说话的时候脸红了,这让他感到光荣吗?还有那个编辑,邦维尔?我们的信使满城找他。不过没找到。他"出差去了"。

听证会持续了整个上午和整个下午。委员会委员作为法官和首席审查员,庄重而公正地主持了听证会,并以对人类价值充满幽默感的理解发挥了他的权威,这也符合其在漫长而出色的政治生涯的最初作为社会党候选人参选斯克内克塔迪市长时,接连赢得"欢笑运动"胜利的特色。在六个小时的证言过程中，他充分倾听和理解。一位速记员记下了充分的证据，证明这个地区的人民需要良好的客运服务、邮件服务、快递服务。法官听到了初步的争论，根据铁路公司章程，他们有专营权。他听到铁路官员说，在支线铁路上运行一辆一节车厢的火车需要巨大的费用，会带来巨大的损失。他们展示给他——不是告诉他——这些成堆的账簿足以让一群审计员忙碌一年。铁路公司想要隐瞒费用，而我们想要找出来。在法律方面，双方相互引用对方的话。最后，听证会制定了未来几个月的简要议程。

听证会休会。

XIV

感谢上帝,去工作吧!

事实、数据和法律。两个主要事实已经确定:第一,支线上的客运、快递和邮件服务已经停止,并且是在公共服务委员会不知情或同意的情况下停止的;第二,该地区的公众希望恢复这些服务。铁路公司的辩护理由是,他们声称客运列车营运造成了巨大的利润损失。他们的律师提供了乘客票价收入的数字。对此没有争议。他们提供了客运列车运行费用的数字。这个数字是由非常公正的专员通过某种方法算出来的,并被轻描淡写地称为"几乎没有收费"。它们与支线客运列车的运行几乎毫无关系,可以算得上是厚颜无耻。揭露真相的重任是由公众承担的——不是公共服务委员会及其有能力的专家所代表的公众,而是一位艺术家及他的妻子和朋友。

"国家就是我"——几乎就是这种状态。不管你喜不喜欢,在此人民就是指*我*。

5个月时间,加上6个听证会,1100页记录,委员及其速记员的薪金,旅行开销——专员到奥萨博福克斯、检察官和专员到普拉茨堡、检察官到奥尔巴尼、公众代表律师从纽约到这里那里的来回。人民为此花了许多钱,铁路公司花了更多钱(感谢上帝!)。几乎所有这一切,不仅仅是法庭辩论的那一点点时间和成本,都花在找出铁路部门知道但不愿意透露的数字上。

31804.92美元,用于一个老旧的火车头和一个更老旧的车厢运行来回22英里,每天一次共313天(假期比较少),这就是铁路部门提交给委员会的数据。他们的证人终于不情愿地承认,此数字达到了用作计算票价的所谓道路的"列车行驶英里的平均数"。这是指奥萨博分支的道路吗?"那个——不完全是。"那么是整个特拉华州和哈德逊河流域的道路?包括豪华的劳伦森号(纽约到蒙特利尔)和弗莱尔号?还有宾夕法尼亚煤田里的大型货运列车?两个火车头等级的列车吗?"坦白说,是的。"大英百科全书记载了世界上最强大的火车头是槌式的"霍雷肖·艾伦"和"约翰·杰维斯",书上还有一些它们的照片。它们体积巨大而且非常有力,不是吗?需要很多煤用于提供动力,不是吗?而奥萨博的火车头非常小也非常旧:不是很有劲,对吗?所以运行成本很低?用两个火车头拉一辆重型货运列车需要花多少钱?你不知道?你不是用"列车行驶英里的平均数"来计算的吗？什么？你是这么计算的？因此，重型货运列车每英里的费用和这条支线上那辆又小又旧的火车是一样的？"就是这么算的。"

这是他们的说法，他们坚持这套说法。

我在给伦恩专员的信中说："我们面临着非常严重的困难，无法得到奥萨博福克斯支线运营成本的真实数字。我写信给你是想问，为了查明真相，公共服务委员会是否有办法帮助我们。

"劳里先生去见了一位名叫凯西·琼斯的先生——我们暂且叫他普拉茨堡的凯西·琼斯吧。他是 D. & H. 铁路公司的退休雇员，似乎知道奥萨博福克斯线路的情况。他显然是一位品格高尚且睿智的人。他让劳里先生想起了哈克尼斯先生，你也许还记得，哈克尼斯先生曾在奥萨博福克斯的听证会上露过面。琼斯先生准确记得那列支线火车运行的每一个细节。他记得它每天跑多少英里，这是一个确切的数字，大约 200 英里。他确切知道整个线路和奥萨博福克斯往返路段需要消耗多少煤，在来回 40 多英里的路程中，他烧了两吨煤。他知道所使用的煤的等级，他将其描述为最低等级煤，叫作筛余等级，并说它的价值约 2 美元一吨，而且这不是在干线列车上的用煤等级。铁路公司提供的数据显示，奥萨博福克斯列车在往返燃烧了 6 吨以上的煤，每吨价格在 6—7 美元之间，所以往返的燃料成本在 30—40 美元之间。据这位工程师所说，实际成本大约是 4 美元。这可以向你表明，在听证会上我所言非虚，我声称我们可能可以证明，客运列车实际上是在盈利的。琼斯先生关于其他费用项目的信息与我之前引用的一样准确。

"问题是,琼斯先生享有铁路公司在某种特殊情况下发给他的养老金。他自然会担心,如果出庭作证,他将失去养老金。他恳求我们不要给他打电话或者传唤他,并要求我们对他提供的所有信息都保密。劳里先生的印象是,如果琼斯先生被传唤出庭,他无疑会说出真相,因为他似乎是一个非常诚实的人。

"现在我在一个尴尬的境地,我知道真相,也知道谁可以向公共服务委员会提供事实,但是我完全没有能力采取行动。难道公共服务委员会就不能带着不偏不倚的利益关系获取真相,根据我提供的信息采取实际行动,要求铁路公司不要对琼斯先生追责?公共服务委员会不能派一名调查员到这里来吗?他可以亲自了解琼斯先生所说的情况,根据他得到的信息,公共服务委员会有权专门召见琼斯先生。我觉得我们没有得到公共服务委员会足够的积极合作,我们本可以适当地请求帮助,以查明那些在铁路的不实报告中被严重歪曲的有关运营成本的事情。你也许还记得,铁路公司拒绝批准我询问其雇员,也拒绝把普拉茨堡终点站的雇员带来接受质询。"

琼斯先生没有被传唤。铁路雇员都知道这些事实,但我们既不能打电话给他们,也不能泄露他们私下告诉我们的事情。

我试图把自己变成专家,从火车的路线任务中推断出需要用多少成本的煤。但当我用"热效率"和"拉杆拉力"之类的术语给专员讲解的时候,我发现他和铁路"专家"都不知道我到底在说什么。我猜我也不知道。

纽约的报纸和巴尔的摩《太阳报》对此案表示出了极大的兴趣。这件事确实引起了公众的关注,正如许多社论指出的那样,它不仅仅牵涉是否可以随意在没有公共服务委员会同意的情况下，放弃一条有用但不盈利的路线，更何况它是一个整体盈利的系统中的一部分。德拉威尔和哈德逊铁路公司的货运服务是盈利的，而且是高利润的，铁路公司承认，上个整年度的总收入是 367425.8 美元。有人会说，与这个数字相比，即使客运服务造成 24400 美元的巨大损失也不算严重。再者，即使包括铁路员工的工资、维护和燃料费用，他们的总成本也只有宣誓时所称的一半，客运的损失就更微不足道了。报纸看透了这一切，它们连篇报道。铁路公司尖刻的律师发怒了。

我们喜欢罗施律师。他在没完没了的乏味的事实证据和枯燥的法律论证中充满活力。有时你用一些话逗他，他就会上钩。有一次，铁路似乎希望我们对这个案子感到厌倦，我就轻松愉快地对大家说："先生们，如果这个案子继续上诉到华盛顿，我们就一起在那里租一套公寓来节省开支吧。律师，我们合住一个房间吧，就你和我。"我的话是多么充满善意啊！得到的却是最不客气的回答。

在铁路公司一长串关于经营铁路的费用项目清单上，我听到了令我吃惊的项目——"法律费用"。

"专员先生，"我叫道，"我反对。"证词被打断了，罗施看着我。"经营一条铁路是不需要支付法律费用的，"我解释说，"但不经营就得支付。"

罗施一跃而起，他的椅子倒在地板上。

"请坐下。"专员笑着说。

是的，罗施很有意思。

天哪，我们需要有意思！我们需要一些东西来维持士气。想象一下我们在听证会的场景：我代表人民；人民的律师是年轻的菲尔·劳里；我们面前不可避免地永远是那一排冷酷无情、面无表情的官员和他们毫无风度的律师。他们是勤奋的人——还有**书**！大部头的书，在满满的手推车里，堆在一起，形成了东戎堡、西庸堡或巴士底狱，里面埋葬着一个高贵的囚犯。"事实在这里面，"他们说，"你们来找吧。"

我们并不总是孤独的。谢菲尔德农场公司的助理交通经理奥黑尔也参与了进来，他在证词中说："我被派来观察这件事情的发展。我们公司对这个案件的结果非常感兴趣，至于我们公司是否会在奥萨博福克斯永久落户，取决于此案的最终结果。"他估计，如果他们公司真来此地的话，铁路每年从谢菲尔德的生意中可获得41000美元收入。

我们的观点是，德拉威尔和哈德逊铁路公司在运营过程中提供的客运服务质量低劣，而且故意设计了荒谬的无法履行其职能的单个班次时刻表，造成了乘客流失，并以此作为停止服务的借口。当然，如果公司追求的就是停止服务，那除以上办法之外不可能做得更巧妙了。作为证据，我们传唤了一家燃气电动自行式铁路车辆公司的地区经理，证明只要有决心为公众服务，这条铁路就能立即以最令人满意和最经济的方式做到这一点。这些铁路车辆将使运营费用减少一半。

那时正计划建设的奥萨博福克斯中心学校，需要火车把支线附近的学生运送过来。旅行推销员需要它。旅店老板需要做这些推销员的生意,商店老板也需要它运送货物。没有公交车能做这些吗?只有一辆,而且又旧又破。怎么证明?好吧,请公交车的所有者进来。"是的,它是五年前造的。它**的确**破旧了。我也破产了。"公路呢?公路曲折而且路况很差。怎么证明?好吧,我们找来了公路工程师。工程师先生,跟我们说说这条路。"它又窄又弯,是1907年和1908年简易铺装的,从那以后就再也没有重建过。它的一部分是14英尺宽的沥青碎石,一部分是16英尺宽的沥青碎石。"等等,等等,等等;继续,继续,继续。奥萨博、普拉茨堡、奥尔巴尼、奥尔巴尼、普拉茨堡、奥萨博;6月、7月、8月(唷,奥尔巴尼太热了!)——9月——10月6日。

普拉茨堡,10月6日,细雨蒙蒙,阴沉沉的秋日。我们都在那里,我们不可分离。铁路官员、铁路律师、劳里和我、专员、速记员,我们都在法院二楼的前厅里。现在再见到这些铁路公司的人,简直就像见到老朋友一样。我几乎要说:"早上好,律师,老伙计,你的肝怎么样了?早上好,沃利,像往常一样帅啊!早上好,各位。从奥尔巴尼来的卧铺旅程怎么样啊?自食其果了吧,嗯?"我几乎是和蔼、亲切和欢快友好的。几乎,但不完全是。不,你不可能真正喜欢那群人,不可能对他们感到满意,即使你身在阳光照耀着的绿色田野,鸟儿还唱着歌。在普拉茨堡,无论过去还是现在,都没有过绿色的田野,那一天,也没有鸟儿在任何地方唱歌。只有雨水管里的雨声和被雨水打湿的人行道上暗淡的微光。即使是专员,那天感觉也不太好。

他似乎对什么事都不太感兴趣。发言里的那些"事情"、事实和数字,毫无疑问,谁都不会感兴趣——永远不会真正感兴趣。但是在长期备受折磨的必须表现出对双方公平的过程中,专员对它们失去了耐心,就好像他从来没在几个月的听证会里表现出耐心一样。"我们**必须**要这些东西吗?"他用恳求的声音问道。时间过得很慢。4点钟,外面渐渐黑了下来,我们离开了。

我们什么时候再见面?"也许不会见了,"专员神秘地笑了笑说道,"也许不会见了。"

我们没再见面。专员已经做出了决定。

根据公共服务委员会的命令(1930年10月22日),德拉威尔和哈德逊铁路公司接到指示:务必在1930年11月3日之前,恢复奥萨博支线的客运列车服务。

人民诉铁路公司:人民赢了。感谢上帝,现在,工作去!

XV
早点睡

  对我来说,工作,意味着绘画。
  绘画是什么,对我意味着什么,对其他画家意味着什么——这些都应该在作品本身中表现出意图。主啊,评判我们,不要用我们的成就,而是用我们工作和生活所呈现的意图。绘画是一种语言,它和言语一样,很适合表达人类千变万化的种种思想与情感。它如何被使用,能取得什么成果——可以用画家的愿望和目标的完成程度来衡量——极大取决于时间、机会和地点等环境因素,取决于有多少阻碍自由表达的人为障碍,因此我们看待艺术时应该更宽容,更具辨别力,甚至要通过艺术家所表现的艺术的错误和缺点来理解它们。

艺术对我的思想来说,对我自己来说,始终像是一种内在的必然性,一种生活的副产品,一种与生活——以及生活的一切兴趣和活动——的共存,它们都是生活的本质自我的表现。我们**所做的**,多大程度上是在我们赢得或者被他人和自己所赋予的自由下,我们最想做的事情。我们**所说的**——说话,绘画,雕刻,写作,表达自己(虽然,也许找不到出版商)——正如我们所愿。在**做**这些事情和谈论它们的过程中——两者加起来就是对我生活的总结——我们如此渴望自由,无论叫它什么,它都是《独立宣言》浪漫地称为造物者赋予人的不可剥夺的权利。我们还可以顺便说一句,通情达理的人心甘情愿地服从于某种对他们自由的限制,因为这种限制最终会促进所有人的更大的自由,但是这种限制到某种程度就会变得**不合理**,那么强制执行就不得不依靠武力了。当武力对抗理性,理性因其有动员武力为之战斗的力量,会取得胜利。对这一事实的承认则带来了民主。

错了吗?好吧,那我不说了。我不是哲学家。从这些来源于《独立宣言》的对人的经典定义——它们似乎确实陷入了普遍的声名狼藉——回归自己,回归我们这两个定居在阿迪朗达克农场、无视矛盾的人——我们无论如何都认为,不管我们是从造物主,或从父母,或从书籍,或从伦敦、罗马、柏林、莫斯科得到了这种权利,或从与我们有关的那个美国以某种方式吸收了它,生命、自由和追求幸福的权利是**我们**不可剥夺的权利。我们努力工作来挣得这些权利——辛苦工作！——我们希望在属于自己的土地上，享受它们。

既然我们想要和平，我们确实认为自己赢得了和平。我们对自己的判断力是多么有信心啊，所以才买下农场，建造房子。我们踏上这条路，是对我们自己的**政府**多么有信心，大概是因为它对我们和其他人都保证了我们有权利和平地追求一条安静的不受侵犯的道路，我们才开始了这新生活。尽管我们对政府的信心在发现公共服务委员会绝不承担纠正公众不满的起诉责任时已经破碎，这次耗费时间、金钱以及打破平静生活的经历，持续了9个月的时间。平静生活的9个月的中断，上帝啊，让平静生活的时间更长一些吧！谁会觉得平静的生活太多呢？

当然，与一家铁路公司作战，完全不符合做自己想做的事情的信念。我们把它归结为和平的代价——一个肮脏的代价！换句话说，对于我们和其他人来说，这条线路的维护费用就是往返于（当一个人**需要**去的时候）我们所喜爱的群山的费用。我们爱山，所以来到这里生活；为了表达对山的喜爱，我要画画。

在战后十年的最后几年时间里，西方世界的人似乎有资格重新恢复那些在大屠杀之前就已经为他们普遍接受的相当平和的生活方式。他们成功了，尽管付出了巨大的代价，民主幸存了下来。世界对它来说又安全了。特别是在这片自由和富饶的土地上，我们终于可以期待收获和享受一个半世纪前我们祖先所播种的福祉了。我们是它的继承人；这是我们应得的遗产。战争中的放弃、苦难和牺牲，似乎只是最后一次清理屋子，是我们被要求做的最后一件杂事，这样所有人就可以毫无负担、无忧无虑地享用应得的丰厚收成。感谢上帝，一切都结束了！这就是我们的想法。我们洗干净手，在一个生机勃勃、欣欣向荣、令人向往的世界里，又开始了新的生活。

"当记念安息日，守为圣日。六日要劳碌，做你一切的工。但第七日是向耶和华你神当守的安息日。你在那天什么工作都不可做。你和你的儿子、女儿、仆婢、牲畜，并你城里寄居的客旅，无论何工都不可做。因为六日之内，耶和华造天、地、海和其中的万物，第七日便安息，所以耶和华赐福与安息日，定为圣日。"

根据源自上帝的习俗，人们通过工作赢得了一天去休息和礼拜。我们不妨认为，在人类短暂寄居地球的时间里，我们的共和国成立以来的六个25年，大致相当于创世的这几天。难道我们不是从建立民主之前的空虚和黑暗中走出来的吗？最终，我们——我们的爱国者，不是环顾四周，称它为善吗？当然了，这是我们应得的休息。

我们的土地当然也经受了折磨，曾经肥沃的草地变成了沙地，储存水分供农作物吸取的森林消失了，这片土地的大部分表层土壤已经被冲刷进了海底。我们造成了巨大的破坏。现在还剩下多少呢！虽不是取之不尽的，但我们的土地在人均自然财富方面仍然是多么丰富啊！在机器的帮助下，一切都变得富裕和美好——工厂、工具、设备、道路、交通工具——我们比一个世纪前那些最幸运的人、最大胆的梦想所能预见的还要富裕得多！足够了吗？并不完全如此，我们还需要更多。我们需要，我们也愿意将其用于公共利益。

我们还需要更多，而我们也拥有了——民主。在美国，每一个男人、女人和孩子的心中，都有一个深沉而持久的信念。生存、自由和追求幸福，这些过去是，现在是，将来也永远是——即使牺牲生命——愿上帝保佑我们，我们每个人不可剥夺的权利。

看起来是这样的，早在 20 年代，那些工作挣钱的人赢得了许诺给他们的自由，对艺术家来说，没有比这更适合他们自由生活的环境，无论是在城市还是乡村，家乡还是海外，这都给他们的灵魂带来满足。艺术是一种崇拜的形式，敬拜者可以在他们的神居住之处寻觅，甚至定居。"平原之神，"伊森·艾伦[1]轻蔑地在奥尔巴尼的法庭上转过身说，"不是山神。"不知何故，也许上帝才知道原因，山神是我们的神。即使是在我们居住的城市里，我们也用对山的秘密信仰来抵抗城市那教堂钟声般的铿锵轰鸣。铆钉机就是教堂的钟，交通喇叭即是奏响的风琴，爵士乐就是它的节奏，成功即它的信条，媒体和广播宣唱它的颂歌："大家，这，就是美国！"对我们而言，这不是。圣奥古斯丁的一席话始终对我意义重大：

> 人们去到那里，欣赏高高的山峰、宽阔的大海、奔腾不息的江河，以及星辰的轨迹，却忘了自己。

---

[1] 伊森·艾伦（Ethan Allen，1738—1789），美国军人和拓荒者，独立战争时期佛蒙特地方游击队队长。

崇拜就是从这种忘我中诞生的,而从崇拜中诞生的,首先就是艺术。

无论如何,我们爱阿迪朗达克的一切:它的山脉和山谷,森林和荒地;分明的季节,白天和黑夜;它的天空;它的太阳、月亮、星星和北极光;它的声音——小溪、雨声、树梢上的风、青蛙、夜晚无数小昆虫的奏鸣曲——它温柔的声音;它的安静;它的平和。

托马斯·特拉赫恩[1]写道:"如果我活在亚当的时代,我该如何赞美这荣耀的世界!在这样一个富丽堂皇的剧院,这样一个灯火辉煌的居所面前,是怎样一种思想、奇迹、欢乐和感激的汇合啊!如此宏伟的庙宇,如此庄严的殿堂,满是各种珍宝,从无到有,为我,且只为我而建……从前有荣光,如今也有新的荣光。"

我们的阿迪朗达克也是如此,无论它曾经有过怎样的辉煌,现在仍然充满辉煌。

回归平静生活后,我们的日常非常简单。首先,它受到农场的制约,尽管农场主要由受雇的农民和雇工来管理,但它仍然是我们生活中不可分割的一部分,并且影响着我们的习惯,我想,也影响着我们的思想。农场绝不是我们地产的附属物,倒不如说我们——我们的房子、我的工作室、网球场和池塘——是它的寄居物,**假设我们不侵犯它的耕地,也不"喂养和惹恼"它的动物,它就可以容忍它的主人(我们)和农民们在此生活。**(要是那些同样娇生惯养

---

[1] 托马斯·特拉赫恩(Thomas Traherne,1637—1674),英国诗人,出生于英国赫里福德,常被认为是最后一位形而上学诗人。

的动物,比如奶牛和小母牛,对我们的草坪和灌木林也有类似的社会意识就好了!)我们的房子离谷仓只有一箭之遥。朝东望去,农场的整片耕地尽收眼底,前面和旁边的小草坪就是我们的菜园。清晨的阳光照耀着我们的草地,即使是在盛夏,我们也习惯迎接这阳光,就像在冬季黎明前的黑暗中,我们会让谷仓里的灯和我们自己房里的灯同时亮起来。许多年过去,我越来越明白,我所知道或所相信的最正确的道理都来自《鹅妈妈童谣》[1],例如"早睡早起"。我一生中有十分之九的时间都是早睡早起,这肯定与我很少必须卧床休息有关。虽然我们并不富裕——当然,这都是相对的——但鹅妈妈会说我聪明,因为我相信她的话。

早点睡。夏天我们上床睡觉的时候,天都还没黑(因为在我们这个地区实施所谓的夏令时)。我们必须在黎明前睡足 8 小时。冬天,我们在灯光下吃早饭,我们约定的就寝时间也不会晚太多。我们的白天很长,完成的事情很多,而对于我们每天必须做的事情和工作所带来的快乐,日子又太短太快了。弗朗西丝是我的秘书,同时又是我们的业务主管、会计、管家、兼职厨师,她补袜子、缝纽扣、织东西,她还是室内装潢师和园林园丁。她的秘书职责从一早我们喝咖啡时就开始了,直到晚上,她一边织东西,一边读书给我听,我们睡着了,她的职责才结束。"你都做些什么?"她城里的朋友会问她。做些什么?想办法怎么才能有十辈子的时间这

---

[1] 《鹅妈妈童谣》(*Mother Goose*)是英国民间流传的童谣集,总共约有八百多首,是英美人士从孩童时代就耳熟能详的儿歌。

样生活!

娱乐不是我们生活的一部分。生命太短暂,一个小时都不能虚度。更多的是出于对自身健康的责任感,我们偶尔会打一两盘网球。我们喜欢打网球,但是没有时间。多年来,无论冬夏,每天骑一会儿马是我日常生活的一部分,但渐渐地,我要做的事或者我想做的事侵占了我的时间,最后我几乎都不骑马了。对这一点,即使是为了工作,我也感到很遗憾。只有不断增加的需要和对生命即将结束的日益强烈的感觉才能迫使我这样做。

一个男人和一匹马——**动物**——之间纯粹的友谊,我并不是一个在心理或精神上觉得缄默的牲口有什么亲切感的人——但毫无疑问,它们亲密有节奏的运动、生活、呼吸等此类感性的陪伴能与人建立连接,有能够立刻缓解孤独感的奇异效果,有时能缓解思想的重担,却仍能让人独立思考——思考,或仅仅坐着,大声歌唱或吟诗,或在沉默中骑行。骑马并不孤独——最愉快的是,感官上并不孤独——而且情绪也丝毫没有被侵犯。严格地说,骑马并不是一种消遣,确切说来,在马背上,人对时间、世界和上帝有更深刻的认识,对自己有更平和的思考,即使对别人没好处,对自己也是有好处的。

我从来没有像骑在马背上时那样清晰而充满爱意地感知我们的世界。无论是骑马从杂草丛生的废弃道路和被遗忘的小径穿过森林——在离家一小时的半径内有一百英里这样的野生马道——或者穿过开阔的乡村,天际线有蓝色的群山,在肃杀的收割完毕的牧场山顶,穿过灌木丛,环顾四周或是望向这世界,或是向下看向青草或松针铺就的地毯、溪流浅滩中光滑的鹅卵石，或仰望这蓝灰色的苍穹，我总能**看到**，并发现它的美。特别是在冬天！除了白雪覆盖的世界的壮丽之外，还有严寒带来的喜悦。冰冷的双手、冰冷的鼻子和脸颊，很冷，连脚趾都冻住了。这有什么关系！感觉好极了。冰冷的风、飘着的雪花，让人感觉好极了。它们也有坏处，你会像疯了似的骑回家。家的感觉真好！可爱的妻子，6英尺壁炉里的明火，热茶加朗姆酒：上帝啊，生活是美好的。

XVI

阿斯加德

一周7天,一个月四周再加几天零头的天数,12个月——不,除了那些该死的外部世界的侵蚀,比如铁路的案子就是其中之一,除了那些我们看不到最后结果的事情,还有那些不请自来却不断打扰我们快乐日常生活的事情,在过了太久的平静生活或者完美地完成了工作以后,我们偶尔会适时地打破这些日常生活的步调。我们会异口同声地说:"我说,开个派对怎么样?"

现在,在我们家开派对不只是请一两个好邻居来吃晚饭,提供点鸡尾酒,上个烤鸡而不是烤豆子,上点冰淇淋而不是——而不是任何其他东西，然后大家谈谈天气或者庄稼长得如何，有礼貌地触及一点政治话题，然后急切地将话题转换到有料的八卦，最后进入真正的精髓、灵魂、神圣的娱乐方式——桥牌。不是这种派对。上帝保佑我们，不！因为我们是美食家。

《牛津词典》说，美食家是"在吃喝方面挑剔和讲究的人"。《韦氏词典》说，美食家是"具有奢侈品位和习惯的人"。也许，我们毕竟算不上美食家，但我必须承认，我们多少有点骄傲地认为自己是。在我贸然查字典前，我一直相信美食家的品位——以及他们关注的整个生活方式——肯定是有鉴赏力的，但是既不囿于桌上的食物，又不只是按照"**精致**"等词暗示的那样，狭隘地考虑**奢侈**的感觉。我认为——考虑到艺术家对色彩、线条和价值观的运用具有敏锐的鉴别力——美食家应该是在广阔的生活领域中具有同样敏感性的人。就像在艺术领域，不克制和不放纵是真正的美德，因为艺术的力量和美同时需要这两者，所以在生活中，不克制和不放纵也是令人钦佩的真正的快乐，通过这种快乐能得到智慧，但需要有辨别力地使用这两种美德。如果一个作曲家把自己限定在一个八度音阶上，还用柔音弹奏，他得是多么愚蠢的作曲家啊！或者一个画家，不仅不减少调色板里的色彩，也不因自己能用的只有颜料而不是光而恼怒！上帝做得对，他给了我们黑夜与白昼，欢乐和忧伤，痛苦和甜蜜，男人和女人，还有平静与——派对！

当阳光普照

威廉·布莱克[1]写道:"过剩之路,通往智慧之宫。"除了那座宫殿,还有哪儿能让人们感到快乐呢?哪儿?好吧,那就是时不时在一周结束的时候,在短短的一段时间内,跟我们在一起的时候。

我们给住所命名为阿斯加德。我把4英尺高的名字画在谷仓门上。我们在行为方式上——有时——也不会辜负这个名字。为什么叫阿斯加德?

12世纪晚期、13世纪早期,冰岛有一位雄心勃勃的首领、律师、著名诗人和伟大的历史学家,叫作斯诺里·斯特鲁森(Snorri Sturluson),他曾这么写这个地方,它"被分成三部分。从南边延伸到西北和近地中海,这部分被称为非洲,它的南部非常热,阳光普照;第二个部分,从西边到北边,濒临海洋,被称为欧罗巴或伊尼亚,它的北部非常寒冷,寸草不生,无人居住。从北部到整个东部,一直到南边,叫作亚洲,那里的世界充满了公平和荣耀,以及地球的果实——黄金和珠宝;那里也是地球的中心,甚至那里的土地都比别的地方更肥沃,因此那里的人也具备各种上天的恩赐,比如智慧、强壮的体魄、美貌和各种各样的知识。"

斯诺里接着讲述了被称为埃西尔的众神是如何来到这里生活的。他们和他们的亲属"为自己在世界的中心建造了一座城市,名叫阿斯加德。"简而言之,阿斯加德就是天堂;那些住在那里的埃西尔神明为它命名,同时出于北欧人的一厢情愿的想法,它也是一

---

[1] 威廉·布莱克(William Blake,1757—1827),英国浪漫主义诗人、版画家,英国文学史上的伟大诗人之一。

个"gaard"。那是农场的意思。"诸神的农场"。

为什么给我们的农场命名为"阿斯加德"？为什么不呢？

对于最高贵的神住的房子，斯诺里这么说："那是世界上最好的房子，最伟大的房子，它里里外外都像金子一般，人们称它为'金宫'。"

为了"他收养的孩子们"，奥丁建造了英灵殿，关于他的儿子们，斯诺里写道："他们每天一穿上衣服，就立刻穿上盔甲，到院子里去战斗，相互残杀。"不过，在我们的阿斯加德，"周末收养的孩子们"是否起床去战斗，或者在周日早上是否离开他们的床铺，对我们来说都无关紧要。你爱怎么做就怎么做，我们为此修建了客房，并将它命名为"英灵殿"。

再引一句斯诺里的话，他的部分就到此结束了。他写道："在那里（阿斯加德），住着众神和他们的亲属，关于它的诸多消息和传说，在地上和天上都传了出来。"

在我们的生活中，消息和故事以一种较为次要的方式被讲述，因为许多美好、喧闹和快乐的时光已经"被所有人拥有"了。既然真正做了什么、吃了什么、喝了什么，就像所有高超的魔术技巧一样，与客人认为发生的事情不尽相同，我在此引用我们的朋友，25英里外的邻居路易斯·昂特梅尔（Louis Untermeyer）的说法。他是名副其实的首领，但不像斯诺里那样雄心勃勃，他像斯诺里一样是个著名诗人，也是一个他所处时代的历史学家，是记录他的朋友、众神（他的友谊使他们成为众神）如何行事的编年史家。

"洛克威尔家的派对，"路易斯写道（他刚刚描述了他是一个胆怯、懦弱、小心翼翼、指手画脚的乘客,跟我一起进行了一次平缓的乘车旅行),"更让人喘不过气来。他的女儿们**在户外**举行了婚礼,婚礼地点在小山的一侧,洛克威尔的客厅和超大游泳池之间。婚礼在某种程度上介于社区事务、勃鲁盖尔的《农民的婚宴》[1]和只有最强壮的人才能幸存的某种野蛮仪式之间。仪式早在最高法院大法官布鲁斯特穿上礼袍之前就开始了。很多祝酒词都是在这间堪称史上最可笑、最私密的酒吧间里庄严提出的,而这所酒吧的建造者是一位不怕自嘲的艺术家。在正式记录上按照法律程序盖章后,各类客人,包括著名出版商、雇工、百老汇女演员、佛蒙特州交响乐团成员、当地承包商、各类艺术家和附近的公路客栈管理员,相互款待,在草地上表演杂技、高空跳水、腾身翻滚、四重奏,还有皮划艇表演。我记得还看到('托尼家'的)托尼表演瑜伽,他倒立着唱了歌剧《丑角》的整个序曲,没有漏掉一个音符,也没有打乱一片草叶。"

"接下来是晚餐,按照肯特家族的传统,晚餐充满欢乐而又盛大。瑞典式自助餐的桌子比在瑞典的桌子还要多。有整只的烤乳猪、鹿腿肉(当地对鹿肉的委婉说法)、一种由弗朗西丝·肯特发明的变体牧羊人派、大碗的共享沙拉、美味的蛋糕和讲究的奶酪——从头到尾都很豪华。这其中穿插着不同的祝酒词,在祝酒的过程

---

[1] 彼得·勃鲁盖尔(Pieter Bruegel)1568年创作的木板油画,现收藏于奥地利维也纳艺术史博物馆。彼得·勃鲁盖尔是16世纪尼德兰地区最伟大的画家,一生以农村生活作为艺术创作题材。

中,仪式用的阿夸维特酒(某种葛缕子干籽味的杜松子酒)会和高脚杯里的啤酒一起下肚。"

以上这些一定都是真的,我是在书里读到的。参见路易斯·昂特梅尔的《来自另一个世界》。

每个清晨,"来自另一个世界"的客人们,都会及时醒来。(13年来的良好记录!)有时为了向受偏爱的客人们致敬——相信他们不想睡得太多以至于错过白天的时光，也知道他们不太有"为非作恶、使奸弄诈"[1]的气质，从而不喜欢晨间的音乐——这是我们偶尔的习惯，不总是这样，我们会在留声机上放一张宏伟的管弦乐版的《女武神的骑行》，不会打扰到熟睡的人们，就在房间里面轻柔地播放。然后再把音量开大。还有比这更令人愉悦的叫醒方式吗？

在这种周期性的周末享乐中，我们会做点什么呢？任何喜欢的事都行。阿迪朗达克的夏天很炎热，凉爽的池塘很适合消夏。它的一头有10英尺深，有个平台和一个跳板。起床后，所有人（所有吗？好吧，一些人，勇敢的那些）都会裸体跳水。中午的时候，我们聚在一起，躺着晒太阳，热了就潜进水里，凉快了再爬上岸，接着晒太阳。山形墙上的农场钟声响起，该吃午饭了！我们饿极了，我们大吃特吃。我们愉快地交谈。我们争论。"看看他们在俄罗斯把事情搞得一团糟。"一位对加拿大金融充满希望的年轻人叫道。

"看看他们五年计划的顺利完成！"我喊道。

"读读莱昂斯的书。"银行家反驳道。

"读里斯·威廉姆斯的书，"我尖叫道。"干杯，弗朗西丝！"我们一起喊道，站起来为她干一杯**阿夸维特酒**。我们又能接着和谐相处了。

打网球，或者任何你喜欢的运动，4点或者任何你方便的时间。

---

[1] 摘自莎士比亚《威尼斯商人》第五幕第一场中的诗歌《月光多么恬静地睡在山坡上》（*How Sweet the Moonlight Sleeps Upon*），原诗句为"灵魂里没有音乐，或是听了甜蜜和谐的乐声而不会感动的人，都是善于为非作恶、使奸弄诈的"。

好球,一般的球,烂球,愚蠢的球,观众们一边欢笑,一边喝着汤姆柯林斯鸡尾酒。不过,老天,实在太热了。让我们继续游泳吧。

许多炎热的夏夜,空气中弥漫着浓重的雾气,即将要下的雨不知怎么又不下了。我们又得洗澡。有一天晚上,果真下雨了。雷电交加,雷声滚滚,大雨倾盆而下!我们所有人——当时一定是后半夜了,夜色很浓——总共有不少人一起出门去池塘,在黑暗里谁也看不见谁。但时不时,闪电会在离我们很近的地方闪过,在那一刹那,可以看到赤裸着游泳的人在淡黑色水里的身影。上帝啊,雷声是多么响啊!

我们会交谈吗?当然,而且大谈特谈。有足够的空间,起居室、酒吧间、门廊和所有的户外空间,让所有的意见、兴趣、情绪都能得到表达,就算没有听众也罢。还有听音乐的空间,可以消磨整个夜晚。音乐!肯特一家——哦,陌生人,要当心了——都是音乐家。洛克威尔（二世和三世）唱低音；凯瑟琳会拉小提琴和弹钢琴；克拉拉演唱；克拉拉的丈夫，就像某个我记忆中的东方传教士一样，不会唱歌，却能"向上帝发出欢乐的声音"；芭芭拉的歌声很甜美，还会吹竖笛；她的丈夫艾伦是佛蒙特交响乐团的指挥，会演奏中提琴；戈登会——我想想他会什么——小号（上帝可怜可怜我们吧！）、单簧管、长笛（不是同时吹），**还有唱歌**；弗朗西丝的歌声能让你的心都融化。我呢？我会吹银笛。当我们处于最佳状态，全力以赴演奏时，路易斯就坐在钢琴边。他的技艺和艾伦一样无与伦比，但他总是耐心而善良地陪我们玩上几个小时。我们挤在他身后，一边演奏一边歌唱。声音开始疲惫和沙哑，但我们继续唱着。让吹奏的双唇变得抽搐和僵硬，但我们继续吹奏。路易斯的艾斯特和凯瑟琳的皮特蹑手蹑脚地离开了房间，他们是最后离开的。让音乐主宰一切，音乐确实如此。

接着周日晚上来了。通常，当天气晴朗的时候，春天、夏天、秋天，甚至是在严寒的冬日，雪积得很深，气温也到达零度甚至更低，我们会去几英里外的两个山顶之一吃晚餐，用明火煮一顿简单的晚餐，吃一点，喝一点，躺在草地上，或者挤在温暖的火堆边，说话，唱歌，或者什么都不做。这是我们回到平静的日常工作的前夕，而日常工作才是我们正常的生活状态。既然如此，在我的思想中，它已经和做工作密切相关了，实际上，过去两天的奋力放松是不自觉的。这是为恢复创造性而做的某种庄严而神圣的准备工作。因此，当几年前有人要我简单写一下我是怎么做木刻版画的时候（木刻版画一直是我工作的一个重要部分），我很自然地把那个过程与我们的某一次周日野餐联系在了一起,反过来说,我们的周日野餐也和我的工作联系在一起。我将引用我自己的话来结束这一章关于快乐时光的内容:

> 我们的野餐地在一座废弃的山区农场里,我们坐在那儿,回忆着人类在地球上的短暂时光,回忆着古老地基上长满青苔的石头,思考着永恒的普遍象征——群山和星光点点的天空。我们聚在那里,彼此的陪伴使我们很幸福,我们的视野具有广阔无限的自足性,我们不受庄重情绪的约束,也不必参加那过于盛大的宇宙盛宴,只是时不时分别或者共同来分享一小部分。火光、黑暗和星辰,难怪有些人会记起一些诗句,或者只是单纯地说一句"天哪,太美了!"其他一些拥有"并不因此就不那么神圣"灵魂的人什么也不说,什么也不想,就此满足。不想知道夜晚的回忆是否还在,也不想知道周一早晨,那个聚会的艺术家发现自己重新被唤起了灵感,并试图用他的铅笔捕捉它。
>
> 然而,他的问题不仅仅是重新创作昨晚场景中的那些自然元素——令他如此动容的夜、山、石头和星星——而是心境本身,人在那夜晚如何回应环境。那是他的问题,他画了一个人。
>
> 有这样那样的感觉的时候,人是怎么表现的,怎么看,怎么站?今天回想一下,**我**昨晚的心情是怎么样的,促使我采取现在的哪些行动?这些是艺术家需要解决的自我质

疑。就是这样,他手中纸上那人形似乎终于活了,能凭自己的意愿活动、放松、安适地休息。如果这是生命,我们会说,他**泰然自若**地站着,但既然它是艺术,我们就称它为"好构图"。("专家们"带来了卡尺和量尺,经过仔细计算后,宣称它体现了"飞天方阵原理"或者诸如此类的复杂东西——关于这点艺术家和外行人都丝毫不了解也不关心。)那么,接下来会发生什么呢?

XVII
甘地和佩吉·乔伊斯

我热爱每天努力工作 10 个、12 个甚至 14 个小时,也热爱每 14、30 或 60 个日子里有两天努力玩乐。1930 年的秋天、冬天过去了,1931 年的春天也过去了,我回格陵兰岛的日期临近了。

格陵兰岛展现了广阔未知的荒野的诱惑和希望。圣奥古斯丁有山吗?有广阔无垠的海洋吗?有汹涌而下的急流吗?有星星吗?所有这些圣奥古斯丁都有,甚至更多。有比你所知的更雄伟的山脉,像创世之初在太阳、月亮和星星下光秃秃的山峦,山顶覆盖着白雪。冰川就像通往天堂的大路。还有那些对你来说象征着完美无瑕的冰川。北极光闪烁的光芒对你来说像是上帝之心。还有那些善良的人,每个人都凭自己的劳动生活,他们不假思索地帮助他人,他们自觉地遵守简单社会中不成文的金科玉律,他们以自己的生活方式崇敬上帝。圣奥古斯丁,能触动你的心。

1931年的时候,去格陵兰岛似乎是个好选择。就像一个需要安静思考和工作的人会逃避孩子的吵闹而搬去一个安静的房间,同样,一个在生活中需要平静的人,也会去他能找到平静的地方。在"大萧条"之前的日子里,艺术似乎应当处理普世的、永恒的价值观;艺术家完全可以相信自身的情感和思想永远能像伯利恒之星[1]一样准确无误地引导自己创作出对自己和他人来说都最美、最真实的作品。在那些日子里,画家似乎应该画他自己喜爱的东西。"到那里去,"时代精神会说,"生活。通过在那里的生活,将它变成你自己的东西。像热爱生活一样热爱它。然后,拿起画笔。"

阿斯加德的春天来了,几乎在一夜之间,几个月来一直是白色的土地变成了棕色,一个礼拜后,那些棕色的泥土上就冒出了绿色,阔叶树淡紫色的树枝长出了闪闪发亮的新叶。整个世界——它的样子、小溪和急流的声音、潮湿泥土的气息和感觉等等——向人们**证明**,夏天会回来的信念是有道理的,一直很可爱的家,好像变得更可爱了。随着夏天的如约而至以及随之而来的平静美好的一切,我们却意识到,没有什么平静的工作环境,只有重新唤起的关

---

[1] 也被称作圣诞之星或耶稣之星,是耶稣降生时,天上一颗特别的光体,在耶稣降生后,它指引来自东方的三位贤者找到了降生在马厩里的耶稣。

于上一个夏季的苦闷心情，而即将重新开始的铁路案件正是这种苦闷心情的原因。感情正常的人们在参与"公共事业"后，怎能不因我们国家在商业、政治和人民中培育出来的那些东西而感到羞耻、不安、痛苦或恐惧？培育出这些东西还要以它们为荣！

早在公共服务委员会下令恢复支线客运服务之前，德拉威尔和哈德逊铁路公司就已经在想方设法申请重新审理此案了。第一步就是，在命令下达5天后，就立即要求重新审理。他们的申请被驳回了。于是公司的法律顾问做好准备，开始工作。

公诉人声称，在1928年第一次复审听证会期间，铁路将其客运班次从每天两个往返减少到一个，故意减少乘客乘坐该条线路列车的机会，这种班次的减少就算不是以减少乘客乘坐为目的，至少也不是为了提供更好的服务。不幸的是，公共服务委员会的命令忽视了要求改进时刻表使之更好地服务乘客，也没有要求提升服务的质量。和以前一样，他们开着一辆肮脏、破旧的混合动力列车和行李车，用煤油照明，用煤炉取暖，对此，一位镇里的监管人作证说："有时候你甚至必须自己生火。"很少人坐这趟火车。他们干吗要坐呢？

它所提供的最不情愿、最可怜的一种服务，就是把乘客从纽约和奥尔巴尼用卧铺送到支线上的车站，以及它的终点福克斯车站。我们和我们的客人是老主顾。1930年初冬的一个早晨，我们四人在普拉茨堡上了火车。我们跺着脚把靴子上的雪抖落，用报纸擦干净座位，竖起衣领，把戴着手套的双手插进衣兜，呼出的白气马上覆盖了窗玻璃，形成了精美的自然景观——冰花，将我们穿越的世界变成一种奇观。过了一小会儿,列车员进来了。"请出示你的票。"他似乎有点生气地说。他手里拿着一支铅笔和一个小本子。"现在,"他把票装进口袋后说,"把你们的姓名和地址都告诉我。"

我们必须记住,那是在 20 世纪 30 年代的好时光。米切尔·帕尔默(Mitchell Palmer)领导的司法部和他那些可耻的迫害已经结束,并慢慢被消化和遗忘了。所有的思想趋势都转向了民主。1928 年大选之前,工人再次被誉为高尚的公民,农民再次被视为国家的脊梁。1930 年时谁能想到,在短短 10 年时间里,数百万高尚的公民失去了工作,国家的一大部分脊梁失去了他们在全体人民中的作用。我们会把失业者视为罪犯,还要他们印下指纹吗?可能不会有任何人这样想。无论如何,当我付费乘坐列车的列车员要我提供名字和住址时,我愤怒地一跃而起,以我自由国家自由公民的权利,用我相信是合理的愤慨音调说:"关你什么事。"

关于愤怒有一点很有趣:你几乎总是错的。你之后会感到抱歉。那天,我就是这样。列车员其实是个好人。我的语气和话语让他有点受伤,或者说有点震惊,他很抱歉对我提出了那样的要求。他说,他知道他没有权利这样要求,如果我不想可以不回答,但是公司要求他这么做,不然他就会丢掉工作。我告诉他我很抱歉。

"我告诉你什么名字你都会写下来吗?"我问。

"当然,我必须这么做。"他回答。

"好吧。"我说,"我是莫罕达斯·甘地,来自印度加尔各答。这位可爱的年轻女士当然就是好莱坞的葛丽泰·嘉宝小姐。后面那个座位上的是佩吉·乔伊斯小姐,住在纽约河边大道,还有那位是英国的萧伯纳。都记下来了吗?"

他记下来了。我不知道他为什么没要我们的签名。

在那个冬天和第二年的春天里,从普拉茨堡到奥萨博福克斯的这条不起眼的支线,在特定的一段时间内,运送了比世界上其他任何铁路都要多的乘客。这些名字后来在法庭被呈上。我错过了这段插曲。我那时正在格陵兰岛。

我在这几章里多处提到了铁路律师,可能给人的印象是我不喜欢他们。"讨厌"是一个苛刻的字眼,那我就不用它了。我在此仅委婉地借用一下托马斯·布朗爵士[1]的说法:我不喜欢你们,铁路律师,不喜欢的原因我不知道。我有时会思考,是因为他们的长相、他们的声音、他们的举止、他们的衣服(包括一条饰有淡紫色花边的手帕)、他们的策略和原则吗? 当然不是。不喜欢他们是我的权利。就我所知,他们的一切可能都无可挑剔。无论如何,用数雏菊花瓣的方式决定我的命运,决定了我不喜欢他们。他们的命运和权利也决定了他们也不会喜欢我。好像是为了证明这一点,在法律程序的紧急情况下,此案件延期审理了,直到我上了船,船离开港湾,离开拖船,开出纽约港,直到船通过桑迪胡克灯塔[2],百分百确认了我的离开,直到我踏上去欧洲的旅途整整 24 小时。机会对他

---

1 托马斯·布朗(Thomas Browne, 1605—1682),英国医师、作家、哲学家和联想主义心理学家。
2 桑迪胡克灯塔(Sandy Hook light)位于美国新泽西州,是屹立于纽约港南入口的一座工艺精美的八角石塔,修建于 1764 年,是美国最古老且运行最久的灯塔。

们很有利。因为我不可能傻到坐着领航船回来与他们战斗。是的，命运对他们很仁慈，他们很幸运。

就在这个时候，我们友好的专员乔治·R.伦恩出了车祸，需要休养一年。铁路公司赢了。

XVIII

洛克威尔,为什么?

我在格陵兰岛总共待了一年半,也许还不止这么久,远离家乡。离开家很长一段时间,离开两个相爱的人按照他们所希望的那样为自己建造的家。

我离开弗朗西丝整整一年。离开她是一段难以忍受的漫长时光,她似乎是上帝按照我的心意为我打造的伴侣。

离开你的母亲、孩子和朋友一年半是一段很长的时间。

离开你的祖国,离开你出生和度过童年以及生命中大部分时光的国家,这是一段很长的时间。你祖先的国度,他们定居、战斗和建设的国度。一年半对于人的就算再长也不够长的一生来说是一段很长的时间。**一段很长的时间。**

在 1931 年到 1932 年的一年半时间里，足够美国发生太多事了，这个腐朽、有漏洞的、脆弱、粗劣、头重脚轻的临时大坝，它的虚假繁荣几乎无法阻挡"大萧条"带来的一泻千里。股市崩盘，成千上万的银行和工厂倒闭。对工人们来说，几乎又多了数百万的失业人口。被赶出自己房子的家庭——虽然到处都是空房子——住在用城市垃圾场的垃圾搭建的棚屋里，或是在公园和野外无家可归。那些挣面包的人只能在饭店后门的泔水里找吃的。那些定居、开拓、参与美国建设的先驱者的后代，从他们继承的农场里被赶出来。有一百万人成为了流浪者。整整一代人在无声的绝望中认识到：**我们是多余的。**

现在是格陵兰岛的 3 月，春天，并不意味着萌发的新叶、青草的嫩芽和早生的野花，它意味太阳每天会升起几个小时，并随着时间的推移每天增加几分钟照射大地的时间。春天即将来临。峡湾结着冰，覆盖着厚厚的积雪，山上的积雪也很深，但阳光很温暖。

阿斯加德的 3 月到处都是春天的迹象。春天意味着，光秃秃的田野和泥土在那之后将迎来一个温暖的、绿色的、萌芽的、觉醒的世界。一天，从格陵兰岛传来了给弗朗西丝的无线电讯息。它说："来这里！"来吧！但两天都没有船。

到哥本哈根至少得花 10 天时间。在哥本哈根，弗朗西丝不得不等了整整 24 小时，才等到今年第一艘驶往格陵兰岛的船。那是一艘小船，北部海域的 3 月不是我们在陆地上所认为的春天。旅途非常艰难。他们花了超过 12 天时间才到达第一个港口——霍尔斯滕堡（Holstensborg）。

与此同时，在格陵兰岛的我已经出发去迎接这艘船了。它的目的地霍尔斯滕堡离格陵兰岛需要渡鸦飞 300 英里（如果渡鸦能像乌鸦那么飞的话）；用雪橇可能需要走 3 倍的距离。坐雪橇加上小船（在这样的旅途中，你不知道会遇到什么事），则差不多 300 英里。我给了自己三个星期的时间，16 天以后，我站在我所能到达的最南端的陆地上，向南眺望 160 多英里的海面，望着霍尔斯滕堡。站着、望着、渴望着、焦躁着、对命运大发雷霆——没有船能把我带到更远的地方了。所以弗朗西丝来这里跟我会合。

"有些重要的事必须告诉你。"我们见面几小时后，弗朗西丝说，她看起来很严肃。

"等一下，"我说，"等我们回到伊格洛赫绥特（Igdlorssuit）再说。"伊格洛赫绥特是我们在格陵兰岛的家。

坐一阵船，坐一阵雪橇，坐一阵船，坐一阵雪橇，越过大海，越过高山，又越过大海，我们终于到了。

几天后，弗朗西丝说："我有重要的事情必须……"

"等等！"我打断她，"再等一段时间。"

5月就这样过去了，我们的生活充满了幸福，因为现在太阳一天24小时都照耀着大地，而海面依然冰冻着，很适合旅行。我们参观了遥远的定居点。为了庆祝我们的到来，人们为我们跳舞；而为了向他们表示敬意，我们会带去咖啡豆。妇女们烤豆、磨豆、煮咖啡，伴随着芬芳的春天的空气，香气扑鼻的咖啡被端上桌。很高兴看到这里的人们有多么幸福，虽然他们在贫穷的国家艰难地生活，虽然他们就身上这两件衣服，虽然他们的房子只有小小的一间，虽然他们奋力工作却收获不多，仅仅能吃饱而已。

　　"洛克威尔，你知道，"弗朗西丝说，"有很重要的……"

　　"噢，弗朗西丝，现在别说，再等一段时间。"我说。

　　6月来了。冰碎了，随着潮水向南漂去。野生的草地突然变绿了。格陵兰岛的6月太美了！天气晴朗，万里无云，峡湾也风平浪静。一天，我们乘坐小船去离家很远的地方游玩，在一座岛上，抛下船锚，上了岸，在一块高地上支起帐篷，从那里可以看到大海、悬崖和群山，景色美得令人难以置信。我们做了晚饭，吃完，然后心满意足地坐在宁静的户外，抽着烟，放松心情，聊聊天。

　　"现在，弗朗西丝，"我说，"告诉我那些重要的事情吧。"

　　"好吧，"弗朗西丝说道，"我想说的是我们的钱，你知道我们给了一个朋友让他替我们投资，市场崩溃了，钱没了，都没了。我们现在身无分文了。"

　　也许没有任何地方的夏天像遥远的北方的夏天那样美丽。人们对太阳心存感激，他们可能相信，太阳是如此热爱这个世界，因此

数月来它从未落下,只是在北方低头亲吻群山的山峰。但是为什么我在已经写了一整本关于格陵兰岛的书以后,还要在此写格陵兰岛呢?只是因为,我们在那里的生活以某种方式开始产生影响,至少对我们的想法,还有家里的生活。你瞧,弗朗西丝说我们一文不名,这自然就像我们在家时,那些失业或者失去全部积蓄的人描述自己的状态的方式。我们这些曾有**安全感**的人——因为这就是积蓄的功能——现在不知怎么就永远"失去"了它。虽然我们手头剩下的现金足够支付我们在格陵兰岛的生活和回家的费用,虽然我们比格陵兰岛的朋友们富有百倍甚至千倍,虽然我们在一个更先进更富有的国家拥有一个肥沃的农场,虽然我在贸易和木工方面都很有经验,还有两三个受人尊敬的职业,但我们发现自己完全失去了对未来的安全感,以至于觉得自己的未来会比我们最贫穷的格陵兰岛朋友还要危险。

当长辈告诉小辈所谓的事实时,聪明的孩子会用一种令人不安的方式问为什么。"为什么,洛克威尔?"我的小孙子蒂米·卡特轻声问道,"为什么?"该死的是有一半的时间我也不知道为什么。它促使你思考。好吧,在格陵兰岛以及等我们回到家发现我们富有而自豪的国家银行破产时,我们不禁思考。难道我们已经聪明和成熟到不用问为什么了吗?为什么这片土地出现了这么多贫穷?为什么?为什么?告诉我们为什么?

XIX

上帝的子民

我们回到了家。现在已经是12月了,所以并没有绿色的草地迎接我们的到来。也没有火车把我们送到家,因为D. & H.铁路公司和共和党人一直没闲着。但是还有群山——尽管我们离开了格陵兰岛更雄伟的高山;还有天空——尽管格陵兰岛的天空更美;还有太阳,12月,在我们居住的格陵兰岛,没有太阳。但是太阳、天空、山峦、绿色的田野,有或没有铁路,萧条还是繁荣,困苦或成功,悲伤或快乐,绝望或充满希望,美国——对我们来说——还有我们的农场和房子,就是我们的家。

满眼望去，什么都没改变。我们的农场没有什么变化，只是变旧了一点。房子周围的松树长高了两英尺，白色的漆变灰了一点，绿色的漆已经褪色。小母牛长成了奶牛；牛犊变成了小母牛；阳光、空气、干草、谷物，再加上顺乎自然的发展，又生产出了更多牛犊。改变即将发生，但仅仅是管理上的改变，不会产生什么大变化。你很快就会知道，维持一个农场确实很费钱。农场本身不会给农民付工资，农场的拥有者才是那个付工资的人。我的儿子已于1932年6月光荣地从哈佛大学毕业，本来以为，他会接受那一季提供给大学毕业生的非常不错的加油站的工作，没想到他以天生的勇气和因绝望驱使而请求——字面意义上的请求，就凭大学里教的那一点点知识——经营我们的农场。

我的儿子，洛克威尔三世，过去是，将来也永远是一个奇特的理想主义者。他拥有梭罗所说的人类最需要的东西——不同寻常的见识，而不是常识。他天真地认为，在1932年的美国，如果你到了青年时代，你就应该恋爱。无论如何，他的确恋爱了。他有一种奇怪的、不切实际的想法，恋爱了就应该结婚。他是如此不可思议的守旧派，竟然认为结婚以后当然就得生孩子。他的学校到底教了些什么！最重要的是，他认为经营农场比加油站的工作更好！

直到自己拥有了农场，我们才充分认识到，所有选举候选人所用的表达方式——国家的**脊梁**——对农民来说是多么贴切，这是他们应得的名号。**脊梁**！如果我知道如何赞美，这就是赞美。但是，为什么呢？因为他们生产粮食，确实如此，粮食很重要。他们还生产婴儿喝的牛奶，婴儿也很重要。我们读到过"四面楚歌的农民"——是在邦克山战役吗？那是非常震撼的。但不知何故，我总是想当然地认为他们获得了应得的报酬，而且，人们普遍抱有这样一种想法，即一件东西得到报酬之后，人们就不再欠它什么了。我有点纳闷，这种说法到底是什么意思。但是，你看，他们没有因为提供了食物，也没有因为提供了婴儿的牛奶，更是从来没有因为邦克山战役而得到报酬。不过，这一切需要等到我自己拥有一座农场的时候才意识到。我交了昂贵的学费吗？是的。

"农业人口，"卡托（当然是一个政治家）说，"造就了最勇敢的人、最英勇的士兵和不向邪恶计划妥协的公民阶层。"何其伟大！另一个政治家西塞罗说，务农，"没有什么比这更甜蜜，没有什么比这更有尊严"——说得同样好，有同样的效果，也就是说，农民是国家的脊梁。但让我们更进一步；我逐渐明白了，农民值得这一切赞美。

"一个站着的庄稼汉比一个跪着的绅士更高大。"——本杰明·富兰克林。

"多亏了您的努力，我们才能生存下去。荣耀归于你，农夫！"——约瑟夫·卢克斯。

"农民是人类文明的奠基人。"——丹尼尔·韦伯斯特。

还想知道更多？哦，别以为我很博学，我只是翻开了史蒂文森的《语录集》，有好多页这类话呢。但让我们以托马斯·杰斐逊的话作为总结，因为他无疑是认真的：

> 如果上帝有选中的人的话，那些在土地上劳作的人就

是上帝的子民，他将他们的乳房作为他特有的、坚实的和真正美德的贮藏处。

但是人们不禁要问，**为什么这么说**。为何农民的负担如此沉重，抗议如此之多？农业就是一切吗？我们就不需要衣服吗？当然需要！那么帮我找找夸赞服装制造商的话，还有夸石油大王和汽车巨头的话。当人们热情洋溢地赞美时，肯定有问题。我知道是什么问题。

我从格陵兰岛回来之后，6月的一天，有一个我们镇上的农民代表团来看我，都是一些我不认识的人。他们告诉我，农民们越来越不满意过多的税收负担，他们意图成立一个纳税人协会，并且他们了解到，在其他很多拥有此类不满的社区里，也正在形成这样的组织。他们觉得，一定是出了什么问题，只是他们不知道是什么问题。协会的职责是找到答案。他们问我愿不愿意参加当晚在上杰伊的格兰田庄的一个会议。我愿意，并且去参加了。

这些人告诉我的话触动了我的内心深处，使我产生了一种潜在的怀疑，按照我们当地的税收负担，肯定没有一个农场有条件和有那么大的种植面积能够维持下去。我们最初天真地以为，我们仅需成为农场主人，就可以靠它的收益生活，或者至少可以在农场的公平回报范围内分享它的收益和利润——是指农场的投资，而非我们的住宅——但现在我们已经无奈地放弃了。我们认为，土地已经贫瘠了。我们的先辈，一代或更多代的人，从土地里掠夺了它能生产的一切，却没能让它有休养生息的机会。等等，我们原以为，我们能再次激发土地的活力。草地上的磷酸盐和石灰能让它增加产量，

他们可以接受

生产出更多的干草和玉米，有更多的家畜意味着需要更多的饲料，更多的饲料意味着需要土地有更大的出产量。由于更多的牲畜需要更多更好的牧场，我们将重新开垦已经长成灌木丛的牧场，播种合适的牧场草种。

以上步骤的大体轮廓非常简单，但细节反映出的问题是，一个没有农业经验的人几乎不会比老派的农民更有能力。你的土壤出了什么问题？它需要放石灰吗？或者放其他东西？不同的土地最适合种哪些东西？什么作物？犁地的时候应该深一些还是浅一些？应该把田里的水抽干吗？应该放弃一些土地，围起来放牧吗？这些只不过是非处女地的耕作带来的无穷无尽的问题中的一小部分。但这些不是你的问题，除非你无知地想让它们成为你的问题。至少今天不是。它们是你在县农业局代理人的问题，你必须依靠他，他是一个农民的儿子，很有可能是在农场长大的，在康奈尔大学受过教育，有能力，也愿意为你思考和行动。我向那些男孩们脱帽致敬。他们太能干了！他们对工作了如指掌并且愿意去行动。

我们犯了些错误，代价高昂，其实是我犯的错。我一次又一次买来一些毫无价值的母牛，却以为自己买了一头好母牛，一头健壮的、年轻的、会产奶的母牛。我的错误之处在于，以为可以在没有农业局专家的情况下，与"人类文明的奠基人"之一、"上帝的子民"打交道。我在销售中亏了钱，在购买商品上亏了钱，因为我太鲁莽了，在没有律师在场的情况下，与"最不喜欢邪恶计划的公民阶层"成员进行交易。但那些损失都是我的错。如果一个人想一生都相信别人——不管那些人是国家的脊梁，还是胡佛、富兰克林·D.

罗斯福——他都会有麻烦。他活该。不，这不是我所说的关于农场的损失。我说的也不是我为我们的谷仓、设备和牛群投的保险；也不是折旧、维护的费用，或者更换栅栏、工具和牲畜的费用。如果一个人认为埃塞克斯县的农场能为这样的事情买单，那他就太傻了。让我们现实一点。我的意思是，我们最终意识到的是，卖牛奶的利润加上所有其他附带销售的产品的利润，比如牛犊、作为食物或者喂狐狸的老牛肉等，从来没能超过支付种子、化肥以及额外的粮食和劳动力的钱。利润永远不会比这些付出更多，甚至可能永远都要更少。那税呢？还要**付吗**？别逗我们笑了，或者说别逗我们哭了。肯定**没有**，一分钱也没有。

"但是雇佣劳力的话，"我们听到有人说，"你们不能指望农场挣的钱能支付这笔开销。首先，为别人干活不如在自己的农场干活那么卖力。"这也许是真的。上帝保佑这些为我工作的人免受再次为自己的农场工作之苦。工作得更努力一点！人们的工作时间还能比早上4点半到晚上6点**更长**吗？你会要求他们在工作时更有活力吗？铲地铲得更快一些？处理干草时更迅速一点？挤牛奶时更兴高采烈一些？你难道想让他们在犁地前先来趟小跑热身吗？还是加快拖拉机的速度？也许他们可以工作得更努力。但上帝是怜悯的。

"也许你可以少付他们一点工钱。"也许我们可以。但现在我们付得已经够少了，我们已经感到羞愧。时势艰难。也许如果我们付得更少一些，他们仍然会为我们工作。毕竟工资比救济金还是多一点，而且也比领救济金更受人尊敬。

回想1932年的时候，我们已经可以使农场收支平衡了。失业的人很多，并且在全面救济制度建立之前，我们在劳动力市场上没有什么竞争对手。"挣口饭吃，但没有工资"，即使我们这样说，也许仍有人愿意。我想我们没考虑这么做。但即便如此，农场也不应该缴纳税款。我越想越觉得有什么事情明显错了。不能挣钱的土地在经济上是毫无价值的，税款应该是按价值征收的，为什么我们的税这么高？我知道有些事不对劲。

我回忆起住在这里的第一年，评估员第一次来拜访的事情。他们开车过来，三个人坐着一辆老爷车。他们没有下车，而是坐在车里跟我聊天。"上车吧，"其中一个人说，"让我们好好谈谈。"出于某种原因，他们开车把我带到离房子有段距离的田野里。我们舒舒服服地坐在那里，愉快地聊天。"这个地方，你花了多少钱？"一个人问道。他是一个农民，他们都是农民。他们是同乡，当然，在某种意义上也是邻居，他们见到我很高兴，就像我见到他们一样。他们很高兴我能来。外来者到这个城镇对它是好事。（那时我一点也不怀疑**有多好**，或者为什么好。上帝啊，那时候我是多么天真啊！）"你花了多少钱？"

你知道吗？我告诉他们了！我告诉他们我买地花了多少钱，盖房子还有谷仓花了多少钱，我统统都告诉他们了。一想到我把真相告诉了那些人，我就脸红。不过你瞧，我是初来乍到。当然，我曾经游历过世界各地，我遇见过火地岛[1]的"食人族"，去过法国旅行，在阿拉斯加的苏厄德（Seward）住过。但我之前从未在纽约州北部住过，更不用说在埃塞克斯了。我是初来乍到。

我记得，他们对我的说法感到有点困惑。不过这是事实。他们一项项算，一美元一美分地全部加起来。"你们怎么看？"他们的主席，一个叫卡朋特的人问道。"怎么办？"他看看这个人，看看那个人，大家都局促不安地咧着嘴笑。他捅了他们几下："到底怎么办？"

我有点惊讶于他们评估过程的怪异的不确定性，我原以为评估是和价值紧密相关的，然而，知道了价值后——他们并没有怀疑我的说法——他们要做的，能做的，就是根据价值进行确切的评估。因为我对税收一无所知，我甚至认为，价值和评估价是一样的。

"让我们把想法写下来。"最后，其中一位爽朗地说，"我们都写在纸片上，然后一起拿出来。"人们认为这是解决困难问题的绝妙办法。当纸和笔被拿出来分发后，每个人都离车里的其他人尽可能远，尽力把纸片正面挡起来不让别人看到，然后开始写。"喂，你别偷看！"一个人特别可爱地对旁边的人说。

"我没偷看，"那人回答道，"你写你的，我写我的。"

---

[1] 火地岛位于南美洲的最南端，面积约 4.87 平方公里，1881 年智利和阿根廷划定边界，东部属阿根廷，西部属智利。1520 年 10 月，航海家麦哲伦发现了以他命名的麦哲伦海峡时，首先看到的是当地土著居民在岛上燃起的堆堆篝火，遂将此岛命名为"火地岛"（Tierra del Fuego）。

每个人都写完后,大家把纸折成一小团,看上去很小心谨慎。

"现在,谁先拿出来给大家看?"卡朋特问道。

"你先。"其中一人说。

"不,你先来。"卡朋特说。

"我们一起拿出来吧。"第三个人说。

说着,他们就一起展示了纸条。

"嗯,5000,"卡朋特从一张纸上读道,"你是多少?"他转向另一个人。

"我写了1万。"他说,"你呢?"

"我写了1.5万。"卡朋特说。

"哟!"两个人惊呼道。

卡朋特说:"我们折中一下,取个中间数字,1万吧,怎么样,肯特先生,合理吗?"

合理?应该说是的。而且我很感激,因为这只是我说的所花费用的一半。如果当时我知道通过纳税人运动我会了解到什么事实,我就不会那么感激了。非常非常不会感激。

XX
杰伊纳税人协会

我真不应该去上杰伊的格兰田庄参加那个会议,不应该坐在那里听人们抱怨关于欠税拍卖和丧失抵押品赎回权、信贷被拒、扣押债务、被驱逐出家园等各类故事。我不应该听演讲,也不应该做演讲。我不应该支持杰伊纳税人协会(the Jay Taxpayers' Association)的成立。而且,毫无疑问,我更加不应该让他们选我当主席。

这些我都知道。我有一些朋友是美国国家设计院的,在那里他们知道艺术家该做些什么。艺术家应该画画。在这本书里,我不是一再地说过,艺术家,至少是我,需要独处吗?我们除了在和平的环境里生活和工作还能干什么呢？工作就意味着画画。我知道，我知道。让他们掏你的腰包，抢劫你的果园，偷走你的鸡，侮辱你的女人，烧毁你的房子，你就继续画吧。让银行破产，让人们挨饿，让他们监禁你的朋友，让他们取缔你的信仰，你就继续画吧。让战争和饥荒、迪斯家族和库格林（Coughlin）[1]、骗子和恶棍统治世界；让民主灭亡，让整个世界陷入地狱，别管这些，继续画画。我知道那些画家是对的。他们完成了作品。为艺术欢呼！

我是认真的。就像威廉·詹宁斯·布莱恩[2]，当人们问他对艺术的想法时，他说，我支持艺术。但很久以前，我犯了一个大错，一个无法挽回的错误，一个悲剧性的疏忽。进入教堂的牧师们放弃了所有世俗的爱。申请美国公民身份的候选人放弃了所有与外国的联系。艺术家呢？他们似乎必须放弃（我没有）他们作为公民的责任和他们所拥有的任何普通、体面的男子气概。对我来说，现在已经太迟了。

格兰田庄挤满了人。这是因为，首先这是一次集会，在此之前，在奥萨博山谷的田园生活中，年复一年都平安无事，因此这次集会本身就是一件值得关注的大事。其次，它标志着1933年以来

---

[1] 美国神父，1926年起以无线电广播从事宗教和政治活动。新政初期曾支持罗斯福政府，1935年起转而抨击新政。同年组织全国社会正义同盟。1936年起编辑出版《社会正义》杂志。崇尚极权主义，对希特勒和墨索里尼极为推崇，认为美国也应该走那样的道路。
[2] 威廉·詹宁斯·布莱恩（William Jennings Bryan, 1860—1925），美国政治家，民主党和平民党领袖，颇有吸引力的演说家。1896年、1900年、1908年三次竞选总统均未成功。

广泛的愁苦生活造成的普遍不满已经到达了沸点。会场里挤满了男男女女,有些人深刻意识到自己的不满,团结起来采取行动;有些人带着怨愤,却不知所以然,他们天性麻木,从未采取行动或表明立场;还有些游手好闲的人;还有几个好奇心旺盛的人,他们人生的第一个真正的麻烦事就是从那天晚上开始的。大多数人都是农民,尽管这场运动越来越引起人们的关注,并且随着它的发展,所有在政治上和经济上处于弱势地位的乡民都能获得利益,但它仍然主要是一场农民运动。

几天后,我把这个协会命名为 J. T. A(杰伊纳税人协会),我打印了一份简洁的文件,概述了该协会的目标,并呼吁人们支持。既然这是我所能做出的最简明扼要的协会目的说明,我将在此全文引用。

> 大萧条。艰难时刻。低工资。低价格。失业。人们维持生计的能力已经连续四年下降。在这四年里,政府开支却在稳步上升。现在,在埃塞克斯县,那些几乎无法生产出最基本生活物资的农场和面临破产的企业,都在承受着不断增加的沉重的税收负担。
>
> 当纽约州的州长终于"不情愿地"授权为埃塞克斯县发行 30 万美元的新债券时,他觉得有必要公开声明:"如果不是因为县财政管理不善,本不必采取这种措施。如果县政府官员和监察委员会能够正确履行职责,遵守法律,埃塞克斯县就不会负债 30 万美元。"本县纳税人,是时候

采取行动了。你和你的孩子，你孩子的孩子，将要负担这新发行的 30 万美元债券，还有过去超过 130 万美元的老债券，现在一共有 160 万美元的负债了。为什么？你付钱给谁？付了做什么？这些钱是怎么花的？县里和村里的什么人在用这些钱？是谁"管理不善"？你有权利和义务要求公务员做出解释。"我听见的关于你的事是怎么一回事呢？把你管理的账目交代清楚，因为你不能再做管家了"[1]。

4 月 12 日星期三晚上，在杰伊格兰田庄举行的群众大会上，纳税人组织并登记加入了杰伊纳税人协会，其宗旨是，按照其章程规定，"激发和发展公众对地方政府执政细节的关注；调查公共支出，并采取适当行动，以确保和保持对地方事务诚实、高效且经济的管理。"纳税人！让这个组织成为你们的组织，通过保障政府在其事务中"诚实、高效且经济的管理"为你们自己提供保障，这是你们作为纳税人的权利，也是你们作为公民的义务。

结尾是一句呼吁：

请来注册！

获得 J. T. A. 会员资格不需要付费。我们承诺要省钱，而

---

1 出自《路加福音》，它是《圣经·新约》中的一卷书，共 24 章，记载了施洗约翰和耶稣的出生、童年、传道、受难、复活。

不是花钱。

我不知道是什么促使我加上最后那句鲁莽的保证。我还不如说"这不会花你一分钱，你省钱，我花钱"，然后签字画押。

但不知何故，你就是不能要求比你更穷的人花钱。我很快了解到，你也不能指望每天工作 14 个小时的农民把大量业余时间花在调查上。

我们也不应该期望自己——农民、花商、旅馆老板、石匠、巡回推销员、保险代理人以及艺术家（对手称我们为"暴民"）——充分了解该如何调查政府中那些所谓专家的高度复杂的行为。我必须承认，自从开始这些工作，我就完全陷入困惑中，不知道该做什么，怎么做。当选举出来的委员——或者我们所说的受托人——在我们家召开第一次执行会议时，我几乎感到一阵恐慌。

幸运的是，他们都比我了解乡镇和县政府的细节，通过每个人知识的共享和结合，我们能够对面临的问题形成足够全面的认识，并以此作为我们初步的工作基础。**只要开始，就能到达你的目标**——这或许可以看作一句生活准则。不管怎样，你总能到达某处。虽然我们一开始就发现这条路充满不确定性而又荆棘密布，但它终将把我们引向——什么样的终点啊！知道出了什么问题——至少对于我来说——以及沮丧地意识到，除非我们在美国有一个比现在盛行的更好的民主概念，否则什么也不能做。

"普通法以及纽约殖民地立法机关的法案的一些部分，共同构成了 1775 年 4 月 19 日所述殖民地的法律，将于 1775 年 4 月 20 日生效的该殖民地国会决议以及纽约州的公约，从那以后未过期或未被废除及改变的……将成为并继续成为该州的法律……"

这是 1940 年纽约州宪法。它是从 1665 年的公爵法衍生而来，并于 1775 年生效的法律法案。当时拥有这些领土所有权的查理二世的弟弟詹姆斯、约克及奥尔巴尼公爵将土地划分为乡镇和县，它们的办公地点相互独立，它们的政府计划也相互独立，这些在今天更是如此（帮了我们大忙了，亲爱的共和党工具！）。汽车取代了马匹，昔日荒野中的偏僻马车道如今成了公路网。曾经相隔一天路程的村庄如今半个小时就能到达。用现在的汽车旅行方式来看，这个州比当时的大多数县还要小。今天曼哈顿离奥萨博福克斯的路程比 1799 年埃塞克斯县建立时旧埃塞克斯离新县所在地还要近。我们现在每天都有邮件寄到这个州的每个村庄的几乎每家每户。我们有电报、电话，能让我们跟世界对话，前提是我们付得起话费。然而，我们仍然错误地把乡镇作为我们农村的政府单位吗？或者是县？它们仅仅是地理概念，它们是没有负责人的政府。

它们是在监事委员会监督下行使职能的政府部门，每一位成员都是乡镇选举的监察员，任职行为仅对其本人所属乡镇的选举者负责，但作为一个部门却不向任何人负责。关于它们的法律呢？监事委员会实际上控制着法律的执行。委员会还控制着县的资金，也负责审计账目。因为任何奢侈浪费行为都不能责怪某一个人，总而言之就是没人承担责任。这对于不顾后果用该县宣称的支出进行利益交换的监察员以及乡镇和其纳税人实际失控的费用来说，可谓完美的架构。无论是否采用这个系统，它都是一个用于偷窃、奢侈浪费、贪污以及所有这些通常有利可图的渎职行为的系统，也是职业政客必须——哪怕是为了对抗它——理解和实践的系统。这个机构就这么矗立在这片生活艰苦的土地上，像一棵硕果累累的苹果树孤零零地生长在贫瘠的荒野里。如果小男孩偷了树上的苹果，谁又能责备他们呢？

我们自己的监察员，托伦斯，是县委员会的律师成员。到1933年，他已经担任了17年的监察员。他对法律的熟悉，以及他可能在任职期间对于委员会内部交易的熟悉，使我有充分理由认为，如果他都没有发现任何可能存在的违规行为，那这些行为肯定掩饰得很好，门外汉就更没希望发现了。他们充其量不过是愚弄了他，最坏的情况则是……？无论如何，向他求助是没用的。

"如果县官员和委员会监察员**正确履行了职责，并遵守法律**……"州长写道。这是不是意味着州长觉得他们没有呢？或者**知道他们没有**？既是与我们自己的怀疑相吻合，我们似乎有足够的根据要求进行调查。因此，我去了奥尔巴尼。

在与雷曼州长进行面谈时，我对他对于埃塞克斯县事务的详细了解程度深感惊讶。偶尔，他会向他的顾问波莱蒂先生求证，通常很快就会得到数字准确的答案，且顾问先生不用参考笔记或记录，这意味着他们已经仔细研究过埃塞克斯县的情况了。州长最后告诉我，如果呈上全县的请愿书，他就派审计员去伊丽莎白镇。

此时，我们得到了县里其他纳税人协会的合作，大家一起在伊丽莎白镇的鹿头客栈开了个会，一起吃晚饭、发言和讨论。聚集在那里的是一群稀稀落落、形形色色的人。如果商店老板、专业人士和神职人员的明显缺席会使我们成为所谓"乌合之众"的话——这正是某些不民主的人所认为的——那我们就是乌合之众。我认为，晚餐的价格让一些人望而却步，不愿意进来。为了增加出席人数，给会议增添成功的假象，我带了一群看客进来。这次会议的真正目的是发起请愿。事先知道这一目的，并且知道纳税人运动的一般目标后，大多数所谓的受人尊敬的人都缺席了。他们在此次活动的初期就显露了自己的倾向。而且，即使在州审计官委派的审计人员披露了毁灭性的事实后，他们仍然继续支持县里的政客，这表明了他们拥有政客、歹徒以及少数其他人眼中重要的美德——忠诚。

这份要求对县财政进行调查的请愿书由埃塞克斯县大部分乡镇的公民签名，并转交给了州长。此后不久，来自奥尔巴尼的四位审计员开始了他们的工作。

审计长办公室进行审计的资格立即遭到了监察员的质疑——想必是得到了委员会律师成员的批准和法律支持——随后他们也受到了审计员的谴责。那时我们很受鼓舞。人们可能会认为，一个诚实的委员会是不会提出这种问题的。

XXI

见鬼去吧！

为什么我们这些门外汉每次在个人利益偏离挣钱过日子的狭窄道路时都要请个律师呢？你会以为，无论如何，一个民主国家的自由公民，以及一个由公民组成、为了公民利益而存在的政府的成员，在学校教育和之后作为公民参加各类活动后，应该足够了解如何对一个有2000名居民的半荒野纽约上州小镇的财务状况进行独立调查。我们了解——或者说纳税人协会的大部分委员了解——镇上的每个官员。他们一起成长，曾经是同学、朋友或敌人，他们一起做生意或者工作。我们的成员知道这些官员的职责、他们的问题、他们的品质和眼界。至于镇上的道路,他们一生都在这些路上来来往往,甚至这些道路是他们帮着修建的。无论是冬天清理积雪,春天和秋天的道路冲刷,还是桥梁和涵洞的状况,或者清理灌木,他们全都了解。对镇里的学校他们了解吗?他们曾经在那里上学,如今他们的孩子也在那里上学。穷人们呢?他们认识这些穷人——知道他们是谁,也知道他们为何变穷。对财产估价是否了解呢?这比较困难。他们对于镇里农场的相对价值有正确的概念,并且坚信在1933年没有任何一个农场的评估价格会很高。但是对于乡村地产,除了知道它的商业街区能带来丰厚的租金回报外,我们谁也不知道作为有收益的不动产,它应该向镇里支付费用。至于镇里的银行,建造还不到十年,合同成本是60000美元,建在一块价值5000美元的场地上——一个65000美元的房地产——评估价至少应该比7500美元多。

我们对情况很了解,作为一个团队,我们无疑具备足够的事实和常识,可以进行独立调查。但是我们进行调查了吗?没有,我们请了个律师。当我们最后解雇他时,他给我们队伍中的一个逃兵写了电报,稍后我会呈上,这在投票中给我们带来了灾难。

我也许永远不会知道,在我们家进行的每周例会上热情提供的免费啤酒和香烟是否在某种程度上导致了成员们持续的全勤出席。多亏了艺术家们所谓的商业作品,我才有机会提供这些东西,如果对我们的事业有帮助,这笔钱就花得值。无论如何,我们在这项事业中感受到了真正的同志情谊,并以一种极端的热情——选举时的激情——共同努力工作。

我们的调查一旦开始涉及政府的挥霍无度，就会不可避免地促使我们思考应该采取何种政治补救措施。用公共资金铺张浪费，无论是由于在职人员的低效率还是不诚实，都可以在民主制度中通过投票得到纠正。我们确实赢得了——也许说**迫使**更贴近事实——让监察员讨论预算计划的机会，如此镇里的花费将减少25%。但是"秘密的"镇会议拒绝该计划后——没有任何人通知我们——我们放弃了他，转而开始物色在即将到来的初选中与他对抗的候选人。

总的来说，埃塞克斯县，尤其是杰伊镇为他们的政府提供了一个在一党专政的民主体制下如何工作的实例。为了理解这一点，我们首先不应被这样一个事实所误导，即美国的民主制度鼓励尽可能

多的不同政治信仰的人民组成的政党在选举期间形成和发挥作用，只要它们原则上与我们的宪法不相违背。这些当然很好，也是事实；但在埃塞克斯县乃至北纽约州的大部分地区，同佛蒙特州和缅因州一样，真正的事实仍然是，除了共和党以外，没有其他任何一个政党出现以及获胜。在杰伊，一个非共和党人在地方政治中，实际上是被剥夺了权利的。因此，在共和党初选时，我们希望提供候选人。

我写这篇文章的1940年春天，正是欧洲和远东的战争年，也是整个西方世界的帝国年、选举年和政治迫害年，是扣"赤色分子"帽子的一年，也是公民自由与劳动者希望的死亡年，和平、自由和幸福之希望的死亡年。在美国，解释清楚1933年杰伊纳税人协会的成员和受托人大胆质疑镇和县政府的任职行为，还提议选举其他人来代替原来的官员，并不是收了莫斯科的钱也不是基于斯大林的命令，显得至关重要。在1933年，他们也不是所谓的共产主义者。不过他们没有被称呼为共产主义者，绝不是由于他们的对手仁慈，也不是因为十分之九的J. T. A.成员和受托人都是共和党人。他们的对手"指环帮"——那些北方乡村的政客和他们的党羽被亲切地称为"指环帮"——就像马丁·迪斯一样缺乏礼仪，并且在他们狭窄的领域里同样活跃运用温和的恶意技巧。当时在这一区域还没有最近大肆横行的让人深恶痛绝的三K党，所以我们被拐弯抹角地称为"两K党"（Ku Kluxers，原意为集会）。J. T. A.被叫作所谓的"高尊帝国大巫师"——或者不管什么傻名字——还被称为"黑眉头的外国人"，这让我这样一个不仅是在这个国家土生土长,而且头上还光秃秃的人感到困惑。

挑选候选人,或者说找到既合适又有意愿并且有机会赢得选举的人,比我们想象得还要困难。镇里所有的商人中,只有一个人有勇气反对同阶级的利益而加入我们。路易斯·莫纳科(Louis Monaco)在十六岁时作为移民来到美国,在经历了难以置信的沧桑命运后,成为上杰伊一家小杂货店和一家一流旅馆的老板。如果他那些在美国出生的埃塞克斯县同行有这位白手起家的意大利移民一半的公民精神和勇气,我们可能就会有廉洁的政府和好日子过了。如我所说,他是唯一加入我们的人。尽管我们努力在共和党初选中寻找一位受欢迎的监察员候选人,我们也向一些信誉良好、诚实的商人发出了呼吁,但他们都由于这样那样的许多原因,拒绝了我们。因为对中产阶级的尊重,候选人必须是中产阶级的想法深深根植于杰伊镇的人们心中,也阻碍了他们参与一项正义的却是反对中产阶级的运动。这是一场农民运动,作为监察员的候选人,却没有一个镇里的农民有机会赢得胜利。

由于这些原因,我们被迫提名了一个年轻人,尽管他有毋庸置疑的正直品格并且非常适合监察员的办公室工作,他还是被世俗标准认为太"不可靠",而且在镇里及其中心福克斯村的知名度也比较低,因此,坦率地说,算不上一个好的投票"**诱饵**"。他和我们所有人都知道这一点。然而,在我们对这一事业的热情中,我们抱有希望,希望在这场危机中,即使是埃塞克斯县的公民也能放弃个人主义,坚守原则。想法很好!然而他们并没有如我们所愿。关于这一点,很多人给出支持我们候选人的理由时我们已经得到了预先警告。他们说:"托伦斯担任这个职务的时间太长了。给别人一个机会。"它暗示了一种天真的不言自明的观点,即人们认同政治职位是一个**机会**,应该"轮流坐庄",这不免让民主的信仰者们倒吸一口冷气。

除了这位在政治上很弱势的监察员候选人和另一个不重要职位的候选人(我后来曾公开拒绝与他握手)以外,所有的参选者都很棒。带着我们深入研究和记录的关于官员奢侈浪费的证据、用数据和事实证明的政府在评估中愚蠢而麻木不仁的歧视以及要求保障经济和重新评估的宣言主张,我们进入了本镇在其 142 年为人所知的历史中最激烈的政治运动。

激烈!怎么可能?为什么会激烈?根本不是这样的!一边是多年来系统性过度征税造成的贫困受害者,他们终于觉醒,要把心目中抢劫过他们的那帮人**抓起来**。他们攻击的不是持不同政治信仰的绅士,而是有相同信仰的某些人,这些人被认为不配得到公众的信任,因此也没有资格受到尊重。尊重?没有人,甚至连朋友都不会尊重他们。然而你会发现,任何一个有常识的人都不会愚蠢到否认"指环帮"的品质和能力。有常识的人也不会不投票给他们。

我们镇的共和党领袖是托伦斯监察员。他是一位精明而务实的政治家和业余乡村律师,他在县委员会的"忠诚"服务保证了他在政治事务上的永久地位。在当地,他的权力在于合理分配大量的利益,这是约克公爵的城镇系统慷慨创造出来的。在选举中,他通过给选民小礼物和承诺恩惠,来帮助他那些富有的懂得感恩的朋友。这个托伦斯非常讨人喜欢,不过无论他的性格比这个县、这个州、这个国家甚至这个世界上的普通人更好或更坏，都不会影响我们对他的态度。因为他任职的角色和政治角色，我们憎恨他。不过我们真的恨他吗？曾经有一位来自美国东南部卫理公会的特别易怒、好战、面目不善且苛刻的女士对我说："我**从来不**发脾气。但我有时也感受到一种激愤。"恨？这个词太强烈了。尽管我们认为托伦斯也许做了什么，也许什么也没做，但对于他作为"指环帮"领导者的任职行为，对于他所代表的一切，我们毫不怀疑地感受到了激愤。随它去吧。

监察员的主要助手是他的妹夫史密斯医生，他的行医对象完全局限于镇里的穷人，这使他在很大一部分选民中扮演了恩人和宽厚债主的角色。人们说："打电话给医生，跟他一起乘车回福克斯要比用你自己的车便宜。"他和镇上的其他人一样，都知道哪些是**值得救济的穷人**。他总设法让他们得到他们应得的东西。这是对北方人民的贫困的一种悲伤的注释，因为道路工作、砍伐灌木丛和在选举日开车搭载选民都是令人尊敬的。

如果我们就此断言他们对 J.T.A. 的活动和领导人感到的不仅仅是一种激愤，这种说法也许对我们自己和对我们的对手一样无情，当然说他们没感到激愤也一样。冷血的人怎么会屈尊去考虑人们的窃窃私语呢？当然，也有可能因为"指环帮"的很多支持者自己也曾在十年前参加过区域内的三 K 党运动，他们几乎没有意识到这些指控对我们是多么严重的冒犯。他们是在政治氛围中长大的，所以他们只不过是把冒犯外行的称谓当作了一种爱称。但是，他们有理由憎恨我们。不管他们有没有什么不光彩的小过失，可能都不是时候赞美他们的行为。对已建立的制度来说,难道不存在一种神圣感,这种神圣感远远超过了对其性质的一切质疑?上帝啊!今天我们有了证据。尽管有1000万的永久失业者,绝大多数的美国人不是还在为这个160年的老制度欢呼吗?不管怎么说,不管"指环帮"的做法如何,这个地区的选民在投票中不断支持着他们。我们相信这些领导者曾说过的话:"如果我们让一群农民和外国暴发户把我们赶出去,我们就该死。"

XXII

特洛伊木马

初选日。我们知道，太阳也许会带着无与伦比的光彩升起，或者偷偷爬上东部的山丘，露出一张血红、肿胀的宿醉般的脸孔俯瞰大地；草地上可能布满了闪闪发光的露珠，也可能像干枯的油漆一样没有光泽；西边的山脉可能在万里无云的天空下，在晨光里挺立着，散发出金色的光芒，也可能在日出后的好几个小时里，都笼罩在云层里。在清晨明亮的阳光或薄雾里，所有生物都为新的一天感到高兴：摇摆着棘刺跃跃欲试的豪猪，在家门口嗅着清晨带有四叶草香味的甜美空气的土拨鼠，在草地边捉蚱蜢的狐狸，它没有抓到的蚱蜢，早起的鸟儿，还有虫子——过于简单的它根本注意不到鸟。在这个夏天，在这片荒野覆盖的山峦间的田园山谷里，远离活跃世界的喧嚣，在这本质与先天的宁静之所，这一定是一个体现了我们两人来此定居所追求的环境价值的早晨。一定是。到底是吗？我们不知道。**追求幸福的权利！**"追求"一词，杰斐逊主要想指**持续和享受**，然而与人类灵魂的所有向往相矛盾，在150多年未得到满足后，我们和其他人仍然愿意将它理解为**追逐、争取、争夺、战斗**！"就在那座山后！"我们喊着——在一个我们以为是乐土的山谷停了下来；停下来喘口气，重新集结我们已经分崩离析、摇摇欲坠的队伍——"就在**那座**山后。"只差一座山了！上帝啊！难道还不是最后一座山吗？我们这些活着的人没有一个能看到那乐土吗？我们孩子的孩子能**享受到幸福**吗？

我知道那是什么感觉，那几乎没有尽头的跋涉、攀登、滑行、涉水，挣扎着要到那里，越过未知的沼泽和山区，越过割脚的岩石，穿过涨水的小溪、多刺的矮树丛和被倒下的树木所覆盖的森林，我确实知道。在每一处新兴的土地，每一座小山或山脊，你那仍抱有希望、常满口谎话欺骗你的该死的傻瓜般的心都会跳起来，向你哭喊："再来一次，最后一次！"你相信了它，不知怎么成功了，摇摇晃晃地爬到山顶，放下背包，瘫倒在地上休息。这是最后一次吗？当然不是，别傻了。你为什么不放弃呢？你不能放弃，因为还有一座山，只有这一座山了，不远处的"最后一座"。带着彻底的疲倦和重生的希望，你再次背起背包，蹒跚前行！我知道这感觉。

在奥萨博河东支流的山谷里，那天，从日出到日落，每一个比人类渺小的生物都坚持着自己的幸福。人类在追求着幸福。

这是美国纽约州埃塞克斯县奥萨博山谷中的战斗。人数大大超过 J.T.A. 成员数的小股力量被分成两拨，分别集中在镇中心的杰伊投票点和最北端的福克斯投票点。主要力量几乎全部由农民组成，因为杰伊的村庄在任何意义上都不是人口中心。福克斯则不同，它的居民都是严格意义上的乡村居民，包括商人、办事员、机械师和磨坊工人，虽然北部的骨干力量和其他地方一样是农民，但它也得到分散的村民的支持，这些村民在很大程度上熟悉"敌方"的人员及其可能的战术。"指环帮"和 J.T.A. 在投票点都有大量的观察员。所有人都按照惯例戴上了十个象牙指节，随着时间的推移和形势的变化，他们也喝了些酒。我们这方的口令是"打倒'指环帮'"，"指环帮"那方的口令则可能是"合众为一"之类。两方的招募人和运输人都在公路沿线和山间，一次又一次地带着他们的部队赶往前线，然后赶回山里继续招募和运输。福克斯大街和杰伊广场上挤满了人，路边停满了汽车。人们站在法律允许的离投票点最近的距离，相互争论，或是嘲笑路过的对手方选民。斗殴时有发生。也许我们可以让"指环帮"尝尝我们拳头的滋味，我们认为我们可以。

投票结束后，人群仍然在投票点周围转来转去，等待结果出来。像往常一样，到处都是疯狂的报道，一会儿说一方获得了压倒性的胜利，一会儿又说是另一方。最后，我们终于从他们身上了解到一件不可思议的事情，我们最后的票数非常接近，并且赢得了三个席位。这是一个值得庆祝的夜晚。我们好好庆祝了一番。

共和党八名候选人中有三名落选,我们受到了全县纳税人协会的祝贺。人们现在对我们寄予厚望。在这胜利的激情中,我们也对自己充满期待。

一群"乌合之众"企图破坏上州共和党的组织结构和政府管理方式,结果在竞选名单中的八个席位中占了三席,这给共和党带来了历史上从未有过的恐慌。可以肯定的是,监察员到目前为止还是安全的,尽管他在自己的初选中险胜,但11月的改选中,他在与J.T.A.和民主党的竞争中获胜的机会显得渺茫。而且,根据我们及时了解到的情况,监事委员会中一位正直、智慧的局外人将破坏他们的游戏。

但是,我们不仅威胁到镇政府和县政府的监察员和他的同事,也威胁到享有特权和相对免税的村产权持有人,威胁到为他们提供贷款的信贷公司和银行。我们在11月将有可能获得选票。但是,他们拥有现金。选票和现金是否相当?或者选票和事实是否相当?一美元在手胜过的税收上节省下来的多少美元"在林"?[1]

在评估的问题上我们得到了国家税务局的一些帮助,国家税务局的代表根据我们的要求来镇里待了几天,最后报告我们说镇里有许多评估方面的不公正公平之处,整个村里的资产作为一个整体的评估相对于农场大约低了25%。他建议对所有镇房地产进行重新评估,我们对此表示赞同。

---

1 原文是模仿谚语 A bird in the hand is worth two in the bush(一鸟在手胜过二鸟在林)。

作为一个无党派组织，我们自然要向民主党寻求支持。尽管我们以不妥协的清教徒的顽固姿态避免了任何可能达成**协议**而做出的承诺，但我们也明确，并采取了明智的行动，将一些民主党人纳入了我们的考虑范围。我们自己决定了什么样的民主党人值得考虑，而无视当地民主党组织的原则动机，这些动机尽管高尚，却被证明是政治上的自杀。但是，无论是党派还是个人，我们都不会与之做交易。当我们正在争取支持的一位有影响力的共和党人毫不脸红地问我们："如果我帮你们，你们能承诺我什么职务？"我表达了我们所有人的情绪："不会承诺任何。我们不会在选举前讨价还价。"结果他帮我们了吗？你猜。

1933年埃塞克斯县的纳税人运动影响非常广泛，引起了民主党县组织的注意，他们明智地把这些协会看作通向其遥远的权力目标的第一步——瓦解"指环帮"——的天然盟友。无论一个党派最终的政策、理想和行为是什么，一旦确立，**改革**一定是它达成目标的阶梯。既然我们已经把梯子竖起来，并把公民团结在它周围，那么民主党人为了自身的利益所能采取的最明智的行动就是加入进来，支持我们，赢得选举。就算把这叫作他们的光荣胜利，我们也不在乎！民主党县主席了解了所有情况，并采取了行动。他唯一不了解的是杰伊的民主党人。

我们也不了解他们。我们像孩子一样严肃、庄重、信任地和他们交谈。他们当然明白我们的意思。打倒"指环帮"？当然。廉洁的政府，振兴经济？当然。靠公民？靠农民？伙计们，靠我们！把问题留给托马斯·杰斐逊和我们吧。我们将支持你，为你投票。

我得说，情况看起来非常好！现在开始工作！挖出那个烂了根的妖魔鬼怪、"指环帮"周围的脏土，砍掉它的根，把你的铁棒插到土里然后向上用力。向上抬！它松动了！它摇摇欲坠！继续用力！我们把它扔出去，让它滚进沟里。我们要翻土种庄稼。再来！向上抬！

四名审计员正在伊丽莎白镇对县里的记录进行疯狂审查。他们发现了什么？这是秘密。虽然是秘密但是从他们的脸上可以看出端倪。多么忠诚啊，他们在为任职的朋友们担心！公务员们，你们为什么眼窝深陷？注意了，伙计们！你颤抖的双手捧着酒杯，洒了一地。来，喝吧。喝点酒对你有好处。人的身躯能承受那些有罪的灵魂吗？

"回格陵兰岛去。"托伦斯通过媒体告诉我。

"你跟我一起去，我就去。"我反驳道，"为了证明我的诚心和慷慨，以及我愿意做这个镇的恩人，我愿意负责你一年的全部费用。"

"骗子！"他们喊道。

"你们才是骗子！"我们回应道，并且用印刷的文字证明这一点。

印刷成本很高。当地民主党报纸对他们为我们提供的每一行字的印刷都收取全额费用。而"指环帮"却不用花钱。针对我们每一份拿到印刷办公室去的稿件，不管是海报、小册子还是付费广告，编辑邦维尔都会跑去告诉监察员。最后，我们驱车120英里才找到地方完成我们的印刷工作。猛烈的反击一波接一波。他们每写一篇，我们就写两篇。我们毫不留情。"把他赶出去。"我们写道。

"把托伦斯这个让我们镇失去 9 号公路的人赶出去。这个 17 年来一直对超时工作嗤之以鼻的监察员给小镇带来了什么？两个砖房和一个果园。谁的砖房？谁的果园？他的。读到这儿大家都会笑。那么就投票，把他赶出去。"

"这是一场痛苦的竞选。在这一方，你们有了事实和数据，有了严肃的改革方案以及政府的承诺。在另一方，你们从未得到过公开预算，没有承诺，也没有改革措施。在每个问题上，他们都只有谎言和诽谤的障眼法。他们威胁你。他们隐瞒真相。

"听听他们的谎言：

'不正当的秘密预算会议，使用虚假的预算数字。'

'虚假的预算数字秘密流传。'

'有关镇债务的虚假陈述。'

'虚假和欺骗性的竞选辩论。'

'关于租金的虚假陈述。'

'关于重新评估的成本的虚假陈述。'"

没有人幸免于难。银行总裁与托伦斯有密切的业务往来。我们谈起他以 1 万美元的价格把 10 英亩的土地卖给学校的事情——当时他还是学校董事会主席（法律的阴影！）。

"它值 1.8 万美元。"他辩解道。

"什么！"我们喊道，"1.8 万美元！那么为什么 10 英亩地，外加 8 英亩更好的地以及上面的有 20 间屋子的砖房，一共评估价只有'1.8 万中的 1 千'？"

"提高我们的税收,我们就提高你们的租金。这是经济规律。"他们威胁道。美国政府行政研究所秘书长寄来了一封信:"某一天我在报纸上读到你热情洋溢的文字,决定写信告诉你,你在这个组织里有盟友。"我向"盟友"提出了有关租金和税收的问题,并且说明我否决了土地所有者的要求。"关于税收和租金,你说的完全正确。"对方回信并提供了数据支持,我们把它印了出来。

我们印了很多"跑着的人也可以读"的宣传单。"可以"这个词用得不错。我们的问题是,镇上有太多的人不可以阅读。那又怎么样呢?不能读的人可以听。如果东支谷的选民在公开讲演、私人谈话、篝火旁、杂货店、舞厅或酒吧的辩论里没有听到我们的内容,那他一定是个不可救药的厌世者。我们诉诸理性、荣誉、常识、利益、原则,不仅有以上这些内容,还有事实和数据的支持。随着时间的推移,胜利越来越触手可及,我们充满激情。结果,突然间,重大的打击!

当"指环帮"宣布放弃共和党候选人资格的消息第一次传到我们耳中的时候,我们几乎没有意识到这意味着什么。他们现在自称联盟党,他们以一种几乎不可能是有意为之的坦率态度,采用了一个圆,一个指环作为象征。他们升起了海盗旗,已经十分明了。针对闯入共和党大门的三位 J.T.A. 候选人,他们提名了三名民主党人,因此用"联盟党"作为他们的名称。除此之外,这张选票与共和党的常规选票是一样的。他们希望通过加入三个民主党人来让他们的敌人民主党给"指环帮"投票吗?这种投票策略,作为一个希望至少某天有机会获得权力的党派成员来说,可谓政治自杀,而且是对他们自己的县委员会委员和当地承诺支持我们的民主党人的双重背叛。高招！我们嘲笑道。接下来是民主党党团会议。

杰伊镇的民主党人并不多。在地方政治中，国家的纲领和历史悠久（如果有的话）的原则没有任何意义。然而，也有一些人，因为情感认同、家族传统、习惯、原则而成为民主党的支持者，并通过地方政治继续支持民主党。不像布雷教区的牧师会为了保住工作而改变其忠诚和信条，他们仍是民主党人，保持民主党的原则。在这方面，他们是有原则的人，他们倾向于——镇上的许多人可能不倾向于——贡献自己的力量，帮助推动一场争取善政的运动，**只要这场运动的标志是星星**[1]。这些人是当地已经登记入党的党员所组成的核心队伍，他们和他们的追随者构成了这个镇里有组织的少数群体，尽管这个群体人数很少，有时候也会引起尴尬。我们很快将知晓"指环帮"是如何预见到意外事件的。

这是一个令人愉悦的秋天，一个愉快的夜晚，我们已经吃过晚饭，夜幕降临，散乱的 J. T. A. 成员中的民主党人以及其他一些人，坐进他们的老式福特汽车，去参加党团会议。有些人住在镇上比较偏僻的角落，有许多路要走；有些人在路上等着朋友来接。所有有时间去那里的人，都有空闲在大厅外站一会儿，聊聊天。在这个特别的核心会议上似乎也没什么太多要讨论的东西。民主党县主席下令支持纳税人协会的选票，并得到了当地著名民主党人士的认可。

---

[1] 指当时民主党党徽中的星星标志。

朴素的民主常识要求他们这么做。抛开所有个性和政策不谈，民主党人有一个长远目标：击败"指环帮"。加上 J.T.A. 的力量，就在这一年。就在这一夜。

党员们比会议计划开始的时间早了几分钟到达大厅，看起来会议可能会推迟开始。周围没有人，但是有很多车停在路边，车里空无一人。会议不可能已经开始了！他们匆匆走上台阶，当他们打开通向大厅的门时，迎接他们的是一片嘈杂的人声，是一群参加民主党党团会议的陌生人。他们困惑地停住脚步。但会议主席在努力维持秩序，他喊道："计票显示，这里的大多数人都赞成我们对联盟党的支持。"人们一跃而起，大声抗议。"党团会议休会！"他喊道，放下了小木槌。

这是怎么做到的？就是那个老把戏，特洛伊木马。"指环帮"让民主党人忙得不可开交。而他们在那天晚上早就出发了。

XXIII

再见!

  地方民主党团体反抗县民主党委员会的权威,并且背叛其多位领导人所承诺过的人民的事业,这让所有善良的民主党人士感到震惊,对我们更是一个重大打击。这件事是如何密谋进行的很快就不是什么秘密了。主要政党通过招募新成员来控制少数派政党是一种既定的,当然也是完全合法的挫败民主程序的方法。

  如果——正如人们普遍认为的那样,或者,据我所知,已经被证实——这是银行家设计的,或者让我们这样说,经他默许的,那它只会指出这样一个事实,"富人、穷人、乞丐或者小偷"都是一样的，在政治上他们的良知等于他们的钱包。不管怎么说，民主党的党团会议是那位银行家的最后一次会议，他后来又登记参加了共和党的这一事实似乎只是一个正当、开放的与哪个党派结盟的问题，如何选择则是看银行家觉得哪个政党的政策和行动更合乎心意。费尔班克斯（Fairbanks）如何获利，我们不得而知。不过我们相信他获利了，而且是慷慨的补偿，因为我很快就有幸以最罕见、最富有戏剧性的机会来对付他。

埃塞克斯县主要民主党人在伊丽莎白镇举行的宴会邀请了我："如果您能出席，我们将不胜荣幸。"这实际上是民主党县委员会对我表达的礼貌和令我感到荣幸的邀请。宴会就在镇民主党人对J.T.A.的否决之后，这是一个对非民主党人士的友好姿态，不容忽视，所以我当然赴约了。

我迟到了一会儿，一个人尴尬地走进餐厅，里面坐满了各色男女，除了三四个人以外，其他对我来说都是陌生人。我想我从来没在同一时间见过那么多民主党人。县里把他们都藏到哪儿去了？去吃吃喝喝吧，好伙计，别盯着人看。在演讲者所坐的那桌，主席的左边，我坐了下来，开始吃我的水果杯、鸡肉、苹果派，喝餐后咖啡。

这类事情毫无疑问都是相似的。这是我第一次，也将是我最后一次作为埃塞克斯县民主党的客人。我不认为我适合从政。首先一点就是，我记不住名字。我听不进去他们的名字。另外，当你看着别人的眼睛时，你就无法注意他们的长相。所以我也不记得长相。我也不喜欢听演讲。不喜欢听演讲这事儿很糟糕。至于我自己的演讲就没那么让我痛苦了,我反正也听不到。不,我不适合从政。为什么我们总是太迟才意识到真相!

我相信那天晚上伊丽莎白镇的演讲一定很棒,在那种场合,它们甚至比城市演讲更棒。至于曾经在美国人的公共生活中非常普遍,如今却渐渐消逝的演讲天赋,现在仍然使北方的演讲者们熠熠生辉。不知何故,我睁着眼,随时准备着鼓掌,却睡着了,在无数句没有听清的话中偶尔有一两个词渗透到我的无意识状态中,我听到霍雷肖·托马斯(Horatio Thomas)、宴会的主席说道:"……我们将要听到的是各个镇委员会主席报告民主党在各个镇的行动。"我的上帝,简直不敢相信我的耳朵,费尔班克斯主席会发言吗?

一个又一个镇委员会主席站起来汇报工作,我这才明白费尔班克斯**不可能**在那里。一个背叛了自己党派的人,怎么敢会见党派的领导人,怎么敢说话,怎么敢露面?我至今没见过这个人,但我觉得,也许我能认出他来。长相和性格往往是匹配的。因为客人们会时不时转向演讲者,所以我有机会仔细研究他们。我仔细研究了一下。在我看来,这些面孔都不错。当第12位演讲者结束发言坐了下来,我刚想得出费尔班克斯幸运逃脱了的结论时,托马斯主席向大家介绍了他。

也许是被一位新演讲者的出现吸引了注意力,除了我身旁的主席,没有人看见我一跃而起,也没人看见我因愤怒而苍白的脸孔。主席看见了。他迅速看了我一眼。"坐下,"他说,"等着,你会有机会的。"我的双手颤抖着,我用一只手抓住另一只手,压在膝盖上。费尔班克斯开始演讲了。"他能说些什么呢?"我自问。"他说了什么？"他坐下时我问道。如果一个人做了坏事被抓住，他有什么好说的，除了——任何时候都不会太早或太迟——说出真相？政治中的真相？别逗我们笑了！——费尔班克斯演讲完毕。

还有许多人在他之后发言，但是我什么也没听见。我已经控制住了自己。我在思考。当托马斯主席来到会议流程中关于我的部分，结束他慷慨激昂的介绍时，我已经准备好了。

我不确信我能组织好演讲词，但是凭借对之前思考的回忆，在起身之前我就开始了演讲。我对自己说："冷静。看在上帝的份上，不要站起来对着他咒骂、尖叫。你已经逮着他了，慢慢来。冷静地、从容不迫地、一砖一瓦地构筑你的事实之墙。建立好事实之墙，**然后迅速伸出手**，抓住他的衣领，把他拉起来，让他背靠着墙，然后开始我的演讲。"我知道我做到了。我记得我用美国当前局势以及导致它的政治事件为那堵墙奠定了基础。我说起，在连续几届共和党政府的领导下，虚假繁荣越来越多，在三年未被重视的警告后，于1932年的经济崩溃中达到了顶峰。我回想这个国家的领导人和支持他们的利益集团突如其来的、彻底的困惑和恐慌；民众对民主党的迅速拥护；罗斯福的当选；他果断、坚决的行动拯救了大家；公众的感激和他们的信仰。我说道："民主党的星星已经成为美国人恢复民主的象征，政府诚实、公正的象征，以及美国再次活过来的标志和象征。民主党人，现在也许是我们国家历史上从未有过的需要你们、信任你们的时刻。现在是你们的机会。你们要**配得上这份信任！**用优秀的政府来回报这信任。在宾夕法尼亚州、堪萨斯州、加利福尼亚州，在纽约上州——在埃塞克斯县，在我们的各个乡镇，我们受够了腐败，受够了华尔街和大企业以及共和党人对人民、人民的财产与希望的剥削。我们受够了纽约的坦慕尼协会[1]，奥尔巴尼的奥康纳，还有我们自己的埃塞克斯县的共和党人威利斯·威尔斯，受够了这些团伙和"指环帮"，受够了剥削者、挥金如土者、办公室里的强盗和他们的主人。我们受够了，人民受够了。我们指望**你们**。你们赢得了我们的信任。继续保持，民主党人。好好思考，正直行路，坦诚做人。清理你们的队伍。除去那些不是一心一意为公众利益服务的人。清理你们的队伍，从**这里**开始。民主党人，今晚，在这里，坐着一个背叛了你们政党的人。这个人在本县民主党的这场危机中，在这个人民因不当执政而变得贫穷厌恨、转而相信民主党人是善良、可敬的人的历史时刻，用他的发声、投票和威权，支持公众的敌人'指环帮'，还让你们变成了他的同盟。民主党人，你们认识他吗？看，他就坐在那里。"我伸出胳膊指了指，"费尔班克斯，杰伊镇民主党委员会主席，看看他。在你们心中感受一下值得尊敬的人对背叛了他们的政党和信任的人会如何看待。他让你们成为'指环帮'的同盟。你们是吗？民主党现在对我们意味着什么？你们有原则吗？如果有的话，看在上帝的份上，把那个墙头草赶出去。放弃他，摆脱他。"

---

1 坦慕尼协会（Tammany Hall）由爱尔兰人威廉·穆尼创建于 1789 年，起初是一个全国性的爱国慈善组织。从 19 世纪 20 年代开始，随着爱尔兰移民定居纽约的移民潮不断壮大，逐渐成为一个以纽约市为中心的地方性政治组织。1854 年至 1871 年，协会在费尔南多·伍德和威廉·马西·特威德领导下发展到鼎盛时期，成为明目张胆的"腐败帝国"。

费尔班克斯又高又瘦,他脸色苍白,神情紧张地站了起来。他的妻子,在他旁边,正在穿她的皮衣。他们从拥挤的桌子间走向大门。

"把他赶出去!"我喊道,"让他走,让他没脸见人。"我气疯了,一直用手指着他。"把他赶出去!"

费尔班克斯要出门就得从演讲者桌子的一头经过,他停了下来,转过身来面对我们。

"我——"他大喊道。

托马斯主席打断了他的话。

主席说:"如果你想留下来回应肯特先生的指控,你就可以发言。"

"我只是想说,"费尔班克斯打断了他的话,"我——我……我们……"然后他喊道:"他只是个局外人,来这里才5年,他总是惹麻烦。"

门"砰"的一声打开又关上,费尔班克斯夫妇离开了。

XXIV
指环、十字架和美元符号

我们上州政治改革运动的下一个戏剧性的行动——你要愿意，说闹剧也行——发生在奥尔巴尼。我为此感到羞耻，耻于回首1933年时我的天真烂漫、年少轻信和愚昧的信仰。对于罗斯福和新政，难道我们不记得1933年时我们对此抱持着何种信心吗？不一定是对新政的政策，而是对新政府的崇高意愿。我们终于有了一个以**人民**为中心而不是以**利益**为中心的政府。一个自由的政府，公正的政府，诚实的政府。难道我们当中没有许多人——我正在努力使得自己不显得是这个伟大国家中唯一的傻瓜——难道我们当中没有许多人把我们自以为在选出的领导人身上发现的品质（如心理学家所说）投射到整个民主党组织中去吗？让我们实话实说吧，难道我们没有认为民主党是一个有崇高目标的政党，具有杰斐逊所说的原则，以及正直、廉洁、诚实的政策和行为吗？（我知道，现在是1940年，我们在7年里已经学到了很多。但是那时我们都像现在一样如此冷酷和缺乏信任吗？）不管怎么说，我当时确实那么相信。于是我以为——想到此我就不禁红着脸垂下头——民主党州委员会会对杰伊镇民主党人和他们的主席费尔班克斯与声名狼藉的共和党人联合起来的行为感到震惊、反感和愤怒。我以为他们会很高兴知道这件事，并急于采取行动清除他们党内的污点和造成污点的人。于是我带着一位杰出的民主党人的证明书去了奥尔巴尼。

据我所知，奥尔巴尼民主党选举委员会坐落于一家新开的旅馆的整整一层、两层或十层楼里。经过一番周旋，我来到了一间并非原先目标的办公室的尽头，面对着桌子对面一位穿戴优雅整洁的年轻人，他看着窗外半转向我，不是很礼貌地问道："我能为你做点什么？"我告诉他，他能为自己的政党做点什么，他的政党能为自己做点什么，以及按照起码的礼仪应该对杰伊的情况做点什么。我说话的时候，他在修指甲。我说完以后，他抬起头来。"你打算应征什么工作？"他语带讥讽地问道，"啪"地合上他的小刀。他掸去背心和裤子上的灰尘，把椅子往后推了推，站了起来。

帷幕降下，剧终。

那天晚上我住在伦恩专员家，因为几个月的铁路诉讼我们两家已经变成亲密的朋友，这也算铁路诉讼带来的一个长久的、愉快的结果。我把埃塞克斯县发生的事情详细告诉了这位身经百战、精力充沛的政治竞选老手,他对我的故事很感兴趣,也越听越愤慨。"现在,长官,"我总结道,"我想要的是:请你把官袍脱下来,挂在

衣柜里，忘记你过去和现在在公众生活中的卓越地位，抛开同事强加给你的体面仪态和尊严，忘掉你已经过了四十岁，然后一只手拾起你曾经拥有的世界会变得更美好的信念，另一只手举起民主的火炬，走出去，抬起头，呼吸新鲜空气，张开嘴……"

"你的意思是让我到你那偏僻的地方去演讲？"专员笑着说，"绝对不行！"

我没有上当，我看得出他的眼睛亮了起来。那天晚上，在午夜，我给埃塞克斯县民主党主席打了个电话。

"租一个礼堂，"我说，"雇一个乐队。在福克斯举行一个大型会议。因为乔治·R.伦恩会来为我们做演讲。"

"但是……但是……"民主党主席的声音传来，"谁来付这笔钱呢？我们怎么……你看……我们从哪儿弄这笔钱……"

"哦，算了，忘了吧。"我挂了电话。

那晚我给 J. T. A. 打了电报："伦恩周六晚上在奥萨博福克斯演讲，租礼堂和乐队。"事情解决了。这些人是富有活力的人。

我回去的时候已经是周六了，但是事情很快发生了变化。我给他们打电报的第二天早上，他们就预约了美国退伍军人协会的大厅，约好了县民主党主席和霍雷肖·托马斯，同伦恩和我一起作为联合演讲人。他们雇了天主教乐队。但是事情又发生了变故。美国退伍军人协会改变了主意，不愿把大厅租给我们了。没关系，骑士团大厅更好，我们一开始就应该租它。天主教乐队毫无疑义地答应了我们的邀约。哥伦布骑士团大厅、天主教乐队——我们印刷并分发了相关海报。当乔治·伦恩到达的时候，镇上已经为晚上预定的重大活动兴奋不已了。都准备好了。但一切仍在继续。

我们和一些委员一起开车前往演讲地。

"'指环帮'不让乐队参加。"他们气喘吁吁地告诉我们。

"给他们多付钱呢?"我问。

"我们已经提出多付钱了,"他们说,"没用。他们被命令不许参加。"

"回去再试试。"

他们又回去,试了。当忠诚介入的时候承诺又算什么呢!

已经5点半了,会议还有两个小时就要开始了。"长官,想休息一下吗?组织一下你的想法?稍等一下,有人在门口。"

又进来了一些委员:"他们把大厅也关了,那些天主教徒。"

我大发雷霆:"这些该死的欺骗和谎言……"

"等一下!"乔治·伦恩温和地说,"我不相信。一定是有什么误会。他们不会违反承诺的。神父在哪儿,他住在哪里?来,我们去见见他。"

我在口袋里放了一品脱酒,出发了。

我们发现这位神父非常和蔼可亲。"好啦,好啦,"他说,"乐队不能演奏真是太糟糕了。你看,年轻人搞错了,他们另有活动。不,没有什么办法。太糟糕了。什么,你想喝点东西,肯特先生?当然可以,我让他们把酒杯拿进来。"

酒杯拿进来了,我们倒了酒。"神父,敬你!"我们喝了下去。

"至于大厅,这是另一个问题。你看,我在那里也没有管辖权。所以他们真的不让你们用吗?我感到十分惊讶。我想知道为什么！好吧，好吧！"

神父终于派人去请了一位"骑士"，但是他不是管事的那个"骑士"。真正的"骑士"不在。他把钥匙拿走了。只有一把钥匙。然后还有这样那样的原因，所以我们不能用大厅；至于我们之前能用的原因，只是基于他们"庄严的"承诺。我告诉他们这些谎言多么肤浅。"骑士"很生气，神父很震惊。我们把小酒壶里的酒喝完时，专员结束了这次谈话，他递给神父10美元作为修建新教堂的捐款，神父答应我们他会看看能做些什么。他无疑是这么做的，他看了看能做什么，不过看到了什么我们不知道。

"他们在排队。"当我们开车回家的时候，我告诉专员，"这是'指环帮'与人民的对抗。现在银行、信贷公司、造纸厂、商人、小生意人、新闻媒体、共和党、民主党、美国退伍军人协会、哥伦布骑士团、天主教会，以及——如果不说话就是默许的话——新教教会，都与'指环帮'站在一起。和人民站在一起的是——人民？哦，不。人民还得减去教师和学校员工、小车司机、修路工人、得到修路工作的农民、得到救济的穷人、贷款逾期的人、拖欠车贷的人、住在租屋里的人，还有那些仍然相信如果不选共和党工厂就会关闭的工人。"

我们到家时，一些农民正在等我们。"我们得到了消息，"他们说，"今晚你去参加会议的时候，他们会在你的草地上燃烧一个十字架。"荒唐吗？也许并不。他们都是很实际的人，他们深信这个阴谋会发生。当时，有一小队州警正驻扎在奥萨博福克斯。我给警官打了个电话，把我听说的事情告诉了他。

"我希望有人能在这里巡逻,"我说,"就我而言,要是你在这里抓到那帮人,你完全可以对他们开枪。"

现在该怎么办呢?村里唯一的大厅已经对我们关闭了,我们该在哪儿举行会议呢?我们中的一些人提议闯进哥伦布骑士团大厅。"他们已经答应把大厅租给我们了,不是吗?这是我们的权利。让我们把门砸开。"但是幸好还有更好的建议。我们找来一辆卡车,把它停在主要街道的拐角,从那里向可以容纳两倍于大厅的人群演讲。"因祸得福"这句话是千真万确的,"指环帮"的行为最终并不是对我们不利的"祸",这一点被一大群从几英里外赶来听演讲的人证实了。

人群总体上是聚精会神的,我们可以想象,他们对负责管理秩序的州警有些敬畏之情。一名共和党女委员试图猛按喇叭,强行让

她的车通过拥挤的小巷，但被断然制止了。那位女士得到的唯一回应是对她的嘲笑。

我对演讲了解不多。我们的主持者霍雷肖·托马斯讲话简明扼要；民主党县主席读了一份没有任何明显意义的手稿，只有一根竿子那么近距离的人才听得见他的讲话声，而且发言时间如此之长，以至于我们抓着他礼服下摆的双手都冻僵了。那是一个寒冷的夜晚。在我看来，我所选择的字眼如此具有激情，也许只是因为我已经冷到颤抖。对专员来说，这一情景使他回想起几年前的竞选活动。那记忆至少温暖了他的心，也让他那天晚上热情的话语，温暖、振奋、鼓舞了我们所有人。

后来人群里发生了什么我不得而知。作为一个艺术家，我知道，如果一个人看了一些好画作，听了一些好音乐，读了一本好书，或者听了一场精彩的演讲，却没有至少在一段时间内因他的所见所闻变成一个更好的人的话，他就根本没有被感动。我知道，有许多人在听见看见好的艺术作品后，除了"那是伟大的艺术"之外说不出什么更多的评价；同样，有些人在经历了充满激情和真理的演讲，被深深打动后，除了"伟大的演讲"之外也说不出更多。在我的一生中，曾有一两次这样的想法，我完全发自内心的演讲打动了听众，但最终一些热情的支持者握着我的手说"你是一个了不起的演说家"，总是让我感到彻底地幻灭和徒劳。

甚至在葛底斯堡，当林肯用这句话结束他简短的演讲："倒是我们应该在这里把自己奉献于仍然留在我们面前的伟大任务——我们要从这些光荣的死者身上汲取更多的献身精神，来完成他们已经

"世界啊,生命啊,时间啊"

完全彻底为之献身的事业；我们要在这里下定最大的决心，不让这些死者白白牺牲；我们要使国家在上帝福佑下得到自由的新生，要使这个民有、民治、民享的政府永世长存。"——即使那时，在葛底斯堡，虽然有许多人被他的激情和思想所感动，但仍有些人在嘲笑他的激情和思想，而另一些人则认为这些话不过是伟大的散文，甚至到今天还有人这么认为。

我们开会回来时，两位农夫邻居保罗·博因顿和沃尔特·柯立芝正在我们的厨房里。他们喝了端给他们的咖啡后，又出去继续当晚的守夜。他们不相信警察能保护我们的农场不受"指环帮"的侵害，因此在周围巡逻。他们整晚都在巡逻。

关于1933年杰伊纳税人协会的伟大的改革运动，没什么可说的了。我们又发表了一篇文章，重申并总结了我们对"指环帮"的指控，重申了我们的承诺。结尾说："现在去投票！"

当你看到你的选票时，你会发现，在一些民主党、共和党和联盟党候选人的名字前有一个像〇的符号，表明他们属于"指环帮"。我们已经把它们标出来了。不要投票给他们。投票给任何你想投的名字，除了那些标记了〇的人。

如果你受到了威胁，或受到了贿赂，请记住，你如何投票是保密的。投票反对任何贿赂和威胁你的人。

选民们，让我们记住这一点：我们再也没有比现在更好的机会来改变现状了。尝试一下新的政策。如果你们的新长官没有遵守承诺,那下次投票的时候再把他们赶走。

在选举日的清晨,我们的成员们在村庄里、在公路旁、在山上工作,分发我们秘密印制的讽刺画,主题是联盟党在有三个圆形场地可以同时表演的大马戏团里庆祝政治与生意的"联盟"成功,并题名为"你帮我,我帮你"。

我们的一位邻居是伊丽莎白时代的老雇工,他是一个目不识丁、心地单纯善良的人,他开着他的那辆旧车来了,就像在巨大的旧沙滩伞下登基的苏丹一样。他是来拿我为他准备的投票模板的。"把它放在他们给你的选票上,霍勒斯,"我向他解释道,"让它们边缘对齐,然后在有洞的地方画叉,就像这样:×。"我们练习了一会儿,他把叠好的模板放进口袋,去投票了。

"即使所有镇都让我们失望,"我们想,"我们至少会有一张选票。"

实际上,我们得到了不止一张选票,甚至有一个候选人当选了一个不重要的职位。但是我们没有得到霍勒斯的选票。

"是这样的,"他后来解释道,"我进去以后,他们都坐在那儿,大家都坐在那儿,你知道。'嗨,霍勒斯,你怎么样?'他们问我,'你好吗?'其中一个人——我不记得是谁了——像这样跟我握了握手。"霍勒斯给我演示了一下,好像在摆弄我的手掌一样,"然后我手里多了一张两美元的钞票。两美元。明白吗?然后他说:'霍勒斯,我相信你需要帮助。'我说:'哦,不用。肯特先生给了我这个。'然后我就把那张纸给他看。但是他说：'噢，霍勒斯，我们会帮你的。'然后他就跟我说一起进去，告诉我在哪儿画记号。明白吗？"

还有一票我们也没拿到。选举日的一两天前，"指环帮"收到了一封来自纽约的电报。在"来自J.谢弗·考丁（J. Cheever Cowdin）的祝贺"的标题下，他们把内容印在放大的传真纸上。上面写着：

尊敬的弗雷德·A.托伦斯先生
纽约，奥萨博福克斯，监察员

  我刚从西部出差回来，得知你履行了去年8月对我和当时J.T.A.的律师劳里先生的承诺，在11月召开了一次关于1934年镇开支预算的公开会议。请接受我衷心的祝贺和美好的祝愿。我相信你的行动将被认为是迄今为止帮助我们镇里所有纳税人而采取的最具建设性的行动之一，我衷心支持你的行动。我感到遗憾的是，那些控制着J.T.A.的人认为，把审查和协助减少镇政府的开支转变成一个政治组织对他们是有利的。正是由于这个原因，我在大约两三个月前第一次听说这种性质的变化时就辞去了在本组织的职务。

J.谢弗·考丁

谁是J.谢弗·考丁？支持"指环帮"的有银行家查霍恩，当地银行的主席、出纳，商人和商人的办事员，低买高卖的投机者、经销商、价格操纵者，等等。考丁是谁？原来他是一个华尔街的生意人。"除了这个，"伦恩专员听到电报的事情之后说，"你还能期望些什么呢？"我想，发生了 J.T.A. 的前律师写出"祝贺"电报这种事情，我们确实也不应该对律师抱有什么更高的期望。

"指环帮"又赢了。它战胜了它最大的威胁，我们的 J.T.A.。它在县里的 18 个镇获得了多数票。就像以前那样，它又胜利了，它一直在胜利。1940 年，就在我写这篇文章的同时，在这个自豪的、几乎毫无争议的县里，坐着的仍是同一个"指环帮"选出来的监事委员会，这个可爱的北部山区还获得了纽约州治理最糟糕的县的称号。

XXV

开怀大笑

增加那灿烂的太阳的光辉,实在是浪费而可笑的多事。

在"根据《一般市政法》第111条提交给国家审计员莫里斯·S.特里梅因的关于纽约埃塞克斯县的财务审查报告"中有以下一段话:"一个诗人告诉了我们什么是浪费和荒谬的过剩,但埃塞克斯监事委员会给出了具体例证。"审计员约翰·C.麦克尼利在总结他关于埃塞克斯县的财务审查时,顺便说一句,他也审查了县监事委员会、会计、办事员、司法官、审计员、地区检察官、县检察官以及公路管理局,他的学术头脑中记得他提到的所有上下文吗?第二次为邪恶的约翰王[1]戴上王冠,而这个王冠似乎是他在密谋谋杀一个男孩后得到的,这是索尔兹伯里[2]式的讽刺吗?对于约翰王和埃塞克斯县的官员们——这位博学的审计员是否有着相似的想法?

审计报告中直接提到的经典引用是县监事委员会创建的一个关于县公园的记录。在莎士比亚式的引用文件后,报告继续写道:

> 埃塞克斯县的面积是 1836 平方英里,即 1175040 英亩。
>
> 该县人口为 33959 人,因此人均土地面积为 34 英亩,换句话说,每个居住在该县的男人、女人和孩子都有 34 英亩土地。
>
> 全县没有城市,所辖的 8 个乡村人口也很少。
>
> 应该注意的是,该县是森林保护区的一部分,其中纽约州拥有 444426.27 英亩。其次,该县以其拥有的优良的捕鱼和狩猎地区而著称,并且为那些寻求休憩和娱乐,或为享受优美风景和点缀着池塘、湖泊及河流的山景的人提供了一个度假胜地。

---

1 英国剧作家威廉·莎士比亚创作的戏剧《约翰王》中的主人公,该剧讲述了英国历史上最不成功的国王之一约翰王一生的主要经历。他非法篡夺了侄儿亚瑟的王位,为了巩固自己的统治,又不顾众人的反对,举行第二次加冕典礼,还指使赫伯特谋害年幼的亚瑟。本章开头引文即出自《约翰王》(朱生豪译本)。

2 索尔兹伯里(1908—1993),美国著名记者、作家,曾任《纽约时报》副总编辑。他为报道现代战争付出巨大的精力,遍访世界大战的许多战场,以犀利的目光和鲜明的观点,揭露了法西斯侵略者的罪行及其内幕。

在读了以上内容后，很难得出埃塞克斯县或其任何部分存在人口拥挤的结论，但是监事委员会显然得出了这样的结论。他们认为要么是此处的居住人口很拥挤，要么是夏季观光客的大量涌入导致了拥挤。

得出这一结论后，这些人类的大恩人立刻寻求救济。他们咨询了立法机关，意识到这些情况的立法机关随即通过了一项法案，允许埃塞克斯县通过一个公园建设委员会购买土地来建设县公园。

之后，他们以6198美元的价格购买了516.5英亩的土地。这是按照每英亩12美元的价格，监事会决议的前言说"这是林业委员会通常建议的同等价值的土地再造林价格的两倍"。[1]

对于饱经崎岖山路困扰的登山者来说，知道县里为他们建造了一个公园，而且他们的漫游和娱乐不局限于那片面积为444426英亩的国有土地，该是多么令人欣慰的事啊！

但是，如果这个县有一个公园可以让过度拥挤的人群在里面散步，那么，监事委员会决定，公园里也理应有一个湖。于是他们着手建了一个湖。

一条平缓的溪流穿过这个公园，一条潺潺作响的小溪上，监事委员会筑起了一座水坝，形成一个湖。后来，委

---

[1] 这是尚普兰湖畔在一年内售出17000英亩土地价格的12倍。——原注

员会为纪念一名委员,给这片高贵的水域起名叫"萨尔湖"。大坝的造价约为12000美元。

但是,大坝决堤,湖水涌出。这并没有阻止慷慨的监事委员会,他们再次花费2000美元修复了大坝,恢复了萨尔湖。但大坝又一次决堤,导致附近土地被淹,财产损毁,损失高达7000美元。因此,花费超过14000美元的山中宝石萨尔湖就这样没了。

早已准备好增加太阳的光辉,把纯金镀上金箔,替纯洁的百合花涂抹粉彩[1],审计员继续写道:

考虑到以上对埃塞克斯县的描述,我认为该县没有必要购买土地和花钱重新造林。有成千上万英亩的土地可以种植树木而不需要付出任何代价。但监事委员会必须存在,土地所有者的钱必须使用。所以该县花费了34330.13美元用于重新造林。

但在这一点上,审计员遗漏了一个很好的论点,或许是因为这点不在他们的调查范围之内。植树的需要事实上纯粹为了合理化土

---

[1] 出自莎士比亚戏剧《约翰王》,原文为"在纯金镀上金箔,替纯洁的百合花涂抹粉彩,紫罗兰的花瓣上浇洒人工的香水,研磨光滑的冰块,或是替彩虹添上一道颜色,或是企图用微弱的烛火增加那灿烂的太阳的光辉,实在是浪费而可笑的多事"。(朱生豪译本)

地采购，县土地采购的一半交易又涉及那些特别幸运、消息灵通的人或是前地产经纪人等把土地卖给县里的交易，正如经过精心设计的最后一幕，通过抵押贷款利率和税款将丧失抵押品赎回权出售转化为巨额利润，这些利润都给了他们。因此，年复一年，纳税的良田变成了免税的公共土地，剩下的农场的税收就增加了。

报告继续写道：

> 但是，花费公共资金的方式还没有用尽。监事委员会做出安排，让湖坝名誉公园委员会与其他公园委员会和奥林匹克委员会合作。这种合作是如何根据某些宪法规定被解释成一种权利，以挪用 50000 美元为北厄尔巴岛修建一座大楼，尚不清楚。尽管如此，埃塞克斯纳税人还是支付了 48878.83 美元来建造一座他们没有所有权的建筑。据说，此建筑对他们的价值就是广告。

审计员的评论非常温和，他评论道："如果仔细考虑上述因素，就会得出这样的结论，监事委员会花纳税人的钱时出手很大方。"

我认为，审计员的报告基本上就是一份条理清晰的商业报告的样子：一连串的数字、引用的法律条文、平淡无奇的事实陈述，而这一切——博学的麦克尼利先生一定会为之心痛！——对一般读者，甚至对我这个特殊而有兴趣的读者来说，都是索然无味的。它的调查结果并不枯燥，而且完全有理由以两个简洁的段落作为冗长工作的序言。对美国纽约州一个县的财政状况进行的调查，一般为期20个月，对此审计员有话要说：

> 其中一名审查员资质的问题限制了本应专门应用于埃塞克斯县情况的调查范围和调查深度，因此，也限制了本报告指出县官员和监事委员会的许多非法行为。进一步的调查将会揭示出更多的非法行为，特别是将会显示出县政府不当支付了大量的钱款，而且这些钱款是可以为了纳税人的利益，从县政府官员、前县政府官员或担保人那里追讨回来的。
>
> 在阅读报告时将会看到，若干县官员的行为可能被认为是违反刑法的。因此，应该进行更深入、更全面的调查。

该报告的主要关注点在于那些金融操作和操纵，它们给人们带来了沉重的债务负担，使得埃塞克斯的农民和夏季居民都难以承受。生活在县里，我并没有幻想曝光政客的行为能带来什么改变。我们被告知，什么样的人民就有什么样的政府，这不过是一般规律。这在民主社会中尤其符合事实。对于我们埃塞克斯县的民主社会的公民来说，他们理应得到和期望得到**什么**，从那些**记录在案**的被选上并有多次连任记录的人的品格就可窥见一斑。审计员的报告则揭示了他们的品格究竟如何。

监察员：作为一个委员会，他们被集体指控肆意挥霍、挪用公款、渎职和故意违法乱纪；个别来说，每一个人都被指控履行职责时系统性地过度收费，或者简单说就是毫不掩饰地非法收费，如果单独看,可能会被认为是小偷小摸的行为,但总体来说就是重大盗窃。建议纳税人采取法律行动。此外,他们还被指控非法向媒体支付报酬(难怪"指环帮"的对手根本没机会获胜!),因此审计员认为"可以从报纸、县会计和前任会计或者担保人那里追回的款项总额很大"。

会计:被指控挪用债券资金;个人挪用费用总计达数千元。报告评论说:"毫无疑问,会计认为这些费用归他所有,他当然将会感受到等价的损失。"至于支付手续上,没有审计,也没有任何地方检察官要求的凭证。

审计员:"10码。地毯,12码。汇总:1个橡木书桌;1个西尔科橡木椅;1个杜罗靠垫;1个橡木大衣杆;1个侧边装饰大象的烟灰缸(一定很可爱!);1个黑色带锁和钥匙的皮质文具盒;

150 张卡,其中 2/3 为维乐姆广场卡;1 本《西顿的魔咒》第 6 卷。法律书籍,《本德指数》4 卷,《克莱文格尔民事诉讼 1932 年增补及等待中的诉讼》(我们相信这位审计员是个律师)";等等;等等。显然,对各种服务、支出、供给、费用、膳宿费和诸如此类的津贴,都是由具有良好信誉的"指环帮"成员提交的。

地区检察官:从会计处收取未经审计的费用,从 3.47 美元的公文包到每年花费 1060 美元的速记员,五年半的总金额为 13297.78 美元。

司法官:哦,我是厨师,也是果敢的警长,
  戴上假发就是女主人;
  晚上是狱卒,严格的看门人,
  E 镇监狱的看守。

他确实如此!因此,如果他把这些经年累月专门为了不同的重要人物而开给他的支票装进自己口袋、存起来或者花掉,他也没什么可被指责的地方。除此之外,正如他天真地向审计员解释的那样(在此我引用他们的报告),"保留这笔钱是增加他薪水的一种间接方式。监事会成员和会计都知道这一点,但是纳税人被愚弄了"。还有运送犯人的费用——这似乎是一项高价的生意——他只是不知道,这些费用都必须要上交县政府。有关他任职的相关法律?坦白说,他没有读过。

136 页的打印报告。我只是挑选了一些样本并提取了其中的要点。已经足够了。

报告送到伊丽莎白镇的那天，碰巧举行了一次监事委员会会议。出乎监察员们的意料，地区检察官走进会议室，低下头，仔细研读了报告。"这是什么！"据说他一本正经地喊道，"你们所有人都算出你们要在监狱里待多久了吗？"然后他们就哄堂大笑起来。

XXVI

人与山

唉，好吧——选举之战结束了。战斗的硝烟和尘土消散了，渺茫的希望被埋葬，受伤的情感被抚慰，直至最后痊愈。我们抬起双眼，白脸山一如既往平静地矗立着。最终，这片荒野并未受到侵犯。但愿这一地区的年长者和不幸的居民，在美好时代的期望破灭后，能在沉思中找到一些慰藉——这种慰藉在某种程度上与早期穷困潦倒、受到迫害的基督徒在沉思上帝中得到的慰藉相似！上帝和白脸山，它们的超然、冷漠，它们对人类生活和命运的冷峻的疏离，它们的永恒不变，都是如此相似。

威廉·布莱克写道："当人与山相遇时，伟大的事情发生了。"白脸山，见见我们的立法者吧！

纽约州会议

由波特先生提出一项议案

"……为埃塞克斯县修建一条从威尔明顿（Wilmington）通往白脸山顶的州公路的议案，因此做出拨款，现修正为……"

"委员会特此进一步授权在山顶或附近修建一座纪念塔，并在委员会确定的适当地点提供卫生、急救和食物饮料设施，所有这些都应视为该公路的附属物。"

在公众意识到发生了什么之前，这个由埃塞克斯"指环帮"议员提出的议案，在美国退伍军人协会的支持下，已经被州议会通过，并交由州长签字了。幸好不算太晚的是，公众觉醒了。

人们会认为，纽约州一个偏远、人烟稀少的县里众多山中的一座，对它熟悉的人仅限于该地区的永久居民和夏季居民，那么喜爱它——无论把人心对美景的反应称为什么——的人也应该只是少数。提出这项亵渎性的法案的议员和州参议员范伯格都是当地土生土长的人。事实证明，为之游说的旅馆工作者正是生活在此山庇护下的人。尽管我们认为北方地区的人们对这座山有与生俱来的权利，但我们也必须得出这样的结论：不会有人不愿意拿它来换一个热狗摊。当那些"恩人"——引用审计员的报告——花了人民成千上万的钱买荒地来让他们玩耍，又提议花成千上万的钱把荒山变成康尼岛[1]，这仅仅证明了，无论对人还是对荒野，他们都毫不在乎。行啊，建造一条上山的公路，在山顶建一座巴别塔纪念灯塔，在荒野中建造"卫生设施"。

就建吧，大把花钱，订合同，互惠互利。谁会在乎这些事？结果，有许多人在乎。

开始只是一些低语声，低语声越来越大，最后变成了轰鸣声。在纽约和新英格兰，从佛罗里达到俄勒冈，成千上万的山脉爱好者或以个人身份，或通过他们的野外保护协会，站出来反对构思中的山顶灯塔，认为其既无品位又对上帝不敬。人们起草各种决议，分发请愿书，撰写信件。我给一个朋友写信道："在过去的两周时间内，我们的房子已经变成了一个商业办公室，用来给公职人员、神职人员、银行家、私人贩子——简而言之，就是给你听说过的所有人——写信，请他们给州长写信。我刚刚收到美国建筑协会的消息，附上了他们寄来的一份抗议材料。材料写得非常有理有据。我敢打赌灯塔建不起来。"

州自然保护署的专员利思戈·奥斯本（Lithgow Osborne）是该法案的积极反对者，积极反对的还有媒体。《纽约先驱论坛报》称白脸山"自己本身就是一座宁静的纪念碑"，还写道："为什么奥

---

1 康尼岛是位于美国纽约市布鲁克林区的半岛，其面向大西洋的海滩是美国知名的休闲娱乐区域。19 世纪六七十年代，岛上就开始建设大型饭店和公众及私人海滩，接着赛马场、游乐园等娱乐设施相继设立，成为著名的休闲度假区。知名的热狗店"纳森"（Nathan's）于 1916 年在康尼岛开幕，并很快成为岛上的地标。（前文提到的热狗摊应该就是指纳森。）

尔巴尼的少数立法者会被允许摆弄这样的纪念碑，破坏它的美，亵渎它的神圣，把它变得商业化，公然藐视千万热爱和尊重这种自然之美的人们的意愿？"《纽约时报》则写道："这个试图在壮丽的阿迪朗达克山顶建造类似邦克山纪念碑[1]的项目，虽然披着爱国主义的外衣，却是在商业主义中诞生的。埃塞克斯县的项目发起者们，急于吸引游客进入该地区，却看不到以此为名修建上山道路这种商业化利用纪念战争死难者行为的粗鄙，也看不到毫不意外的、对这座献给全州已故军人的纪念碑的'外部'批评。"埃塞克斯县的一份非法报纸则称："这个项目不是为了纪念死难者，而是为了通过利用我们对死难者的记忆，来让阿迪朗达克的奸商更富有。"

珀西·麦凯（Percy Mackaye）从佛罗里达接手了这件事。而萨兰纳克湖的诗人米尔福德·M.戴茨（Milford M. Deitz）则用八行不朽的诗句使他自己、使这座山以及我们的事业名垂千古：

白脸山

多年以来，远方的你让我战栗；
当我在林中狩猎，你是我的指路明灯。
尽管遭遇如此多的失败，你巨大的能量让我充满力量，
并保持"继续努力"的信念。

---

1 美国最早的纪念碑之一，坐落在波士顿的查尔斯顿区，用以纪念邦克山战役，此战役是英军与北美殖民地民兵之间的第一次重大冲突。修建纪念碑的花岗岩来自著名花岗岩产地、马萨诸塞州的昆西市，通过专门为此修建的花岗岩铁路和驳船转运到现场。

哦，造物主的伟大作品，

他们要为你竖起一座丰碑——对你天生宏伟的摧残——以纪念那些为赢得一场徒劳的战争而牺牲的人。

这嘲讽！他们怎能这样亵渎赞美？

对我来说，这简直就是对上帝的侮辱。

但是，"指环帮"也找了一位具有诗人灵魂的代言人，据《纽约时报》报道，州公共工程监督员格林上校"坦率地宣称，他相信以这种方式改造自然是具有可行性的。他问，如果莱茵河没有城堡，或者圣米歇尔山[1]没有回廊式大厅，那将会是什么样子？"

我在《纽约时报》上发表，之后在其他地方多次重印的一封信，引起了如此巨大的反响，不禁让我觉得它可能确实表达了公众的想法，因此值得在此引用：

> 每一代的艺术家不是主要在设法表达他们自己独特、与众不同的想法，而是在表达他们那一代的人，或者是从古至今普遍的思想和情感。他们的兴趣通过他们做了什么、画了什么或者写了什么表达出来。艺术家是人类的代言人。作为这样一位代言人，我现在写这封信为我们所有人捍卫

---

[1] 又称圣弥额尔山（Mont-Saint-Michel and its Bay），位于法国芒什省一小岛上，小岛呈圆锥形，周长 900 米，由耸立的花岗石构成。圣米歇尔山是天主教除耶路撒冷和梵蒂冈之外的第三大圣地，历史悠久，自然风光优美。

保护山脉的权利,保护在东部剩下的这些山脉,不受侵犯。

白脸山俯瞰着阿迪朗达克山区。它独自矗立,绵延数千平方英里的土地。它宁静而美丽,没有疤痕,没有人工雕琢,它是白天或晚上某一时段的焦点,每个人的眼睛都不由自主地望向它。不知何故,它成为一种永恒的象征——不是因为它的高大,也不仅仅是因为它宏伟的外形,而是因为它所展现给我们看,让我们思考的那部分不变的荒野,那是永恒的象征。人们分享它的意义,并被它滋养,也许不是有意识的,但并不因为可能是无意识而减少一点点。

所有那些在过去曾经感动过我们并且永远能感动人类的东西现在都受到了威胁。傻瓜们想在山顶建一座灯塔来赞美我们的士兵!上帝的山不够高,让我们再把它变高一点。我们还会在那里放一盏灯,让星星失色。就像一只栖息在人类光秃秃的头顶上的跳蚤会大叫"我比你高",或者一只在人类耳朵里的蚊子会夸口"我的叫声比尼亚加拉大瀑布的声音还要大"。

把死去的事物放在一座活着的山上——杀死一座山来纪念死亡!这就是对此最崇高的纪念吗?为何不为纪念我们的死者而永久保存一个完整的活着的山呢?如果白脸山上有一座灯塔、六家旅馆,到处都是热狗摊,倒有机会建起一座纪念碑。谴责这一地区的做法,拆除那些人造物。恢复山顶,把它历史悠久的样子还给它。在森林深处的某个地方,立一座石碑,写道:"为了纪念那些在徒劳的战争中牺牲的人,我们现在恢复这座山原本的样子,让它像上帝希望的那样屹立,让人们来到这里,看到上帝的杰作,并赞颂他。如果人们能多爱一些山,他们就会少一点自相残杀。"

5月16日,由于修建一座纪念塔"会破坏白脸山的自然美"和"破坏其高贵和庄严",雷曼州长否决了提案。

"指环帮"被打败了,但这是靠一座山来完成的。

尽管上次在我去格陵兰岛的途中失去了一条铁路,但我觉得这座山在另一次旅途中能够幸存下来,于是我带上颜料和画布,带着十三岁的儿子,扬帆远航。

XXVII

那种表情

在美国,很少有人了解格陵兰岛,因为尽管它的夏季气候很舒适,但信奉基督教的丹麦人考虑到爱斯基摩人的福祉,所以对散客关闭了岛屿。不仅如此,除了被丹麦政府垄断的贸易以外,也关闭了其他的对外贸易。因此,作为西半球的一部分、在地质学上与北美大陆相关的格陵兰岛,除了丹麦以外,并没有建立与外部世界的联系。因此我们需要绕远路才能到达离家这么近的地方。

最终到达我们自己的西方世界的那部分土地,也是一段漫长的旅途,大约1000年前,人类就是从那里航行到美洲大陆开拓了殖民地。所谓的"西出帝国之路",就这样我们今天向东走了3000英里,从那里我们可以再次自东向西航行,重新发现我们的边疆。对于那些仍有开拓精神的美国人来说,格陵兰岛沿海狭窄的无冰地带是适宜居住的土壤。

它与自由思想相一致,正是这种自由思想,成为那些最先探索和定居于我们大陆的人的驱动力,我们也愿意相信,它也是今天的我们的一部分。格陵兰岛有许多免费的土地,那些没人使用的山坡、山谷、草地,如果你喜欢,就是你的了。但你得用它来建造房屋、生活,**用它**,只有你用它,它才是你的。没有土地所有权,没有保护区,没有"请勿入内""小心恶犬""请勿在此溪边钓鱼"这样的标志。没有强占马槽的狗。它与民主相得益彰。

对我来说,平和的生活和工作是很惬意的。我和弗朗西丝去阿迪朗达克工作的前提是追求平静的幸福,而这种追求在格陵兰岛随处可得。不断享受生活在那里的幸福的同时,我回顾在自己的农场、阿斯加德的生活,回想它四周的山脉和荒野——从本质上说,不是格陵兰岛这样的荒野——不禁觉得让那些外部力量和事件破坏性地侵入我们的生活是一件多么可悲和令人后悔的事情。

那么,为什么不永远住在格陵兰岛呢?卖掉房子,打包走人?肯特,你喜欢格陵兰岛是吗?那就去那里,待在那里,在那里生活,在那里死去。移民吧,你为何不这么干呢?

因为,首先,丹麦人以他们远见卓识的智慧守护着格陵兰岛人民的幸福,他们不让我去。这是一个封闭的国家,虽然对那些有工作要做并要求被接纳的外来者会开放一段时间,但他们的工作完成后,大门又会重新关上。虽然我可能会多待几个月,但他们迟早会让我离开。这是确定无疑的。

另外还有一个决定因素,一个跟官方命令一样专横和不可抗拒的命令,最终会来到我面前,它更为直接且远不是那么理性。所有曾住在海外的人都感受过这种警告——感受过、无视过、一笑置之过——但这些警告的间隔越来越短,声音越来越大,直到最后汇合成一种深切的、灵魂能感知的敦促:**回家!**回去吧。上帝啊,等你回到家的时候,你会很高兴!

纽约的建筑是如此之美,你觉得跟你15个月前最后一次见到它们时相比,一切都没有改变。美国是如此之美,整个美国!东部和它特有的繁忙生活,起伏的小山丘上树木繁茂,还有小农场,再次看到树木实在太好了!中西部有一望无际的良田;良田,土地肥沃,万物生长,玉米能长到10英尺高。南方,温暖的南方,啊,能住在温暖地方的人们是多么幸运。至于沙尘?别提它了,忘了吧。只要记得西南部的牧场,西南部的沙漠和山脉。还有加利福尼亚的沿海平原,为了惩罚人类而将他们赶出伊甸园的上帝知道有加利福尼亚吗?萨克拉门托郁郁葱葱的山丘和肥沃的山谷,还有遥远的西北地区的果园、农场和森林。哦,在格陵兰岛贫瘠而荒无人烟的土地上生活后,再次看到美国的富裕和美丽,真是太好了。

我看到了。到达后不到4小时,我就坐飞机到了弗朗西丝所在的亚利桑那州。几周后,翻山越岭来到加利福尼亚,沿着海岸线到华盛顿,接着坐轮船去阿拉斯加,再坐飞机去诺姆。我换了7次手表,我飞行的距离比地球周长的四分之一还长,而这里仍然是美国。甚至连育空河谷下游的野草平原也**依稀可见**。美国,丰饶、富裕的土地,这里的所有人**一定**都很幸福。

当我们两人终于再次回到家时,已是深秋。如果有那么一次我曾经迫切地想要回家,想要获得家允诺我的宁静,那就是在1935年的秋天,在经历了几千英里的颠沛流离——从北到南,从东到西,无休止地适应新的事物、新的人和环境后,我们终于回来了。关上门窗,拉上窗帘,在6英尺的壁炉里点上炉火,拖出安乐椅,坐下来,放松一下。世界啊,让我们放松一下吧。

"弗朗西丝,这一次,我们再也不要管任何事了,我们有权利不受干扰。你不知道我在格陵兰岛是怎么工作的。11月,当我搬进我的小屋——我把大屋留给戈登和萨拉米纳——从11月到3月中旬,我锁着门工作,这样即使萨拉米纳也不能打扰我,我用墙板盖住窗户,这样我就不会因为看窗外而分心了。我7点起床,10点或11点上床睡觉。所有的时间,从早到晚,我都在工作。为了写完给春季邮报的《萨拉米纳》(*Salamina*),我得干那么多活,整篇文章都是手写的,煞费苦心,保证没有人会误读一个音节,还有准备《萨拉米纳》里所有的插画。接着是《吉斯利传奇》(*Gisli Saga*)的插画。这些我是同时寄出的。亲爱的,我跟你说,我确实好好工作了。我之所以能好好工作,是因为不受干扰。现在,我们终于可以不受干扰地独处了。"

"唷!倾听那风声,听枯叶在屋外沙沙作响。雨,则在窗户上形成了一片雨幕。但是这很美!这炉火,这壁炉,这房子,这生活——都是我们所有！"

咚咚咚！

弗朗西丝："什么声音！"

洛克威尔："哦，那只是一根吹到屋子上的枯枝，不可能是别的。弗朗西丝，现在就剩下我们俩了。不再有关于铁路的争吵。不再有肮脏的政治游戏！不再去争取那些出卖选票的人。我知道，他们在税收上愚弄我们。那又如何？如果我们能置身事外，就能好好工作，如果好好工作，我们就有钱付税了。我们就像奶牛，你挤的越多，它们出产的牛奶就越多。让它们安静地生活，好好喂饱它们，这就够了。这就是我们，让我们如此生活。"

外面传来声音：咚咚咚！

弗朗西丝吃了一惊："洛克威尔，有什么东西！门口有什么东西。"

声音再次响起：咚咚咚，咚咚咚！

洛克威尔："嘘！弗朗西丝，安静点，不要发出声音，他们会离开的。"

声音再次响起：咚咚咚，咚咚咚！

弗朗西丝不安地说："洛克威尔，有人来了。也许有人需要我们。我们应该出去。"

声音再次响起：咚咚咚，咚咚咚！咚咚咚，**咚咚咚**！

洛克威尔站起来，喊道："是谁？"一阵莫名其妙的嘈杂声和风声混杂在一起。"是谁？什么？大声点！"

混乱中传出一个声音："是美国。"

洛克威尔生气地说:"别进来!离开这个地方,你们所有人。让我们安静地生活,这是我们的……"

弗朗西丝有所触动地说:"洛克威尔,你不能这样。不能在这样一个晚上。他们是你的同胞。你不能……"

洛克威尔,沮丧地、无可奈何地说:"我知道我不能这样。"他打开门。"那么,进来吧。"

门厅里响起了许多人的脚步声,门外有一群衣衫褴褛、浑身湿透的人。弗朗西丝出于好心把椅子移开,这样所有人都能靠近火炉。洛克威尔堆了些柴火进去。火焰蹿起,整个房间明亮和温暖起来。

洛克威尔不太客气地问道:"你们说自己是谁?"

几个人回答:"你的同胞。"

第一位客人说:"我们敲遍了全美国每家每户的门,许多人向我们敞开了大门,热情地接待了我们,并成为我们的朋友。他们与我们同样感到,我们的困境很大程度上就是他们的困境。他们觉得他们不能……"

洛克威尔不耐烦地说:"住嘴,我想我听不下去了。你的困境,不管是什么困境,都绝对不是我的。你究竟是谁?**你**,是在跟我说话吗?你有麻烦,我的上帝,看看你的衣服,你的鞋子!你看起来好像一个星期没吃东西了。你到底是谁?"

第一位客人:"我是失业者——没有工作的工人,我肚子饿——没有食物,我是这个国家的饥饿疼痛的肚子。我们有 1300 万人。"

洛克威尔:"你身边的是谁?你的母亲吗?"

第一位客人：“是的，或者就是任何一位老人，既没钱也没用。你说这些孩子？是的，是我们的。别生气！他们是'前大萧条'的时候生的。孩子们，过来，站出来。正如科妮莉亚所说，他们是我年轻的希望，我的珍宝。未来是他们的，上帝保佑他们！孩子们，你趁着年幼，衰败的日子尚未来到，就是你所说，我毫无喜乐的那些年日未曾临近之先，当记念造你的主[1]——我看，那些该死的日子就要来了。还有这个人，你想认识我们所有人吗？我们打扰你了吗？这个家伙头上绑着绷带，胳膊上也打着绷带，他也算是我们中的一员，只不过他有份工作。但他不满足，参加了罢工。还有他后面那个可怜的家伙，他是一个佃农。你听说过他们，是不是？还有那个帮你妻子端咖啡的年轻人，信不信由你，他是一个艺术家。嘿，拉斐尔，不管你叫什么名字，快过来！算了，他不会过来的。他这方面很有趣。什么？当然，他是真的艺术家。博物馆里有他的画，还有奖章之类的东西。哦，我们是各种各样的人。世界是由各种各样的人组成的。我们组成了这1300万的一部分，还不包括那个意大利人和那个黑人。是的，他们跟我们在一起。从墨索里尼那儿逃走的。还有那个德国男孩，说欧洲要付出惨痛代价。所以，他们就和我们在一起了。不知怎么搞的，一切都混在了一起；不知怎么搞的，我们全都陷入了绝望的混乱中。

"我们来这里就是为了这个理由，就是为了让你知道。我们知

---

[1] 出自《圣经·旧约》中的《传道书》第十二章。

道你是一位艺术家,但艺术难道就不能帮帮我们吗?你还是一位作家,你能写点关于我们的事吗?你也是一位公民,你就不能为这个烂摊子,这该死的、毫无意义的、残酷的损耗和苦难做点什么吗?你知道人们对我们说什么吗?对我们这些活着的、想要工作、想要挣钱养家和幸福生活的人,他们说什么吗?他们说:'等等,等等,耐心点,等待时机,改变是缓慢的,渐进的!一切都需要时间!'**时间!**对我们来说,时间只有一次,那就是**我们的**时间——我们生活着的时间,我们活着的时间,我们年轻的时间,那对我们来说就是时间。慢慢来,我们一定会的!就像有人说的那样——把握时机。这是我们要做的。抓住时间……干什么?"乌合之众把他团团围住,他们看上去很焦虑,一个人拉着他的袖子,好像在警告他。"你们要我安静下来?看在上帝的份上。我不!我说的就是你们想的。我们该大声说出来了。是时候告诉他们了……

"这所房子很好,不是吗?地板上铺着地毯,有漂亮的窗帘,还有壁炉、书。你以为我们不想要书吗?你以为我们不会读书吗?你到底是从哪儿得到这些东西的?谁建造了你这该死的房子?你自己?你才没有呢!是我们建造的。它是木头建的。谁砍树,拉走,再锯成木材?是我们。肯定是我们。我们难道不知道吗?还有那些树?我猜是你的。那这些树生长的土地呢?照射它们,让它们成长的太阳呢?全能的上帝呢?都是你的?我没有咒骂,我是在祈祷,他也是我们的上帝!"

人们离开他朝门口走去。他看着他们。"不错,他们说我是共产主义者!'破坏我们的政府结构',我看,在我们结束这些事之前，有些东西的确会被破坏。我们对任何把事情搞得一团糟的政府的结构不屑一顾……没错！"（对着门口的人们）"我来了，我说完了。只是，您这位艺术家、作家、演讲者、探险家或者别的什么，你……你都是个人，不是吗？

"全能的上帝啊，或许你不是！"

我从未见过，也不想再见到他看我时脸上的那种表情。他转过身，和人群一起出去了。他们甚至都没有把门关上。一阵风从烟囱里吹进来，屋里充满了烟雾。我们猛地打开窗户。雨已经停了，被风驱散的云层中，出现了星星。

XXVIII

值得为之奋斗

这些衣衫褴褛的人以如此粗鲁的方式出现在我们具有特权的隐居中，侵犯我们的隐私，弄乱我们的房间，为我们应得的财产指责我们，用侮辱性的话语破坏我们内心的平静，就像他们狂热的发言人宣称的那样，他们在美国没闲着。许多人在经济上仍享有特权，可以追求他们继承得来或是自我奋斗得来的任何一种幸福，但他们的安宁和自我满足不得不受到下层社会的嘲弄和挑战：但，你是人吗？这是关于人类的众多迷人而令人振奋的事情之一。许多不是命中注定的人，从工人或富人的行列中被拽了出来，被命运扼住了喉呢，被命运粗暴对待，被命运玷污，被命运**教导**何为人性，他们不知何故因上帝赐予的宽容的心灵，而成为人。这是奇迹。即使在"成功"的行列里，艺术家中的男男女女——尽管在美国国家学院这样的成功者大本营中非常鲜见——也被发现不仅具有审美情感，也拥有心灵与智慧。上帝赐予的礼物真是丰富而精彩，既让人感到欣喜，又让人惊叹。看来，艺术家——或者艺术家中的一部分人——是人。尽管这花了整整一代人那么长的大萧条来证明。

大萧条和随之而来的普遍苦难影响了艺术家的心灵，使他们停止了对超越人类价值的徒劳追求，回归到简单的、发自内心的常识的表达。艺术家似乎能体会这种感受。这感受，并不是美学家说的那种纯粹、变异性、冰冷的物理现象，而是有血有肉的普通人所感受到的生命，艺术家仿佛重生一般，挣脱他们所熟知与生活其间的环境，摆脱他们对世界和人类之美的内在性以及他们看到内在美退化的固有认识，摆脱他们所经历或抱有的关于美国的喜怒哀乐，去作画。这些画是人类的心声。这就是艺术。

艺术家是人。作为人，他们会工作，他们的确做到了。他们自豪地意识到，他们所做的一切是有用的，人们对艺术的需求就像人们需要面包、鞋子，需要房子住，需要书来阅读，以温暖他们的身体和灵魂。他们终于成为劳动者了。作为劳动者，他们会组织起来。

艺术家是人。作为人，他们是公民，被赋予权利和义务，通过政府关心社会的进步，关心作为人、作为艺术家和人道主义者所坚持的政治原则。

艺术家热爱生活。正是由于对生活的热爱，人们才如此深切地渴望表达自己，才成为了艺术家。热爱生活的必然结果就是憎恨死亡。艺术家想要和平。和平的反面是战争。艺术家厌恶战争。

艺术家需要自由，因为自由不仅是艺术中不受束缚的自我表达的前提，也是享受生活的基础。他们想要工作的机会，他们想分享生活中的美好，他们想要安全的环境。因为所有这些都是追求幸福的必要条件。

艺术家是民主主义者。因为通过对生命价值的洞察，他们意识到人灵魂中的可爱、善良、真诚、荣耀和理想，这些灵魂的品质存在于人身上，无论其肤色、种族、信仰、富裕或贫穷。艺术家是民主主义者，因为他们相信人生而平等。

热爱生命，热爱和平，热爱自由和民主，我们需要这样的人，尤其在这痛苦的岁月里！上帝保佑艺术家！过去人们常说，艺术家是独立的个体。的确。而为了维护他们自己的需要和权利，为了确保每个人的这份宝贵权利，他们组织起来了。作为靠自己的双手创造商品的劳动者、工匠和制造者，作为这个骄傲的领域中用手或脑或手脑并用的一员，他们在**谋生**，同时作为这个骄傲领域中的成员，他们意识到保护和促进其行业利益的必要性，从而成立了工会。如今，这些工会是两个国际组织的分支，美国艺术家联合会隶属于美国产业工会联合会（C.I.O.），而风景艺术家联合会则隶属于美国劳工联合会（A.F. of L.）。作为回应觉醒的社会意识的理想主义实践者，他们关心的是新观点所带来的表达上的新问题，及觉醒的意识所带来的社会和政治问题，因此他们组织了美国艺术家大会。艺术家的工会和大会证明了艺术家们想成为有用的公民。艺术家是人民。

在这个关于在阿迪朗达克盖房子、关于创作的讲述中，我们的家就像阿迪朗达克这片农场和荒野的大海中的一个小岛，是一个艺术家逃离城市喧嚣的所在，就像雪莱所认为的，那些"绿色的岛屿"中的一个"必须是在苦海中"。我希望说清楚的是，我们正是被每一代人都拥有的那种对和平生活的愿景所激励，而在今天的动荡和不确定中，人们仍然对这样的生活终将到来抱有希望和信念。我希望我让别人觉得我们这些辛勤工作的人是正确的，是能得到应有的待遇的——赢得自由就享受自由，而在平和与安宁中享受的自由确实是甜美的。如果感到厌烦，我们可以离开，但我们坚持待在这里。要是我想要的是人群的刺激或接触，那我就不会去格陵兰岛了。我们确实想要平静的生活。然而，我们既无力抵御对平静生活持续不断的、越来越多的侵犯，也不愿去抵御它们，就像我们不愿去注意鸡窝里传出警示的鸣叫或邻居家的谷仓被烧毁一样。拉小提琴的尼禄可能在罗马被焚毁时还在作画呢。我们不是尼禄。我会绝望地向某个尊贵的朋友恳求："让我看看美国正在发生什么，你难道不希望我注意美国正在发生的事吗？艺术家们组织起来了，你愿意让我成为工贼吗？我们的自由正在被侵犯，民主岌岌可危，和平悬而未决。其他人在为我所珍视的东西而战，我难道应该消极对待吗？我们是一体，我们是美国，数以百万计的人们处于痛苦之中，我们这些同情他们的人怎能只感受而不行动呢？"任何一位尊贵的朋友都不会说"是的"。

相信我——你们这些仍然认为艺术家应该只画画,作家应该只写作,富人应该只花钱,穷人应该不花钱的人——我们两个,准备好了远离一切,平静地生活,也有很多条件可以支持我们一厢情愿的想法。有人会怀疑微妙的自我合理化过程正在不知疲倦地对我们发生着颠覆性的作用吗?我们狡猾的大脑已经尝试了所有的诡计来让我们待在家里?确实如此!我们知道平静生活所有的吸引力。但我们也知道,我们两人在今天的美国不可能继续保持隐居,就像一个农夫不可能躺在床上听一群牛咆哮着要水喝一样。

因此,1936年2月14日,美国艺术家大会第一次会议在纽约市政厅举行,在会上,乔治·比德尔(George Biddle)、彼得·布鲁姆(Peter Blume)、海伍德·布朗(Heywood Broun)、斯图亚特·戴维斯(Stuart Davis)、亚伦·道格拉斯(Aaron Douglas)、弗朗西斯·J.戈尔曼(Francis J. Gorman)、乔·琼斯(Joe Jones)、保罗·曼希普(Paul Manship)、路易斯·芒福德(Lewis Mumford)、玛格丽特·伯克·怀特(Margaret Bourke-White)在掌声中做了演讲,我也演讲了,感谢上帝!一厢情愿的想法没有得逞。

因为这是我的书,也因为它旨在呈现的不是事实而是我所认为的事实,为了说清楚——如果可能的话——为何一个在阿迪朗达克拥有阿斯加德的人要在德拉威尔和哈德逊铁路公司的铁路上坐车行经325英里来到纽约,在此奉上我在大会上的演讲。

在普法战争期间,我们的谢里登将军作为美国的军事观察员加入了普鲁士军队。他之所以成为杰出的将军,不仅由于他的勇气和个人魅力，而且因为他作为战略家的能力。他关于战争的知识是通过长期的作战经验获得的。他指导普鲁士总参谋部制定了战斗策略。他说："战争中的正确策略是给敌人的平民造成尽可能多的痛苦。他们应该只留下眼睛来哭泣。"那是半个世纪前的事情了，现如今正确的战略战争手段还远远没有完善。第一次世界大战极大地推动了战争战略的发展，我们可以相信，由于近年来在飞行和化学方面的发展，下一次大战将会是名副其实的士兵梦想。

艺术家应该活跃在反对战争的运动中，因为艺术家是全世界所有人中最关心生活的人。他们对生活的热爱表现在方方面面，他们热爱赋予生命的太阳，热爱对潮汐具有强大影响的月亮，热爱星星和灵魂向往的天空深处，热爱春夏秋冬，因为这四季存在于人类的生活之中，存在于他观察人类的七个时代[1]，存在于所有生物中，因为在某种程度上，它们是他的同类。在他看来，生活世界是美好的，他因此热爱它。正是由于他们对生活的热爱，他们才成为艺术家。

正是由于他们对生活现象的洞察，他们对这些现象之重要性的本能理解，他们对价值和分寸的本能的正确评价，

---

[1]《圣经》中将人类分为七个时代，分别是无罪的时代、良心的时代、人治的时代、应许的时代、律法的时代、恩典的时代、天国的时代。

他们对生活中持久和永恒的品质的感受,他们中的一些人实现了所谓不朽。因为在文明的外表之下,在人类不断变化的习惯、礼仪和时尚的表面之下,有一种内核,可以叫作人。对于人类生活中最基本的亲缘关系,对于古人和现代人的关系,对于拉丁人和北欧人的关系,对于犹太人和外邦人的关系,对于原住民和欧洲人及美洲人的关系,对于黑皮肤、红皮肤、黄皮肤和白皮肤的关系,艺术家有深刻的认识,他用艺术记录了事实。人类需要不断被提醒这一点，我们应该把它印在书上，画在墙上和画布上，用石头雕刻，用音乐演奏，应该放进人的眼睛，嵌进人的耳朵里。艺术家的工作就是写作、画画、雕刻、演奏、向人类灌输这些认识。

我碰巧是一个特别适合通过经验来判断艺术家所感受到的这种普遍关系是否为事实的人，因为我曾在地球上的许多地方生活过，曾经以某种方式亲自了解过两个在历史和文化上与当今世界任何一个种族都相去甚远的种族。我是土生土长的美国人、纽约人，但我曾生活在从石器时代就已崛起的棕色人种中间。爱斯基摩人的生活告诉了我一件事，在所有人类的基本生活方面，他们的笑声和泪水，他们为之高兴和难过的事物，他们的情感，以及所有以爱和友谊为前提的人类情感方面，我们和棕色皮肤、石器时代走来的爱斯基摩人是一体的。我爱我们最遥远的人类亲属，因为他们和我，和我们一样。我不相信在地球上能找到一个与我们如此不同的种族，以至于我们要去憎恨它。

事实上，除了在战时歇斯底里的狂热时期——或者德国纳粹的狂热时期——没有人会断言我们应该憎恨一个种族。那些觉得有可能有机会发生战争的人，默认我们必须保卫我们的制度、我们的文化、美国的理想和文明。这些东西——我们的机构、文化、美国理想、文明、摩天大楼、汽车、飞机、地铁、铁路、浴缸、精巧的设备、爵士——我知道，从来没有在我们享用它们的时候，也没有在几个世纪我们发明它们的过程中，对受上帝祝福或是被修补匠咒骂，甚至是战争中的"人"有一点作用，以后也不会有任何的作用。

旅行者经常被要求讲述他所知道的外国。"给我们讲讲格陵兰岛。"我的一些朋友要求。我告诉他们格陵兰岛的七分之六都埋在几千英尺深的冰下，人们只能生活在狭窄的海岸边缘；北格陵兰岛是如此贫瘠，以至于没有树木可以在那里生长；那里的人们生活在分散的、彼此隔绝的区域里，靠枯竭的海水里的海豹和鱼勉强维持着最基本的生存；一个好猎手一年最多能挣100美元；而他们中很少有人能挣到100美元；拜文明世界所赐，他们经常挨饿挨冻；但他们总是很快乐，而那里也没有失业一说。格陵兰岛的资源也许很少，但是他们的幸福却很多。

在格陵兰岛的时候，对那里的人来说，我是一个来自遥远而陌生世界的旅行者。他们想了解我的世界。我告诉他们，美国是世界上最伟大、最富有的国家，它几乎有无限的资源，有工厂和机器生产几乎所有东西，而且可以无穷无尽地生产，还有公路、火车、汽车用于运输。我们还有商店来售卖这些东西。美国女性是世界上最美丽、最聪明的，美国男性是世界上最英俊、最勇敢、最高贵、最智慧、最精力充沛的。以上这些都是真的，但我们现在平均有约1000万人失业，如果不是因为那些有工作的人的赈济，这些失业的人都会饿死。在人们挨饿的情况下，我们付钱给农民让他们毁掉庄稼。我告诉他们，如果我种了1000英亩的玉米，付钱给工人帮我种植和收割，然后把它们堆在田里，倒上几百桶煤油，即使需要玉米的人就在栅栏外眼睁睁地看着，我也会毫不犹豫地点火烧了它们，而我仍可能会被视为一个慈善家。我告诉他们，在美国，我们中的大多数人都受过教育，有美丽的学校和大学。我们的儿子经过多年的学校和大学教育，终于获得了令人羡慕的学位。如果幸运的话，他们可以在加油站找到一份工作，和爱斯基摩人一样吃饱喝足。当我告诉这些爱斯基摩原住民关于美国的故事时，他们都笑了起来。他们说："对我们来说，格陵兰岛已经够好了。"

但是我是一个已经回到家的旅行者，我或许会说，在考虑把我们灿烂的文明强加给别人之前，或者考虑保护我们自己不受外来的攻击之前，我们在美国建立了一种文明，这种文明对原住民来说并不是一个有趣的故事。让我们按照伏尔泰笔下的哲学家潘格洛斯的建议，转而耕种我们自己的花园吧。现在，作为一个亲历和共享过其他文明的旅行者，作为一个像所有艺术家一样关注人类生活持久价值的艺术家，我劝告你，以我们的兄弟、格陵兰岛的爱斯基摩人所享有的幸福和对和平的热爱为理想；只有当你们在美国为所有人建立了一个真正值得流血以维护其完整性的天堂之后，你们才可能去寻求战争的正当性。赢得和保卫这样的天堂，是一件值得为之奋斗的事。

XXIX
以伟大的耶和华之名

我们宣称,艺术家是人民。佛蒙特州的居民也是如此,尽管1936年的选举数据显示并非如此。佛蒙特州,撇开所有恶意的诽谤不谈,它是美国的一部分。"绿山之州"[1]在1790年不是交了3万美

---

[1] 州名来自法语"Monts Verts",意为"绿色山岭",佛蒙特州别名"绿山之州"(Green Mountain State)。

元加入美国了吗?难道不是绿山兄弟[1]歼灭了伯戈因在本宁顿的黑森战士,从而决定了伯戈因在萨拉托加的命运吗?[2]我们难道不会为那首老歌(我在1921年创作并演唱)的歌词而激动吗?

> 哦,我是一个快乐的山民,
> 在绿色的山峦上漫步;
> 我嘲笑杜克公爵的话,
> 也嘲笑国王和王后。
> 看鞭子在英国人的裤子上跳舞,
> 伴着我小提琴的旋律;
> 因为我不关心任何人,不,我不关心;
> 也没有人关心我。

他不关心——那个气壮如牛、胆大包天、半疯半狂的巨人伊森·艾伦,无论对人类还是对上帝来说,都该死。

1775年,在我们将要写的这篇文章的150年前,在5月某一天

---

[1] "绿山兄弟"(Green Mountain Boys)是佛蒙特地区居民因殖民地之间土地纠纷而自发建立的武装,也是佛蒙特民兵的前身。
[2] 萨拉托加战役是独立战争期间美国打的第一个大胜仗,也是美国独立战争的转折点。在萨拉托加战役的本宁顿之战(Battle of Bennington)中率领独立军的是斯塔克少将。他的军队取得初步胜利后,英军的增援部队赶到,把独立军打了个措手不及,几乎全线崩溃。幸亏佛蒙特民兵及时支援,独立军才稳住了阵脚,并最终迫使英军撤退。本宁顿之战的胜利导致了萨拉托加战役英军失利,英军指挥官伯戈因少将率队向独立军盖茨少将投降。

黎明前的黑暗中，泰孔德罗加堡（Fort Ticonderoga）的一名英国哨兵听到有人在敲南后门。他打开门，佛蒙特人涌了进来。外面有一个通往军官宿舍的楼梯，当士兵们蜂拥而上时，最顶上的一扇门打开了，一个手里拿着裤子的人走到楼梯平台上。

"从那里出来，你这该死的老耗子！"伊森·艾伦喊道。

"是谁授权你们这么做的？"

"以伟大的耶和华和大陆会议的名义。"

佛蒙特州军队的驱逐行动是美国在独立战争中的第一次进攻。

那时的佛蒙特州是一片森林覆盖的荒野，到处都是峡谷。新罕布什尔州和纽约州都声称对其有所有权。在奥尔巴尼，伊森·艾伦带领一个由绿色山民组成的队伍，就两个州相互矛盾的主张向法院提起诉讼。副州长、首席法官、司法部长和纽约州原告的律师都是大片绿色山岭的受让人。因此，纽约州赢了。

"山神不是山谷之神。"伊森·艾伦说着，回家去了。

当第一个纽约受让人搬来，整理土地，建了个小木屋，武装的山民从山上下来，在定居者的小屋周围放火，伊森·艾伦把他拖了出来。

他对定居者说："赶紧离开，向那该死的恶棍、你的长官抱怨去吧。该死的州长、该死的法律、该死的国王、该死的议会和立法机构。"

"你该死的灵魂。"他接着说，然后让定居者走了。

定居者赶紧逃走了。

后来，一个纽约人来到本宁顿，宣读了宣布艾伦的行为是非法行为的公告。艾伦走过去揍了他三次,说:"你这老门罗的该死的杂种。我们应该把他的房子弄成地狱,让他和支持他的狗娘养的都烧死。"

当听到纽约州州长的名字时,艾伦好像在向州长喊话,他说:"你的名字叫作特赖恩(Tryon)。那你就试试吧(Try on),见鬼去吧。"

艾伦本来是对定居者权利的掠夺者,现在却成了宣传员。他写道:"纽约的撰稿人能通过印刷艺术让黑变成白,能让明智的人相信一大批努力工作的农民,经历了定居和在荒野耕种的疲劳,却是一群暴乱、无序、放肆而叛逆的人?"他又补充道:"妇女在呜咽和悲叹,孩子在哭泣,男人对即将到来的纽约暴政感到悲愤不已。"

艾伦和他的兄弟们守着他们的绿山。

在《独立宣言》发表前 14 个月,他们占领了泰孔德罗加堡,结果遭到了大陆会议的谴责。1777 年,佛蒙特州无视法律,宣布自己为独立的州。1790 年,纽约州承认了佛蒙特州为独立的州。1791 年,北美大陆唯一一个自由和独立的州,加入了美国。

自从佛蒙特州的居民宣布独立,已经过去了 163 年。佛蒙特州已经从荒野中崛起,成为一个适宜耕种的区域。它的山谷之地被清理了,沼泽变成了农场。工业也蓬勃发展。今天,它的产品,按照其价值从小到大排列,分别是针织品、木材和木材产品、金属加工机械、乳制品、谷物产品、纸和木浆、羊毛制品、花岗岩、板岩和大理石。美国大理石产量的四分之一以上和价值的三分之一以上来自佛蒙特州。大理石是佛蒙特州最大的产业。

随着佛蒙特州大理石工业的发展，其中心拉特兰县的采石场和商店吸引了许多人来此工作。他们在此定居。他们的儿孙长大后，接替了他们的工作。

1935年11月4日，全州主要工业部门的600多名工人举行了罢工，在此之前他们经历了几个月的争论和徒劳的恳求，要求改善他们的雇佣条件，让他们生存下去。他们罢工的时候，他们的雇主并不会因此受到太严重的损失，而且冬天就要来临，工人们感到自己处于绝望的困境之中。在接下来特别艰难的几个月里，他们作为罢工者团结一致，众人一心，这可以看作他们对正义事业信念的象征。

几乎没有人——甚至包括邻近的东部各州——知道这几百名工人为了生存已经进行了4个月拼死拼活的努力！然而，这样的消息

总会为人所知。因此，由劳工领导者、律师、作家、宣传员、大学生、大学职工、无派系的研究社会问题的学生，以及一个艺术家和他的妻子组成的代表团，于2月29日在拉特兰的大理石工业区举行会议，询问事件情况，并针对佛蒙特大理石公司的罢工者的不满进行了公开听证会。为筹备听证会，代表团的许多委员访问了罢工者的家、据称有暴力场面发生的地方和工人医院。通过与各阶层和各利益集团代表的面谈，他们收集了数据，获取了可能有助于代表团理解各方情况的意见。必须声明的是，普罗克特（Proctor）公司的实际所有者普罗克特家族，以及该公司实际负责的管理人员要么无法联系到，要么拒绝接受采访。

公开听证会在本次罢工中心的西拉特兰市政大厅举行。市政大厅座无虚席。应邀参加的人员进行点名时，没有人代表公司、州或地方政府、慈善机构、治安官及其副手参加。如果我们将公司和州定义为原告，也没有原告的证人在场。联邦劳工部的一位公正的观察员坐在第一排。罢工的工人们、他们的妻子和家人都在那里，还有许多同情他们的普通民众。原告方的案件陈述主要依靠其书面陈述，而在公正的代表团的心目中，从普罗克特公司在接受采访时所提供的关于公司事务的信息就能明白。

在佛蒙特州最近的历史中，普罗克特家族显得格外重要：有三位州长出自普罗克特家族，其他州长则是他们家族的心腹。这个家族是资本主义贵族的最佳代表，他们珍视如家人一般的工人的利益，在一定范围内长期保持这种对工人的慈善行为，这些慈善行为只需参照基督教中容易达到的那些准则，而不需要逐字逐句地按照

以伟大的耶和华之名

"登山宝训"[1]（The Sermon on the Mount）来做。他们对劳动者的态度就像在封建社会，在圣诞节时向温顺的佃农赠送一篮又一篮的好东西，以赢得头脑单纯的农民们的感激和忠诚。他们是教会的支持者，经常给慈善机构捐赠大笔的善款。他们是有文化的人，在他们不同的文化兴趣中，在他们的家庭环境中，他们精心展现出的富足让我们相信这是我们的目标，也是诚实、勤劳、聪明和节俭等品质的回报。

在公司发布的一份书面陈述中，我们得知公司为工人们提供了一家医院，并通过一项保险计划来照顾他们的晚年生活（由工人支付费用）；公司还为许多家庭提供住所，并为他们提供水电（由工人承担费用）；他们还"一直鼓励和帮助员工拥有自己的房子"。公司在声明中称，它在大萧条期间的收入一直很低，开支一直很大，公司的"社会责任"及"对雇员和社会的道德责任"要求他们保持企业（而非工人）的"健康"。他们滔滔不绝地引用培根的话："对自己忠诚，才不会对别人虚伪。"该公司辩称，这让公司无法给员工增加工资。这显然也让他们无法承认工会。他们没有说明，在经济繁荣时期——那时普罗克特家族已经非常富有了——他们是否会认为，大幅提高工人工资来让他们分享经济繁荣，是"对别人虚伪"。他们还说，他们有"提高工人收入的强烈愿望"。他

---

[1] "登山宝训"（亦作"山上宝训"）指的是《圣经·新约·马太福音》第五章到第七章里耶稣基督在山上所说的话。"山上宝训"当中最著名的是"八种福气"，这一段话被认为是基督徒言行的准则。

们发表这一声明的时机正好是他们可以辩称自己没有任何收入可以来增加工人收入的时候。但为了证明这一点，他们没有提供任何数据，而且拒绝将此问题提交仲裁。

公开听证会属于调查法庭的性质。由律师作为代表的代表团在态度上是严格的无党派人士。根据公司的书面声明以及当地媒体对罢工的报道，根据提交的信息和控告，律师要求证人出庭作证。每个证人依次走上发言台，声音洪亮地陈述证据，或者由"翻译"复述。在将近5小时的时间里，代表团倾听了工人们对公司的控诉、对公司声明的全面否定，以及针对公司、警察、县和乡的执法者及福利官员的指控。他们听到的证据表明，这些官员实际上受雇于佛蒙特大理石公司。他们了解到，大多数戴着警徽、持枪并有权实施逮捕的副警长都是私人雇员，并由公司支付工资。他们听到一位72岁老人的证词，他是一个衰弱的、毫无恶意的旧货贩子，被一个虐待狂似的副警长无缘无故地用棍子打了一顿；他们检查了他血迹斑斑作为"物证"的衣服。他们从大家庭的母亲那里听说，在佛蒙特州这个严冬，她们连供孩子上学穿的衣服都没有，而穷人的监工违反法律，拒绝帮助她们。他们听说了那个监工被定罪和判刑（缓期执行），后来又听说了他那点微不足道的救济金。他们听说那些副警长被控助长暴力行为，以及策划炸药爆炸（两名罢工工人随后也与副警长一起被控告，但被判无罪）。他们听到公司的罢工者强烈否认公司的声明，罢工者说没有在一段时间内收到每周不低于5美元的支票；他们看到的凭证证明了这一点。他们听说由于公司的医院收费过高，没有工人去那里就医。他们听说，公司向房客收取的电费,比会引起普通民众抗议的费用还远远更高。他们了解到,佛蒙特州的大理石工人在严酷的气候下工作,他们的工资却只有联邦政府规定的家庭必需的最低工资的一小部分。当提到公司发表声明说它帮助和鼓励工人们拥有自己的房子时,他们听到了愤怒和嘲笑。他们还听说,4月1日,也就是5月最后一场霜冻袭击佛蒙特州的前两个月,有186个家庭——包括男人、女人和孩子——将被赶出他们居住的公司房屋,他们中的许多人甚至都是在那里出生

的。总而言之，他们从衣冠不整、一贫如洗的男男女女的口中，听到了对"仁慈的"佛蒙特大理石公司详细的控诉。这激起了代表团的一致义愤。他们从罢工领导人和参与者的口中听到了他们将会忍耐、继续战斗直到取得胜利的决心，这激起了他们对美国男子汉气概的新的信念。

17世纪，佛蒙特州自由运动的奠基人伊森·艾伦"以伟大的耶和华和大陆会议的名义"将英国人赶出了他们在泰孔德罗加堡的大本营。1936年4月，普罗克特公司，借助国家的武装力量，在毫无疑问"以伟大的耶和华之名"修建的大理石教堂（照片中可以看到所有佛蒙特州大理石公司的销售机构）中提出将数百名手无寸铁的人赶出他们的家园。如果伊森·艾伦还活着，他会站在哪边呢？也许在4月的前夕，他会再一次说道："妇女们在哭泣，孩子们在哭泣，男人们对即将到来的**法律**的暴政悲愤不已。"佛蒙特州历史上的第一次驱逐就引起了战争，这一次的又将如何呢？

尽管越来越多的证据表明政府故意漠视，媒体充满敌意甚至封锁隐瞒消息，还有公众的冷漠，这场罢工的故事还是持续了痛苦的一个又一个月。对于这场涉及离纽约市仅200英里远的一个大工业里大多数工人的罢工，纽约的大部分报纸选择了沉默，这对罢工者和对媒体公正性的打击都是灾难性的。甚至连2月29日的会议，这场杰出的男男女女参加，联邦劳工部观察员出席，提出充分的证据，并且对东部乃至全美国人民都具有不容置疑的重要性的会议——甚至连这个都被《纽约时报》认为不"适合刊登"。

他们经受住了冬天的考验，北方漫长而阴冷的春天来临了。罢工者和他们的家人由于营养不良、寒冷和艰苦的条件，对最终的胜利几乎不再抱有多大的希望。然而，凭借顽强的求胜意志，他们仍然在坚持。这也是他们那一小群忠实无私的支持者的情况，他们用自己微薄的收入和他们从具有同情心的朋友那里得到的资源来对抗普罗克特公司的巨额财富。伊索贝尔·苏勒在收集与分配钱、衣服和食物等必需品的过程中不知疲倦地忙碌着，而且她是如此和蔼可亲、充满包容、心地善良，所有人都爱她。

一份给我的报告说："上星期，罢工者没有得到救援物品；罢工办公室从各地得到的收入总共为 6.5 美元。除了上周我们发放的用于防御目的的 150 美元以外，我们还在前一周发放了用于救济的 150 美元，这比我们的平均发放量高出 50%（如您所知，我们打算每周发放 100 美元）。感谢唐纳德·奥格登·斯图尔特的慷慨捐赠，以及帕萨迪纳一位友人的等额捐赠，本周我们将能寄出救济支票……委员会的活跃成员们承受着巨大的压力,尤其是我们看到罢工已经到了危机的地步……"

在这场危机中——肯特家族很擅长应对危机!——我设想并阐述了我至今仍认为是汤普森、巴顿、达斯廷、奥斯本、艾薇·李和汉尼根合在一起才能构想出的促进就业的绝妙计划。你想,这些罢工工人大多是熟练的大理石切割工,能够出色地加工任何一种你能想到的朴素或者装饰性的大理石制品——这是他们的专业行当。而佛蒙特州还有不属于普罗克特公司的大理石。(正好可以看一下这封电报:"你们采石场的朋友能在一个月内给我提供一块完美无瑕的佛蒙特州大理石吗?长7英尺6英寸,宽2英尺6英寸。除非采石场的工作条件能使工人满意,否则我是不会买能给普罗克特公司带来利润的大理石的。"——来自保罗·曼希普。所有荣誉归于保罗!)好了,让我们继续,佛蒙特州有大理石,还有没事干、渴望工作的工人。工人、大理石,加上一份工作,可以给罢工者带来收入。谁(这是问题)会想要大理石制品呢?我突然意识到,迟早,我们都需要。于是,我试探了一下委员会成员,发现他们都很热心,便起草了下面这封信寄给他们,请他们复印。

亲爱的作家、诗人、雕刻家、建筑师、设计师以及所有收到这封信的人:

这是对你们的呼吁,借用你轻盈的双手,来支持佛蒙特大理石公司的罢工者和宣传他们事业的新计划,给他们带来工作的计划!我们认为,除了那些住在"大理石殿堂"

的幸运儿以外，用大理石制品的人是多么少啊！然而，所有人，不论贫富，都以某种方式，在某一天，在某种最私人、最神圣的意义上会与之产生连接——那就是一块墓碑。

每个人都希望最后能得到一块小小的纪念用的大理石，这种基本愿望本应托付给自己的继承人来实现，这是出于习俗而非常识，但是这些继承人也许是粗心大意的、不虔诚的或者贪婪的人。也许，死亡给活着的近亲带来的某些悲伤，是因为他们有义务为死去亲人的墓碑多花些钱，而且可能比他们继承的钱还要多。让我们出于仁慈，废除习俗，自己准备这些东西，至少通过这一善举，让我们的幸存者因我们的死亡而感到高兴。

作为理性时代回归的常识之一，佛蒙特大理石工人联合委员会发起了"现在就购买你的墓碑"活动，口号是"入土前就付款"。为了初步支持这项为诗人、雕刻家、大理石切割工人及世界上的采石场带来福音的活动，现在需要设计者、墓碑诗人的帮助，报纸的支持和善意，以及明智有远见的公共资助，让那些可怜的人、佛蒙特州的罢工工人们能生存下去。

我们希望通过发送一些印刷信函或小册子来启动项目，在其中尽可能流利地阐明计划的基本常识并尽可能详细地说明墓碑的成本（**所有**付款将用于支持罢工的大理石工人），免费提供可选择的配套设计。这些设计将由我们杰出的雕塑家提供，墓志铭的选择则有赖于诗人的悲伤，或希望。

请帮助我们。如果你是一位雕刻家或设计师,请好心地给我们提一两个朴素墓碑的设计建议,并让它以便于在印刷信函中再现的形式呈现出来。如果你是一位诗人,请你思考死亡的含义,给我们提供一些墓志铭,无论是庄严的、愤世嫉俗的还是令人愉快的。简而言之,本信函是向那些愿意流芳百世的人发出的,请赐予我们"入土前就付款"计划的参与者一些能流芳百世的设计和话语。

然而,这封信成了墓碑运动的墓志铭。这场运动失败了。它之所以失败,是因为有些人对罢工的激进行为比对罢工者的生存和胜利更感兴趣,从而扼杀了它。

罢工结束了。它必须结束,因为罢工者必须设法活下去。即使按照普罗克特的条件,生活也是美好的。

"佛蒙特州大理石工人的奋斗源于该州历史的伟大传统。"阿奇博尔德·麦克利什[1]写道。他说得很正确。而在佛蒙特州今天的传统中,普罗克特公司对大理石工人的**胜利**也是真实的。前进的是时间和普罗克特公司,而不是佛蒙特州。

---

[1] 阿奇博尔德·麦克利什(Archibald MacLeish,1892—1982),出生于美国伊利诺伊州的格伦克城,美国著名诗人、剧作家,曾担任美国国会图书馆馆长。

XXX
疯子农场

  1936年的世界也许并没有闯入阿斯加德的我们耳中,但它带着令人眼花缭乱的步伐,好像会随时跌倒。我们刚刚全情投入到湖对岸发生的事件中去,在我们的背后,就出现了无数戏剧里的表演以及戏剧场景中的人和元素,他们愉快地聚集在我们的房间里,围绕在我们的桌子旁,甚至在我们的床上——我们相信每个人都有自己指定的场所。帮助扑灭烧毁邻居房子的大火固然很好,但是最终你要为此付出代价。各项事业和各种事务已经让我们付出了巨大的代价。就在这时,我们的朋友,梅里尔·摩尔(Merril Moore)医生,他作为一位心理学家和诗人，对人类心灵有着深刻的了解，他告诉我们，我们可以为他的一些病人的康复做些事。我们知道他是多么博学多才，因此他的话让我们非常受用，我们说，当然可以，按每个人多少钱，我们可以接受他们。他们一个接一个地被送来，加起来总共有5人。我们喜欢他们。其中有些人还跟我们志趣相投。他们也觉得宾至如归。

我认为我和弗朗西丝都不喜欢干涉别人的生活。弗朗西丝有柔和的眉头，总是睁大眼睛信任、温暖地看待人和世界，热情友好地接受她所喜欢的东西——用一个道德主义者的话说——**美好的事物**，作为一个对生活很满意的人，她没有意愿或者想法去窥探幕后。我吗？我猜我只是懒得关心。无论是谁，做过什么，让他们按照自己的方式做想做的事吧，至于有什么压抑了他们，他们的精神、自我、性欲等等，就让他们去吧。我想我们两个人都同意这一点。不管怎么说，现在1936年已经过去了，我们确实这么认为。

那个夏天，我们生活在两种世界之间，石磨的上面那片石头是外部世界——大山和远方，下面的石头则是精神错乱的人们陷入的旋涡。外部世界是我们的，我们可以感受，在某种程度上也可以分担其中的烦恼。但我们通常与之毫无瓜葛的内在世界却吸引着我们，把我们吸进去，就像旋涡把所有漂浮的东西吸进它的真空一样。那其中的烦恼，虽然不是我们的，我们也必须分担。通过它们，我们认识到——我们必须也确实如此认识——我们中最理智的人也多么接近疯狂。如果我们从这个认识，或者从它的推论中——我们没有意识到它们有什么问题——有什么收获的话，那就是我们因此为病人所做的一切。午夜时分我们花在讨论"问题"上的时间是一种浪费,而且总是完全无法找到对策。对于正常人来说,问题是需要解决的,而不正常的心智则渴望问题。在我们看来,病人常会竭尽他们的智慧来**对抗**常识和理性的趋向,以免这些东西破坏他们正常的痛苦的现状。思考**和决定**,停止思考,**行动**——治愈方法就在那里。无论动机是不想治愈,还是因为懒惰或害怕而不采取行动,病人都会用最似是而非的理由来逃避做决定。如果《伊索寓言》里因为选哪捆草料犹豫不决而挨饿的驴子能说话的话,他就是一个完美的精神病患者。如果他说了话,他就能因此活下去。看起来,病人需要我们的同情和支持。我们给予了他们同情和支持,但代价是这种**感受**所带来的精神上的耗损。

如果我们讨论的问题在某种程度上是客观的、非个人感受的,那么随着时间的推移,我们可能就不会对这种实践感到如此厌烦了。但它们不是客观的。让我告诉你,你夜复一夜地不睡觉跟一个男人讨论关于女人的问题,比如这两个女人——当然她们同样优秀,或者一个很高贵,另一个很妩媚,或者既不高贵也不妩媚但是很相似的两个人——该如何选择,讨论这些问题的时候你的妻子在你眼前因身心疲惫而萎靡不振,最后你终于说服病人用抽签的方式做选择,他抽了签,你握着他的手恭喜他的选择,祝贺他生活愉快,今晚以及以后都能好梦,看着他带着重新找到的幸福喜气洋洋地上床睡觉,但是早上你又看到他从一个不眠之夜中醒来,憔悴地来吃早餐,听到他对你说:"另一方面……"你只好在心里投降。你输了。

这些场景！这些装腔作势的表演！这些戏剧性情节都是为了反常效果！而且都是这些善良的人表演的，如果他们能不这样的话，你会喜欢他们的。一天晚上——当时一定是两三点了——我们被急促的敲门声吵醒。我跳了起来，打开灯，打开门，门外站着一个病人，不，不是——我们从来没认为他病了——站着一个朋友。看他的样子，魔鬼如果不是在他身旁，那就是这孩子在外面刚遇到了魔鬼。我走进书房——就是他所在的那个房间——我们坐了下来。"现在跟我说说吧。"我说。带着似乎犯下或卷入了重大罪行的恐惧和悔恨，他哭泣着告诉我，有人跑到他的床上，他又是如何在昏睡中屈服于她。事情就是这样。该说什么呢？木已成舟？这种事情以前也发生过，过去就没事了？我们就这个话题谈了一个小时，他安静了下来。"现在上床睡觉吧，"我说，"睡吧。忘了它，重新开始。晚——嘘！听！楼上有脚步声。到我的卧室去，把门关上！"

我关了灯，悄悄闩上书房的门，退出来，等待着。有人从楼梯下来，来到楼下。过了一会儿，一只手试了试门闩，然后响起了敲门声。我没有出声。又是一阵敲门声，不停的敲门声。最后，我表现得好像刚从卧室走出来一样，我走向门口，打开门。我打开灯，是她。"请进，"我说，"坐下吧。发生什么事了？"

她从头到尾毫不隐瞒地把事情告诉了我，说都是自己的责任。我没有问她为什么要这么做。我知道不应该问。"然后，"她说，"他就起来下楼去了。我一直在房间里等他回来。已经一个小时了。他还没回来，我很担心。"（她看起来确实心烦意乱。）"要是他自杀了怎么办！"她几乎哭着说。

"人们不会因为这个自杀的,"我告诉她,"回**你自己的**床睡觉吧,在床上待着别动。相信我,他没事的。"

不一会儿,那个遭受了比死还严重的暴行的人已经恢复了,他相当敏捷地走出我们房间的门,发出一些声音,假装是从前门进来的,然后上楼睡觉了。两位病人都很快康复了。

对于如何理解他们的问题,我们从思想到心灵都很宽容。但我不认为这有什么帮助。有时我会尝试严厉的纪律。我会命令一个年轻人:"从椅子上站起来,到干草堆那儿去干活。"他愠怒地去了。"放下你的刀叉,等别人的菜都上齐了再吃。"那天餐桌上还有很多其他客人,他觉得被羞辱了。

"那是英国礼节。"他回答道。

"这是在美国。"我说。他听从了我的话,但是难过得哭了。我感到懊悔,但是我控制住了情绪。"这对他有好处。"我对自己说。这有助于他的餐桌礼仪,仅此而已。在游泳池边,弗朗西丝命令他回自己房间把趾甲上的粉色指甲油擦掉,但这对他没有任何好处。我对他好吗?我对他不好,我知道。后来医生把他带到别处去了。

但总的来说,我们喜欢这些病人,但对其中一些人,我们很纳闷他们为何会被送到我们这里来。正常?谁是正常的?我们正常吗?

不过,我们家族的一个人是正常的。晚春的一天,罗德岛的一个人寄来一封信,他是一个渔夫。他想成为一位艺术家,他想跟我学习,他可以做任何事情——为了他的食宿和学费:"你真诚的,弗兰克·雷蒙德。"这是一封真挚诚恳的信。我喜欢写信的人。我们考虑了一下，非常不情愿地回复他"不行"。我们哪儿有条件给另一个孩子提供食宿呢？

大约一周后，一辆相当破旧的跑车轻快地开进来，停下了。一个肌肉发达、身材结实、机敏的年轻人跳了下来。他的脸晒得黑黑的，皮肤上满是麻点，长相实在不怎么样，但他的眼睛看起来老实可靠，他的举止、动作、风度、谈吐都是那么令人耳目一新的自信，甚至自大——就像他黑色浓密的蓬巴杜发型[1]，以及跟他一起跳下车的热情的短尾苏格兰狗一样。我碰巧就在外面。他没有问就认出了我。"我是弗兰克·雷蒙德，"他说，"我一收到你的信就马上出发了。我想留下来。我从什么活儿开始干？"

"看到那边的小房子了吗？"我指了指，"那是一间新的客房。我妻子正在里面刷油漆和贴墙纸。过去帮她吧。"

5分钟后，弗兰克就开始努力工作了，作为一名水手，他什么都能干。他一直在工作，自己谋生，所以他神志清醒。如果我们这个或多或少有点疯疯癫癫的小团体需要一个平衡轮的话——什么时候不需要呢！——那就是弗兰克·雷蒙德。他是我们餐桌上"叫约翰的那个家伙"。在炎热的夏季，他穿着卷到膝盖以上的牛仔裤和展露他古铜色带有文身的水手身材的短袖汗衫，头戴红色头带，露出腿和脚，手臂上文着美人鱼、锚和蛇。上帝作证，他是一个活生

---

1 蓬巴杜发型（pompadour）是一种复古发型，该发型的特色为两侧发量较少，一般是铲青处理，而中间的头发较长且将整个头发向后整齐地梳理。

生的少女噩梦中的海盗。

1936 年的夏天，我们有了阿斯加德的众神：疯子（4 个，不同性别）、肯特家的（两人）——就算是总共 6 个疯子，还有孩子（几个）以及一个海盗。厨房里有艾拉，弗洛伊德也在厨房，有时在谷仓，或者喝醉。小洛克威尔，已婚，在经营农场。现在我们开始吧。麻烦来了。

麻烦是你**不可能**靠农场谋生。但是我的天，小洛克威尔认为他**能**做到。他以一种自负而又不顾后果的独立精神，从一个靠工资生活的舒服的农民，变成靠自己经营农场的人。我提醒他："你最好不要！不过如果你愿意，那也好，去做吧。"他去做了。他热爱工作，热爱这片土地，也热爱动物。他有不屈的意志、旺盛的精力和与美国匹配的高大体格（6 英尺 4 英寸），以及过人的力量。（我们用他在哈佛用坏了的赛艇桨来当鞍褥架。）他犁地，耕种和收割庄稼；他喂牛，挤牛奶；他把牛奶装瓶，在城里和乡下到处兜售。他洗瓶子，清理谷仓。他每天工作 16—18 个小时。我以前从未见过像他这样干活的人，以后估计也见不到。"你不行的。"我们提醒他。"我可以。"他说。他咬了一大口，然后奋力咀嚼[1]。

在 1934 年我去格陵兰岛之前，农场的前景会让任何一个不那么盲目的人感到灰心丧气，尽管他们有决心获得成功，去打消失败的迹象。但困难很明显。那些没有干完的事，那些完全不可能在一

---

[1] bite off more than one can chew，直译为"如果一口咬得太多，那就嚼不了了"，即力不从心、不自量力等意。

天里完成的工作，一天一天堆积下来，现在变成了一大堆。接着我们得知了债务问题。

我 1935 年回来的时候，未偿还的债务和未完成的事情越来越多。垃圾堆满了谷仓的院子，工具在雨中生锈了，牲畜看起来很糟糕。由于缺乏及时的油漆和维修，这些建筑都显示出年久失修的迹象。洛克威尔呢？他还在工作，工作。谷仓里的灯一直亮到半夜，仿佛为了多争取一天的时间。黎明到来之前，它们又亮了起来。这孩子瘦了好多。他以前像一个训练有素的运动员，现在他疲惫不堪，骨瘦如柴。他就像一个马拉松运动员，以惊人的速度盲目地跑着，因疲劳而憔悴，却还在坚持。"没机会的！放弃吧！"善良的人们也许会这样向他喊，但是他不会听。很多年前，当他还是个小男孩的时候，他曾有一次去玩毒漆树。当时情况很糟糕，他中毒了，我们把他送到本宁顿的医院，他全身都起了又痒又疼、流着脓的疹子。他的脸也面目全非。

"你觉得怎么样？"医生问他。

不知怎的，他的嘴唇居然动了并回答："我很好！"

情况越来越糟，这种折磨一定是极其痛苦的。"你现在觉得怎么样？"医生问。

"我很好！"他回答。

医生测了测他的脉搏。"我们得给他注射吗啡，"他说，"他承受不了了。"

那年春天，我们的朋友，亚利桑那州的农场主托尔·彭德尔顿来看我们。"现在让我看看你的谷仓。"他说。我不得不把他带到那里，终于自己也去看了看，看了看自从我回来以后一直在回避的东西，看了看我离开格陵兰岛以后 20 个月里我一直没有看的东西：我的谷仓。我知道情况很糟糕，我知道看到它们会有多痛苦。我知道，我仅仅是去那里看到失败的迹象，就会让洛克威尔心烦意乱，因为他现在正因过度工作和金钱的问题而烦恼，就像被捅了一个开放性的伤口一样令人恼火。

"来吧，托尔。"我说。我们进去了。

我们把所有东西看了一遍后，托尔说："我想，他已经失败了。"这是我唯一记得的话。呸！让我们忘记它吧。

但那时我无法忘记。优质资产和牲畜的情况恶化是一个严重的问题。对一个决心与上帝、魔鬼、自然、时间、常识、肉体和灵魂的极限做斗争的年轻人来说，这次失败的结果是悲剧性的。该放弃吗？不。帮他吗？该死！别再**花钱**了——好吧，我触碰了他的伤口。这对年轻的夫妇碰壁了。他们离开了农场。感谢上帝！我们松了一口气，他不再务农了。

当我回首那些疯狂的、几乎是悲剧性的事件时，我只能确信当时洛克威尔的精神和身体都已接近崩溃的边缘。如果当时身边有一位明智的医生，他一定会说："他需要放松，需要换换工作，换个环境，好好休息。这孩子承受不了了。"我们知道他用疯子般的精力在工作，因为我们见证了这一切。我们也看到这个地方变成了什么样子，从而知道，就像托尔说的，他失败了。我们从他的样子和行动中明白他也知道他失败了。我们不知道的是——由于他的债主的宽厚纵容，我们可能还不完全知道——他欠了总共几千的债务。

在**那种**压力下——还有其他更多的压力——我可能会崩溃,但他没有。还有,这一切的悲剧还在于,他没有放弃。

我们现在得知他租用的"名特·史崔特"农场是一个与我们的农场种植面积相同的农场,可耕种的土地更少但更好一些,牧场的面积跟我们的也基本相同,也有一些在任何时候对任何人都没用的山地。谷仓对于这片土地能养殖的牲畜来说足够宽敞,但很旧,年久失修,而且跟 50 年没有变过的那些农场一样缺乏现代化的便利设施。房子虽然有点破旧,却建造得很像样,是一栋比例得当的老农舍,有一大片榆树掩映,从榆树下可以向西眺望近处树木茂盛的山坡。房子和景色都很棒。而且这景致是房子主人独享的。离农舍 200 码远的地方，是一栋摇摇欲坠的两室避暑小屋。它由几根柱子支撑，没有抹灰泥，正好适合夏季游客的需要。租约也包括这小屋。就在这栋脆弱的房子里，一个男人和他的妻子及三岁的孩子打算度过阿迪朗达克的冬天。光是这么想就够疯狂的了吧？我们猜他大概是疯了。他们把家当从我们为他们盖的小房子里搬了出来，第二天就把家当运走了。

一天，就在那次发怒之后不久，离我们刚刚说到的搬家日还有几个星期的时间，一个叫乔治·苏利耶的男人来找我，他是弗朗西丝的一个兼职帮厨的丈夫。他说："我听说，你需要一个农夫。"

"是的，"我说，"你是农夫吗？"

"嗯，不完全是，"乔治回答，"但我父亲是，我也在农场干了很多活儿。我喜欢这些工作。我可以告诉你我能在农场里做些什么。"他确实很自信很详细地告诉了我他要做些什么。他直言不讳，直视着我，我望着他，满心欢喜看到一张诚实的脸孔。

"好吧，"我说，"我的建议是这样的。"我告诉了他我的想法。

"给我点时间考虑，明天答复你。"他说着离开了。

第二天，他准时来了。他亲切地走了进来，坐下，双手放在膝盖上，直直地望着我，不好意思地笑了笑，说："肯特先生，今天我要说的跟昨天不一样。你记得我告诉你我可以在农场干的事情吗？是这样的，我回家告诉了我父亲。他既了解农场里的事，也了解我。他对我说：'乔治，你的经验还不足以经营那个农场。'我父亲是对的，我的经验还不够。"我简直不敢相信我的眼睛和耳朵！这个年轻人，长相英俊、健康、强壮、聪明，最重要的是，直率！

"听着，"我说，"我可以找到一个好农夫，相信他能变得诚实，但是我宁愿找一个诚实的人，相信他会学习经营农场。这份工作是你的了。"

1936年以来发生了很多事，大水已经漫过了堤坝，大量的牛奶——以农民的代价——流进了"纽约婴儿"的肚子。在未来的几年里，肯定会有更多的事情发生。但我希望情况不会太糟糕，或者我挣钱的能力不要下降太多，以至于无法赚到足够多的钱来维持我们的农场，来让乔治继续经营它。

我儿子搬出去那天,乔治·苏利耶搬了进来。挤奶的时间差不多到了,他把谷仓收拾得井井有条,然后走到牧场栏去牵牛。

"回家了!Co' boss![1]"他喊道,"回家了!"那里没有牛。毫无疑问,它们还在附近的松林后面吃草。"回家了!"乔治一边走一边喊,"回家了!回家了!"没有找到牛。可能在更远的山谷里。乔治继续往前走。"回家了!"他喊道,尽管他看得出那里并没有牛。沿着东边的围栏有一大片松树林,可能把牛遮住了。还是没有牛。东南角有一片松林和云杉林。"回家了!"乔治绕着林子喊道。这是一个大牧场,西南角的围栏靠着一条公路,那里离谷仓有近 1 英里远。乔治把所有地方都找遍了,还是没看见牛群。整个牛群现在都在"名特·史崔特"农场。这真是不顾后果的疯狂行为——不加修饰的、粗俗的、完完全全的疯狂行为——简直让我们目瞪口呆。

---

[1] "Co' boss"是"come boss"的缩写,从前农夫习惯用此语从牧场等地召唤牛回家。

XXXI

突袭牛群

"哎呀!很高兴再次见到你。"当警察把冉·阿让(Jean Valjean)带回来时,那位善良的神父(如果我 20 岁的记忆还在的话)大声说道,"你忘了带走我给你的另一只银烛台了。拿去吧。愿上帝保佑你!安宁与你同在!"[1] 也许这是应有的表现方式。这

---

[1] 冉·阿让是维克多·雨果创作的长篇小说《悲惨世界》中的男主角。小说中有一段场景为:出狱后的冉·阿让无处可去,这时他遇到了主教米里哀,后者邀请他吃饭并让他留宿,但他却从主教家偷走了一些银器,之后不久他就被警察抓住并扭送到主教家。但是主教并没有对冉·阿让的偷盗行为加以指证,让他得以无罪释放,并将那套价值不菲的银烛台送给了他。主教这种以德报怨的行为让冉·阿让再次思考为人之道,并意识到自身的错误。

是一种至高无上的自我控制力、绝对的基督教美德和极高自尊的表现。人应该是这样的。但是我没有。我有点生气。我给那孩子打了电话。

"嘿，小家伙！"我说，"你到底在干什么？"这是一个愚蠢的问题，问的是一个显然在这种情况下根本无法思考的人。似乎为了证明这一点，他在谈话的最后说，牛被抵押给了名特·史崔特农场！

一般情况下，人们会认为，任何普通人——比如现在我们还可以假设名特·史崔特农场是这样的——在得知这些财产、这些牛的真实情况后，会大方豁达地放弃对它的所有权。但现实情况是，除了我儿子的古怪行为外，这一切并不是普通的情况；而这位姓史崔特的家伙，对任何一个对人性还有信任的人来说，也不是普通人。他是——幽灵又跟来了——一名久经考验的"指环帮"的成员。真奇怪，有时候，生活就像书里的故事一样充满戏剧性！而且，史崔特不仅是"指环帮"的**成员**，而且作为收税人，他也是 J. T. A. 的特别攻击目标之一。他失去了他的闲职以及他的工作。是我们——J. T. A. 和作为协会主席的我——造成的。现在，我儿子落到他手里了。唷！这安排！

史崔特在讨论中的态度——即便说得好听点——表达出他完全不想要妥协，坦率地说，我也不愿意跟这样的怪人交易。奶牛是我的，我想要回它们。但是奶牛现在**在他那里**，他在想办法把它们留下。为了强化他的优势，他还令人震惊地对我提出了威胁，说他要对我做些什么，我的上帝，而一个守法的公民、一个不希望被做什么的人，除了律师和法律，没有别的办法。所以，当史崔特对着镇里气势汹汹地大叫，对着风、对着山咆哮时，我只能坐等法律的车轮滚滚而来。

山有一个很可爱的地方在于它的夜晚很美好。在炎热的夏天，夜晚也很凉爽。你可以好好睡觉。当弗朗西丝在 D. & H. 铁路公司那辆破旧的、满是灰尘、喘气都困难的卧铺车里热得难受的时候，本应早上 7 点在普拉茨堡的火车上跟她会合的我，却像七眠子[1]一样睡着了，要不是村里响起了警报声，我可能要到中午才能醒来。我跳了起来，发现已经 7 点了。我想，真奇怪，这个时候竟然会有警报声！刮胡子、洗澡、发动汽车，疯狂地开车，7 点我已经到了。"弗朗西丝，真是幸运，要不是警报响了，我肯定赶不上了。"所以，警报为什么会响？

直到 10 点，我们的儿媳出乎意料地驾车来看我们的时候，我们才知道警报为何会响。他们的谷仓以及里面所有的东西——不是牲畜——都烧成了灰烬。"停止工作，停止务农，休息一会儿，换个环境，重新开始"——也许那个聪明的医生是在救我的儿子。只不过，选择了着火这种方式。无论如何，因为史崔特毫不犹豫地拒绝了为牲畜提供哪怕是临时的庇护，因此现在完全没有继续在史崔特那里经营农场的可能性了。想要继续经营农场的可能性要靠我

---

[1] 又称以弗所之七圣童，传说七圣童为躲避暴君德西乌斯对基督徒的迫害而进入山洞沉睡，200 年后狄奥多西二世时代，基督教已经胜利，有人偶然打开洞口，发现七人仍在睡觉，他们醒来时以为只睡了一天。

们，但是我们不愿让乔治失望，同时也不愿意让洛克威尔再次恢复农场生活；同时，因为史崔特不愿意放弃对洛克威尔的控制和归还那些牛群，其实在谁那儿都没法再继续经营农场了。名特·史崔特果然就是令人讨厌的那种人。

　　根据合同条款，他对这孩子的控制可能会使最能干、最坚强的农夫感到绝望。他当然想维持合同。作为契约的甲方，这是桩好买卖不是吗？那孩子当然应该受到责备——不是因为火灾，那天早晨他并没在谷仓附近，而是因为他签署了一份文件，这份文件把他所剩无几的东西都骗走了。这份文件会让他蒙受巨大损失，因为即使在丰年里，这个农场应该收的租金也要比他答应付的少得多，这是稍微有点农业头脑的人都看得出来的。史崔特了解这个农场，他有把农场经营好吗？他也了解我们的农场，他把那些牲畜做了动产抵押。解决租金还是牛的问题，我们处于进退两难的境地。而且，那孩子签了合同，把一块一文不值的、位于山坡上的、没有农场的角落当作农场买了，而且付款方式还是——大额支付，每月一次，整整10年。不管史崔特的合法权利如何，他都已经占有了牛群，占有了其中的九成。所以，他处于有利地位，他拒绝了我们的请求。

　　正是初夏的美好时光，田里郁郁葱葱，庄稼长势喜人，湛蓝无云的天空中，阳光普照，这是农场里慵懒而宁静的时光。种子种下了，到收获之前的工作就做完了，顺其自然吧。我想，从长远来看，大自然就是这样的，而那个孩子，尽管他有骄傲的自负，也像大自然一样吧。他的天性是随遇而安。不过我的天性是行动，所以事情才会发展到后来的地步。在忍受了整整两天名特·史崔特对我的无耻挑衅之后，我想做点什么。那天天气晴朗，万里无云，我们就选了这样的天气来做点什么。"两部卡车？好的，孩子们，开始吧。"洛克威尔、乔治和另一个人一起开车去取第一批家庭用品。

取这些东西并没有遇到什么阻碍。它们都不值钱，而且也不是史崔特的东西。因此，到中午的时候，他们只剩最后一次往返的路程，就能把除了牛群以外的所有东西都带回来。据说，史崔特家族的势力很大，有8—10个人，还有一名州警察就坐在门廊上看着他们搬东西，但没有试图干涉。州警！史崔特已经向执法人员求助了

吗？那我也要诉诸法律。

如果必须请律师，那就请个好律师。我请了一位好律师。尽管帕特里克·蒂尔尼（Patrick Tierney）执业的通常都是比较重要的、令人肃然起敬的案子，但他还是慷慨地同意代理我们，以使我们悲惨混乱的局面在法律范围内得到尊重。但是，像我现在邀请他参与的这种现场工作，并不完全在他所选择的执业范围内。而且，我必须承认，也不符合他在律师界的崇高地位。但他没有顾忌这些。我在等他从普拉茨堡来的时候，我们的部队出发了。

开始时，这支部队由 5 辆大大小小的卡车组成，他们的司机——乔治是其中一个，还有洛克威尔、弗兰克·雷蒙德、一个朋友（艾伦·韦瑟比，当时正好来拜访我们）以及弗兰克的苏格兰犬。他们接到的命令是从后方进到名特·史崔特牧场，把牲畜圈起来，装上卡车，拼命开回来。如果受到史崔特一方力量的攻击，他们应该采取应急措施来进行自卫；如果州警威胁他们，他们要守住自己的地盘——以及已经抓到的所有奶牛——等着我们，等着蒂尔尼和法律的到来。为了按照计划进行后方攻击，汽车开上了一条土路。他们的车发出阵阵噪音，扬起一团团烟尘，吸引了在家的人们聚集观看。

"你们要去哪儿？"有人问。

"去史崔特农场把肯特的牛群弄回来！"

"停下！我能一起去吗？"

"上车吧！"他们沿路又接了四个男人和一辆卡车。人们对此次行动的热情越来越高涨。他们开到史崔特家的岔路口，开了进去。就在山坡背后的房子后门，卡车停了下来，车上的人蜂拥而下，分散到牧场上去赶牛。

问题似乎是牛群不在牧场高地，而就在我们——弗朗西丝、蒂尔尼和我——从主路开过来到达史崔特谷仓场时，卡车正下坡开过来。这是一次有效的两翼进攻。我们的人数和人群的热情让史崔特那方的人不知所措，而且由于某些原因，他们被州警抛弃了。他们站在那里，看起来很凶，但却什么也没做。我们继续毫无顾忌地赶着牛，把它们装上卡车。卡车一辆接着一辆开走了。

"都装走了吗，孩子？"看到最后一头牛也被运走了，我问我的儿子。

"都装走了，"他说，擦去脸上的汗水，"除了四只小母牛，我们找不到它们。"

"去找找，我们这辆车在这里等你们。"

我方的大多数人已经离开，现在我们在人数上稍稍落后于史崔特家。他们还是一动不动，一大群人站在房子的阴凉处看着我们。

我儿子跑了过来。"他把小母牛放在车库里了。"他说。

"把它们弄出来。"

车库在房子的边角上，车库门离史崔特和他的人大约有50英尺远。洛克威尔试着开门时，他们没有动。"锁上了。"他喊道。

"那我们就把它砸开。"我说，然后我跳出卡车，向他走去。

史崔特也跳了起来，他一边咆哮咒骂，一边跑向我，他那伙人就跟在他身后。我们这边的人也跑过来了。两方会合，拳打脚踢。史崔特的手下都拿着棍棒，他们想用棍子打我们，我们则想方设法把棍子从他们手里抢走。我不知道我们是如何混战的,不知道大家都干了些什么。到处都充斥着棍棒、拳头、咒骂,还有水手弗兰克可怕的表情,据我所知还有他可怕的动作。我们的建筑工查理·法雷尔在半空中拦住了一张从后面对准我头顶的椅子。史崔特退缩了。

"来吧,你……"(在精神顾问的恳求下,此处"热情"的话语被删除了。)我朝他吼道,并朝他挥拳。我没打中。史崔特跟跟跄跄地向后退去。人们扶住他,不让他摔倒,把昏过去了的他拖远。女人们从门廊里冲了出来。

"你杀了名特·史崔特!"她们尖叫着,"你杀了他,肯特!你谋杀了他!"打斗停止了,史崔特的人愣了一分钟,然后把他抬到门廊放下。突然,史崔特的一条杂种牧羊犬冲进了"赛场",弗兰克的苏格兰犬朝它跑了过去。它们迎面相遇。一阵愤怒的咆哮和吼叫后,那只杂种牧羊犬挣脱并转过身,狂吠着跑开了。

名特·史崔特闭着眼睛,一动不动地躺在门廊长椅上。女人们围着他,两个正在给他扇风。他那些惊恐万状的追随者茫然地注视着他的脸。这是令人印象非常深刻的场面。场面?不,是表演。更怪异的是,一个女人不停地尖叫:"你杀了名特·史崔特!你杀了他,肯特!我们会用法律制裁你!"

"孩子,去把小母牛从车库里弄出来,"我说,"装上卡车,带它们离开这里。"

蒂尔尼先生朝房子走来。"给医生打电话,"他从我身边走过时说,"我就在史崔特边上等着,别让他们对你耍什么花招。"我们等到医生来了,就开车回家了。

　　我们回来的时候,卡车已经全部到齐了。奶牛在牲口棚里,所有的人都留下来帮忙挤奶。我跑到屋里,拿出啤酒和杜松子酒,用肥料坑的水泥盖当作吧台,给大家提供饮料。大家的情绪更加高涨。我们完成了任务,牛群回家了,我们赢了。夕阳的金色光芒辉映着这场狂欢。

　　"来吧,孩子们,喝点酒。祝所有人好运!干杯,上帝!"
　　当我们抬头时,月亮像上帝的脸一样朝着我们微笑和眨眼。

XXXII

面包与石头[1]

上帝向我们微笑和眨眼了吗？如果上帝的微笑是太阳、月亮、星星、北极光，是蓝天和灰蒙蒙的天空，是比例适当的晴天和雨天，是夏日的温暖和冬天的寒冷，是可以耕种的山谷和可以眺望的群山，那么世界上没有其他哪个地方能让上帝笑得更灿烂了。对于大多数地方，上帝并不微笑。上帝的微笑，是上帝对人类的爱！有

---

1 原文为"Bread—And a Stone"，来源于《新约·马太福音》中"ask for bread and be given a stone"，意为得非所求。

人观察更广阔的世界,并对它提出质疑。有人在洪水和干旱中提出质疑;有人在海上的风暴和陆地上的飓风中提出质疑;有人在沙尘暴中提出质疑;有人在地震和火山爆发中提出质疑;有人在瘟疫、蝗灾中提出质疑;有人在战争和迫害中提出质疑;有人在饥荒中,在萧条、失业和贫困中提出质疑。如果我们的宇宙是一个民主的宇宙,上帝会不会在1936年的秋天竞选公职,站在他所记录的子民面前,他会有被提名的一丝机会吗——即使是被共和党提名?兰登,地球上享有特权者的候选人、神圣的利润制度的支持者,他不可能赢。"万物之神"的守护者在1936年惨败给了谁?按照守护者的话来说,败给了魔鬼。

让《独立宣言》再次提醒我们:"过去的一切经验也正表明,任何苦难只要还能忍受,人类都宁愿忍受下去,而不愿废除他们久已习惯的规则以恢复自己的权益。"那么,那时美国人都已经多么难以忍受这种苦难了,总统选举团竟然以从未有过的一致态度,支持重选一个承诺对惯常政府形式和范围进行根本性改变的政府。1936年投票给罗斯福的2750万人知道他们正在支持**变革**,谁能否认呢?4年的新政难道没有显示出它的威力吗?行政部门无数按照字母顺序排列的活动的趋势是什么,除了向在私人管理下已经失败,并且仍然可能失败的基本工业活动的社会化方向发展之外?国家复兴管理局、三A计划、救济项目,社会化责任,这些又是什么?"九位老人"[1]庄严地宣布,新政的大多数政策涉及废除人民已

---

[1] 指最高法院的九位大法官。

经习惯的宪法形式。人民在1936年就知道这一切。好,他们赞成。他们在报纸上读到,在收音机里听到,通过反对派的所有宣传渠道得知"那个人和他的新政支持者是社会主义者,他们是共产主义者,他们正在破坏我们的政府结构"。那有什么关系?人民说。他们还是投票给他。投票的人说,如果这是一场革命,那就好好利用它。1936年秋天,美国有27476673名"赤色人士"(根据今天的定义)。面对国外出现的对民主日益增长的威胁,我们2750万"赤色人士"站在一起,来拯救已经在这里建立起来的一切,并力图让这一切变得更好。我们从自己的理想出发,审视着欧洲日渐扩大的混乱局面,当我们的信条在国外化为乌有时,我们在国内反而更加尊重它们,更加热爱它们,并发誓要以它们为准则,保持它们的神圣。每个人的生命、自由和幸福,还有公民自由:我们说过,民主**必将**发挥作用,即使我们必须改变最高法院才能实现它。

这是4年前人们表现出来的伟大的统一战线。因为那时民主(我认为我们可以同意美国民主的概念是建立在领导人的《独立宣言》基础上的)——和美国精神再一次被认为是一体的。民主党人通过他们的新政所传达的民主概念,使他们与那些政治少数派和无党派政治组织有了共同的事业,这些人自米切尔·帕尔默时代以来就一直孤立无援地为人权而斗争。罗斯福在4年的尝试和取得了一些成就后,在麦迪逊广场花园大声疾呼:"我希望在我的第一届政府中,自私和权力欲的力量遇到了对手。我希望在谈到我的第二任政府时,人们能说,这些力量遇到了它们的主宰。"也许他会以更谦卑的态度补充——因为这一希望、这一目标由来已久,甚至比他的岁数还要大:"拉法耶特、乔治·华盛顿、汤姆·潘恩和托马斯·杰斐逊、耶稣和约翰·布朗、瓦特·泰勒和丹尼尔·谢斯、林肯、卡尔·马克思和列宁,还有我们国家那些被剥夺权利的人和弱势群体,以及那些长期面对巨大困难却还坚持支持他们的同胞——我的人民——我们在这里!"

1936年,几乎是在新政取得压倒性胜利的时候,那些在政府之外为健全的民主所隐含和承诺的人权、尊严与公民自由而战的人们,几乎可以放下他们自发的任务,解散他们的组织,重新开始将金钱、时间和精力放在自己的生活上,在对终极幸福的自信追求中好好生活。这就好像是一次山崩把平原的地势抬高到了山峰的位置,而这些山峰以前是孤独地耸立着的。我们的世界的水平在一夜之间提高了,现在人们可以在高原的位置开始建设了——感谢上帝,终于有了新耶路撒冷。

然而,在建设的过程中,仍有许多基础工作要做。反动势力虽然受到了打击,但并没有被压制,仍然通过宣传,通过他们仅剩的政府职位,通过金钱的力量和对工业的控制,来阻碍工作的进展。仅仅因为美国人民在危机中宣称他们压倒性地支持民主,他们就没有必要竭尽全力去争取民主了吗?即使,当我们建立了民主制度,让我们所有人都能就业,共享繁荣,最终所有人都安全走上通往幸福的民主之路,但除非民主制度广泛建立,否则我们能坚持下去吗?我们能满足于新政的成绩吗?当然不能!通过新政的胜利,成千上万的人加入了美国的自由主义和激进派的队伍,带着新的希望和力量,他们开始提供支持和帮助。

对于阿斯加德的我们来说，现在可不是重返群山曾许诺给我们的昂贵、不确定、迟缓的宁静生活的时候。我们在那里尝到了生活的滋味。我们尝到了生活的甜蜜，也尝到了外面世界的痛苦渗入进来造成的苦涩。在天堂里，如今，天使们必须又聋又哑又瞎，才能感到满足。无论如何，我们拥有充分的"非天使"的天赋，不能坐在那里无动于衷，更不愿让其他人为我们所珍视的东西去拼搏和奋斗，就像虔诚的基督徒无法接受将别人的刑罚作为我们自己的赎罪——尽管他是上帝唯一的儿子。无论是耶稣，萨科和万泽蒂[1]，还是斯科茨伯勒兄弟[2]，我们不以那种方式换取和平。上帝保佑国王或库格林，保佑西班牙神圣的天主教等级制度，保佑马丁·迪斯（他现在正在祈求上帝）以及莫里斯将军和基督教阵线，让上帝拯救他们所有人。我们民主党人必须自己拯救自己。谁会帮忙？谁为民主？你们是民主党人？好！我们来帮忙。你和你们的杰斐逊、杰克逊应该在一起！你是共和党人吗？进来吧！——你不是这么快就忘

---

1 两人为美国在 20 世纪 20 年代镇压工人运动中制造的一桩假案中的主角。1920 年 5 月 5 日，警察指控积极参加工人运动的意大利移民、制鞋工人萨科和卖鱼小贩万泽蒂为波士顿地区一抢劫杀人案主犯而加以逮捕。虽然他们提出了足以证明自己无罪的证据，但仍被判处死刑，这在全世界范围内引起巨大的抗议浪潮。萨科和万泽蒂的辩护律师在判决后，一再要求复审，并六次提出新的人证物证，均被法庭拒绝。1927 年 8 月 22 日，在国际抗议声中，萨科和万泽蒂被处决。此后，人们不断要求为萨科和万泽蒂昭雪。半个世纪后，由马萨诸塞州州长 M.S. 杜卡基斯组织法学专家，对该案进行全面复审，1977 年 7 月 17 日宣布萨科和万泽蒂无罪，恢复名誉。

2 1931 年 3 月，9 名年龄在 13—21 岁的黑人男孩乘坐穿过亚拉巴马州乡村的敞篷货车时因斗殴被捕入狱。随后被控强奸了两名搭乘同列货车的白人女孩。事发地点是斯科茨伯勒，当时是一个不为人知的小城镇。9 名男孩中有 8 人被草率地定罪，判处死刑。

记林肯了吧？你们这些共产主义者、社会主义者和社会劳动党人，以傅里叶、圣西门、罗伯特·欧文、爱默生、马克思、恩格斯、列宁的名义，欢迎你们！你们这些库格林党、自由联盟、基督教阵线、三K党、褐衫军、黑衫军、银衫军——什么，你们说什么？你们反对天主教、反对犹太人、反对黑人、反对《权利法案》、反对《独立宣言》——反对民主？你说你们有几百万人？在国会有一个联盟？迪斯也是你们这一派的？还有联邦调查局、警察、州民兵、军队，还有希特勒和墨索里尼？唷！虽然你说了些谎话，但是你说的这些已经够糟了。这是非常严重的问题。

干活吧，民主党人！谁和我们站在一条战线？现在不是争论理论或战术的细枝末节的时候，民主将需要自此两代人的努力。给我们民主，我们会解决它遇到的问题。谁将为公民自由而战？来吧，加入我们！在法庭上，谁支持劳工的权利，支持劳工组织的权利？谁反对使用童工？谁想为人民提供更好的住房？谁想让每个人都有工作？有更好的生活条件？有公民权利？能受教育？并给人民提供更多的音乐、画作、书籍和戏剧？谁想提高美国的生活水平和文化水平？谁想要获得民主并**使之发挥作用**？赤色人士，你们支持我们的民主吗？同志们，我们祝福你们！撒旦、魔王，你们站在**我们这一边**吗？好的，来集合。还有一些我们可能得加上引号，"白脸山、马西山和麦金太尔山，蒙纳德诺克山和华盛顿山，曼斯菲尔德山和卡塔丁山，阿帕拉契山脉，落基山脉和海岸山脉，经历了无数岁月之后，终于低头看到，在你们的山坡上和山谷中，在美国的大平原和山谷中那些幸福的人民。"

我们参与这一切了吗？我们当然参与了。正如艺术是生活的副产品一样，休闲和满足也是生活的副产品，它们让生活变得有价值，同时也是我们培育民主的副产品。我们已经厌倦了病人的艺术，厌倦了不适应者的抱怨，厌倦了泪水中对灵魂充满渴求的患者无能为力的渴望，厌倦了为弥补经验不足而存在的艺术，厌倦了渺小的艺术、逃避现实的艺术、理想化的艺术。上帝啊！艺术就该宣扬生活中的爱，因为它是由幸福世界里那些成熟、强韧、健康、快乐的男男女女创造的！上帝啊！为了一个幸福的世界！就给我们民主吧，然后，我们会像森林里的画眉鸟一样，因为快乐而尽情歌唱。那就是艺术。

我们要参与这一切吗？参与为政府外的民主服务而成立的无数委员会的工作？是的，我们参与了。荣誉属于我们。荣誉属于数不清的其他艺术家、作家、演员、舞蹈家、音乐家、电影人、大学教授、老师、学生、科学家、神职人员、公职人员、农民、家庭主妇、白领工人、蓝领工人、"无领工人"、系围裙的工人、有工作的工人、领救济的工人、老人、年轻人、富人、穷人、日本人、中国人、白人、黑人、犹太人、外邦人、天主教徒、新教徒、民主党人、共和党人、共产党人：向所有为民主而努力工作的人们致敬。荣誉属于为此目标服务的组织：和平与民主联盟、公民自由联盟、全国人民权利委员会、国际劳工保卫联盟、南方福利会议、国际劳工组织、青年代表大会、黑人代表大会、工会、美国作家联盟、艺术家代表大会、援助西班牙民主委员会，以及美国的所有自由组织，荣誉属于你们。

> 两种声音；一种是海的呼啸，
> 一种是山的喧响，都雄浑强劲；
> 年年岁岁，你欣赏这两种乐音，
> 自由女神呵，这是你酷爱的曲调！[1]

华兹华斯在《一个英国人有感于瑞士的屈服》中写道。

我们的声音来自美洲群山。热爱山，住在山中，我们是山的一部分。作为山的一部分，我们很自然会对不同的价值观做出情感上的回应，在我们共同的信仰中，这些价值观与那些在城市中、在海岸和平原上被深深感知的价值观有很大不同。我们离开阿斯加德和我们的群山，来到这些自夸为"这一切，城市，这才是美国"的城市中生活，在此也许天使加百列会找我们——如果我们对这一事业的潜在贡献能得到神的认可——用像在他的牢房里召唤布朗宁的神谕那样（用平凡的诗句）对我们说：

> 回过头再次赞美曾走过的路，
> 而我留在这里。
> 用我们那鄙夷的微弱之声，
> 承受造物的停顿的张力。

---

[1] 摘自华兹华斯《一个英国人有感于瑞士的屈服》，杨德豫译本。

史蒂芬森曾经指出，对于爱斯基摩人来说，温带地区定居者所接受的美好世界（比如说天堂）的概念对他们来说没有什么意义，也没有什么吸引力。同样地，城市和农村对于民主的益处也会有不同的理解。我们的思维方式即使不是由环境塑造的，至少也是受环境影响的。如果我们接受纽约港那位高举火炬、头戴皇冠的自由女神像作为城市民主的象征，那我们这些山民则会认为繁星点点、有雄鹰筑巢的山峰才是这种象征。就像伊森·艾伦说的那样，山神和平原上的神是不同的。它们在今天也是不同的。不过我们开始认识到——在艾伦的帮助下——两位神和其信徒都为之服务的一个神：**民主**。

"我们"，我在谈到我们的工作时一定经常用到这个词。虽然我的名字经常和关于山的画或者讽刺漫画联系在一起，或者印在书的封面上、小册子的封面上、无数文章的标题下面，我被看作此项事业的支持者、信件的签署人、在华盛顿游说的人、站在演讲台和广场上演讲的人、与成千上万人一起为了民主游行的人，但**我们**总是紧密而相互理解地合作——她尽己所能，用她孱弱的力量，代表我们两个人，常常在我们在一起的所有时间里——做着我们所做之事。在很长一段时间里，我们在阿迪朗达克的庇护所都是一间商务办公室，里面有成堆的信件送来，也有成堆的信件送走，打字机整天嘀嗒作响，那是弗朗西丝在打字。在危机时刻，我们将向政府发声的权利看作我们的职责。那时是危机，现在更像一场危机。"这是我所有"：我们的国家和我们的政府，这曾经是，现在仍是**我们**

世世代代

所有。如果在人民对于皇室来说就如猫一样的时代,"猫"都仍有机会看到国王,我们今天的公民也应可以看到、批评或赞扬那位公仆一号:我们的总统。

我们经常这样做。尽管我们后来"交流"的基调可能会使我们怀疑自己是根深蒂固的吹毛求疵者,但我们仍能愉快地回忆起,在背叛发生前的日子里,我们对总统的政策和行为总会及时而慷慨地给予书面赞扬。要不是我们有自己的文件作为证据,我们今天几乎意识不到我们的赞扬一直持续到离这个选举年多近的时候,以及政府的态度转变有多突然。我们几乎不敢相信。曾因国家破产而削减了救济和有用的公共工程支出的总统,现在却要求数十亿美元的军备重整费用,还帮助选拔参与战争的青年,支持并通过他的联邦调查局违反宪法权利,1939 年 5 月的我还能给他的演讲一个书面赞美吗?在提到他的政府法案时,我能否像我在给他的信中所写的那样,看出"这些法案的底层是一个有远见的人道主义和文化项目"?当我向他引用林肯对民主的定义时,我真的能相信——看起来我确实相信——与他的定义是一致的吗?我能不能敦促他成立一个联邦艺术局,造福人民,丰富他们的生活,并最终成为他们和平和幸福的促进者呢?我认为他会在意这些吗?我这个傻瓜,我相信他会在意!因为**相信**,我写了以下的废话:

> "我认为,你的政府行为,并不像你最近演讲所说的"——在现代艺术博物馆的开幕式上——"让我们相信我们从来没有——除了延续您自己的政策和驱动这些政策的精神——也可能再不会有一个政府如此敏锐地意识到文

化对于一个国家的重要性,以及文化源自和属于人民群众的必要性。我们对美国文化的发展寄托在你身上。"(这句太热血了!)"在你所面临的许多重要的考虑中,我们恳求你能以全部的热情、声望与权力,永久地建立光荣的文化事业!"

我信仰和平,作为为和平发出的一种清晰而永不消失的声音,我也信仰艺术。过去,"美国红色小校舍"[1]的毕业演讲者经常说,那里的每个男孩都有机会成为美国总统。我已经错过了我的机会。我做了那些我不应该做的事情,而没去做我应该做的那些事情,而且我也不是当总统的料。我记不住名字,也记不住长相。我也不认为农民是——他们应该是,但还不是——我们国家的脊梁;而且银行家和实业家也不是我们国家的脊梁。我错过了我的机会,我放弃了。不过**如果我是**总统,而且,如果我还热爱和平,我就会资助艺术。"画家们,"我喊道,"摆脱束缚,作画吧。音乐家们,吹奏你的铜管乐器,弹奏你的琴弦。作家们,用笔倾吐你的内心。去做吧。"我会说:"全心全意热爱生活的人们,你们用心表达吧,无论是用何种方式,画画、写作、歌唱、舞蹈、演奏、表演都好。向世界呼喊:**愿世界和平,愿人们和睦。**"

艺术将服务于这项事业!不久之前,我们还在谈论为艺术而艺

---

[1] Little red schoolhouse,红色小校舍,是美国教育的象征符号,象征每个孩子都应该受教育,社区和父母也应该积极参与孩子的教育。

术，认为为了艺术而活的人生是值得的！如今，19世纪90年代的维多利亚晚期整个堕落的欢乐被今天的年轻艺术家们在20世纪20年代思想体系中完全否定，"为了生活的艺术"这一格言开始占据主流。今天的艺术是什么，是好是坏；更具体地说，那些通过自己的艺术建立起第一所真正的美国学校的年轻艺术家，经由他们的艺术和生活想要做些什么，不是为了美学论文，他们想要成为有用的人。在充分和自豪地认识到他们自己的天赋和经过训练的绘画能力后，他们想要用画作展现他们所知道的这个国家和其间的生活，从而帮助这种生活变得更为明晰。他们想成为这个时代为数不多的发言人之一，通过艺术的感人形式展现同胞的欢乐和悲伤、需要和渴望，以此帮助我们更好地理解我们的同胞，帮助清理我们身陷其中的社会内部混乱。他们竭尽全力想要提供帮助。这一点，除了他们的作品和他们反复表达的想法之外，还体现在他们自豪地接受自己作为工人的地位和加入两个伟大的国际劳工组织下属的工会。卡尔·桑德堡[1]替我们表达了心声：

> 上帝啊，把我放在铁砧上！
> 把我锤炼成一根铁撬棍。
> 让我撬开松动的墙壁；
> 让我把旧地基也松一松。

---

[1] 卡尔·桑德堡（Carl Sandburg，1878—1967），美国著名诗人、传记作家、新闻记者，他的诗大部分是长短句结合，没有明确固定的节奏形式，还吸收了民间的歌谣、农民的俗谚和工人的俚语，语言朴素而幽默，被誉为"人民的诗人"。

上帝啊,把我放在铁砧上!

把我锤炼成一根钢钉。

把我送到连接摩天大楼的大梁上。

用炽热的铆钉把我固定在中央大梁上。

让我成为那根伟大的钢钉,支撑着摩天大楼穿过蓝色的夜空,触碰那雪亮的星星。

现在我们有机会了。哦,哥伦比亚,我们想要工作。我们要通过为民主服务的工作来证明我们的价值。如果你愿意,为了我们,而不是为了你自己,少给我们一些报酬,以常识和人民的名义,给我们工作就好,剩下的交给我们来做。

达到完美目标最有希望的方式是通过推动总统和国会采取行动来建立永久的联邦艺术局,能够在功能上以尽可能民主的方式回应公众在艺术上的品位,我们可能会放弃一些批评家认为好的艺术,但会生产一些人民喜欢的艺术。只要我们开始喜欢,我们的品位就会提升。让我们的灵魂有机会享用自己喜欢的滋养，这样我们的天性也能从中得到温暖，而不是从毫不理解我们的那些人因怜悯而强加于我们的令人窒息的所谓文化中得到这种温暖。我们虽不富有，但是人数众多；我们有许多人，我们就是美国的一部分。就像过去一样，富人通过他们的财富和资助得到了他们喜欢的艺术，所以现在让我们通过我们的集体财富和资助，通过政府，得到我们喜欢的艺术。

自然，成立联邦艺术局的运动应由自由知识分子领导，并得到各艺术领域人士的大力支持。然而，有文化的自由主义者怀疑这种不切实际的理想主义，以及艺术家的动机无疑是个人利益，但是面对这种尝试性运动在艺术界以及联邦艺术计划（WPA）的艺术项目中所表现出的广泛吸引力，这些怀疑也算不上是批评。这些艺术项目宣称的高费用也不应该纳入一场以人民为中心的文化运动的衡量范围。我们中有谁会试图用金钱来说明一个伟大的艺术体验对其灵魂的价值呢？如果有人说："我凑了 3.5 美元来看齐尔丝腾·芙拉格斯塔特（Kirsten Flagstad）出演伊索德[1]。她唱得不错。我被这曲调感动了 17.49 美元。精神利润是 13.99 美元。这买卖划算！"的确，美国人民有他们的自由意志和自由选择在《乱世佳人》上花费数百万美元。但美国人民（公平地说，归根结底）为庚斯博罗的《蓝衣少年》所支付的 750000 美元既不是出于他们自己的选择，也不

---

[1] 德国浪漫主义作曲家理查德·瓦格纳所创作的歌剧《崔斯坦与伊索德》中的主人公。

是出于他们的利益。不论是书籍还是画作，都不能轻蔑地宣称，"作家计划"已经出版了许多书籍，这些书籍可能比反民主的爱情故事流传久远得多，而"画家计划"（每位画家每周21.9美元）则已经画了许多画作，这些画作将在人民的画廊里跟《蓝衣少年》挂在一起，而且其中的一些会比这个单纯的傻男孩在他存在的几个世纪里感动更多人的灵魂。

因此，支持成立联邦艺术局的不仅有艺术领域的大多数组织，还包括几乎所有美国的自由组织和个人自由智慧，而且还有美国产业工会联合会的约翰·L. 路易斯、美国劳工联合会的威廉·格林，以及无数的工会和专业团体。为更多的人提供更多的艺术：这是一

个让所有正直、善良、有思想、有远见、有公德心的美国人民团结起来支持它的理由。它做到了。

反对此项计划的是一些自私的只会相互捧场的私人艺术俱乐部，如美国国家设计学院，一些守旧的专业组织如美国建筑师协会，一些艺术领域的意志薄弱、老派、多愁善感的人，艺术领域里的少数富裕的孤僻人士，以及所有潜在或实际的三K党和自由联盟的保守群体，他们的意识形态是特权的延续，他们的直接目的是败坏新政的名声。

是否真的曾有提交给国会审议的措施是代表人民的——由他们的工会代表，代表人民的利益，以国家的自由思想的形式——而不是代表特殊利益、政治手段或无知。为成立一个艺术局，在国会前有几项受到广泛支持的议案。它们的命运也许可以总结为其中的一项——西洛维奇议案——在众议院受到的待遇。但在讲述这种待遇之前，正如毫无羞愧之色的《国会记录》所记录下的那样，我将凭记忆讲述在委员会就该议案举行的听证会上发生的一件事。我站在证人席上。我一直在回答主席和成员们向我提出的问题，并在一定程度上为这一事业进行辩护。和他们一起坐在大会议桌旁的委员会成员是一位令人尴尬地将双眼藏在黑色眼镜背后的男人。他是宾夕法尼亚州的代表邓恩。此刻他向前倾了倾身子，将进行第一次发言。（我现在必须完全凭记忆引用他的话。经过这么多年，也许不太准确了，不过那无关紧要。他低沉的声音**所说的话**，让人感动，我永远不会忘记。）

他说："肯特先生，我九岁的时候，一个雪球打中了我的眼睛，这只眼睛失去了视力。十八岁的时候,在一次摔跤比赛中我失去了另一只眼睛的视力。从那时起我就完全失明了。然而,我还记得晨曦和日落的美。我还记得这个世界是多么美丽。据我所知,这个议案的目的是给人们带来更多的美。如果是这样,我赞成。"

现在我们来到众议院。这是1938年6月1日,就西洛维奇议案正在辩论。

肖特先生正在讲话(肖特先生自称是密苏里州格林纳的奥沙克乡巴佬):"我停下来提醒你们,弥尔顿直到失明后才开始写他的《失乐园》。贝多芬直到聋了以后才写了《月光奏鸣曲》。莫扎特在贫困中挣扎,以完成他的不朽的杰作。"(也就是,让艺术家失明、失聪,让他们保持贫穷!)……

"吉福德先生:'要对这位先生的说法进行补充是很困难的,但我想提醒这位先生,这份议案似乎缺少了美容师应该提供面部美容的条款;这至少是一个"维护面子"的条款。'(笑声)……

"马斯先生:'我只是想知道议案中有哪些条款是为查理·麦卡锡[1]制定的。'

"田纳西州的泰勒先生:'噢,我想查理能照顾好自己。他不依赖联邦政府的救济。'

"马斯先生:'他没有要求这个议案吧?'

"田纳西州的泰勒先生:'我不这么认为。'

---

[1] 当时美国著名木偶剧中的主人公。

"梅森先生：'他坐拥奢华生活。'

"特雷德韦先生：'因为他代表议事规则委员会，能否请这位先生解释一下什么是演木偶戏的人？'

"克努森先生：'一个养小狗的人。'……

"肖特先生：'会有一位年薪 8000 美元的董事以及 5 位年薪 7000 美元的助理董事。如果我能被确定任命为哪怕是助理董事，我今天就会向议会递交辞呈，来接管专门负责舞蹈和艺术的部门。（笑声）我不知道艺术是什么，但是听起来很吸引人，特别是当纳税人每年给我 7000 美元的时候。'（笑声）……

"考克斯先生：'议长先生，我提议将议案提交表决。'"

就这样，表决了。在美国人民的代表们笑得前仰后合的情况下，一项成千上万人认真工作了几个月才提出的议案被否决了。

XXXIII

更换首领

"PUERTO-RICOMIUNUN ILAPTICNUM! KE HA CHIMMEULAKUT ENGAYSCAACUT, AMNA KETCHIMMI ATTUNIM CHULI WAPTICTUN ITTICLEORAATIGUT!"

1937年9月4日,星期六,两幅6英尺6英寸长、13英尺宽的画被安装在华盛顿联邦邮政大楼的走廊上。其中一幅画描绘的是北极的景色,画的是一群爱斯基摩人在一架邮政飞机离开时的情景,驯鹿和狗拉雪橇上装满了邮件。另一幅画描绘的则是热带地区,前景是平坦的沙地,后面是大海,一群群的黑人有的正挥手告别一架正要起飞离开的水上飞机,有的正把一袋袋邮件扛上堤岸,有的表现出热切的神情,大概是刚收到了一封信,心情激动。一名邮递员,是个白人,骑在马上,占据了照片的中心位置。

对信感兴趣的人全都是女性。一个大概是收信人,开玩笑般地拿着信,想要远离那些好奇心旺盛的人的纠缠。她拿着那封信,画面上的文字清晰可读,任何一个有好奇心的人都可以凑近去阅读其中的文字。这段文字在本章的开头被引用过。

因为在本书里它是打印而不是手写的,而且它的流畅性不受画中黑色拇指的干扰,所以比在画里读起来更容易。在印刷的书页上,它无疑更引人注目。事实上,在这幅画中,信所占的比例相对较小,而且位置也很不起眼,以至于很多人——其中一些是这些装饰画的赞助者、财政部采购司的官员或雇员——没有近看信里写的是什么,更没有人提起它。甚至在周六这一天,当这些画被泛光灯照亮以拍摄官方照片时,也没有人关心过这封信的内容。

在接下来的星期二,联邦邮政大楼的两幅新画的消息被告知新闻界,照片也被分发出版。

与此同时,画此画的艺术家受到官方赞誉的鼓舞,同时因走廊幽微的灯光很快将被足够功率的灯所取代的保证而感到高兴,他不仅收了早该支付的工作酬劳,而且连最后一笔款项也收到了,因而自信满满地回到位于阿迪朗达克的家中。

他需要钱,因为装饰画的工作不得不延长了两年多的时间。没有人比他自己更后悔这种拖延,但这种拖延的原因是,联邦艺术项目的报酬普遍较低,因此不可能对那些报酬较高的工作完全置之不理。此外，绘画主题所需的研究和旅行花费了大量的时间和金钱。

如果你乐意，可以算一下，去阿拉斯加北部威尔士王子角一趟的费用，去波多黎各一趟的费用，从阿迪朗达克到华盛顿来回几趟的费用，再加上一位助手的工资、材料费、画布、定做的画架、包装费、运输费、安装画的人工费、装裱材料的成本，从这两幅画的合同价中扣除以上这些后总共还有3000美元。很明显，这位艺术家花了好几个月的时间在这两幅画上，但是收益不多。

但那又怎么样呢？他和许多为政府工作的人一样，主要是被这种想法驱动，即愿意为一个有价值的雇主及其政府服务，而且，也被这样高尚的工作所赋予的荣誉感所激励。

也许只有艺术家才知道，在完成了漫长而艰苦的工作之后，能享受到什么样的放松和自由。画家——还是说"我"吧——确实强烈地感受到这一点。我钻进车里，开了三四天，换换环境。

然而，与此同时，一位目光敏锐的华盛顿记者被信里的奇怪语言所吸引。"Puerto-Ricomiunun"，她知道"波多黎各"（Puerto Rico）。这些话不管是什么意思，也许引起了她本人的兴趣，甚至还可能有什么背后的故事。不过这语言不是她所知道的西班牙语。因此，画里的黑人姑娘和她本人大概都看不懂。

她抄写了这些文字，首先把这条信息送到了邮政部门的古斯塔夫·韦耶克那里，他能流利地讲十种语言，对大多数其他语言也有所了解。他说看起来有点像芬兰语。邮政储蓄部门的一位漂亮的芬兰女孩也参与进来。她说："不是芬兰语。"韦耶克先生现在开始感兴趣了，他叫来了其他一些专家。"一定是海地方言。"一个人说。另一个猜测:"是阿兹特克语。"不过他们最后认为我不可能认识任何阿兹特克人。

一个聪明的年轻人有了个想法。"一定是爱斯基摩语,"他说,"因为肯特先生会说爱斯基摩语。"

基于这个提示,记者匆匆去见了埃尔斯·哈德利卡(Ales Hrdlicka)博士,他是史密森学会(the Smithsonian)的人类学家,一个博学的人。但他说自己不懂爱斯基摩语,而且猜测史密森学会也没人对爱斯基摩语有所了解。记者接着又找了国务院、阿拉斯加代表安东尼·戴蒙德、印第安事务局、领土及岛屿土地划分部门。她又找回到史密森学会,问了亚历山大·维特莫尔(Alexander Wetmore)。他建议找人种学部的小亨利·科林斯(Henry B. Collins)。

科林斯先生怀疑记者的抄录有误。也许有可能,不过这封信是用放大镜仔细检查过的。科林斯先生产生了兴趣。他取来两本爱斯基摩语词典。他查了完整的单词,还查了各个音节。他开始明白其中的含义。

"'Ke'在爱斯基摩语里的意思是'前进',"他说,"如果是爱斯基摩语的话,只有一个人能翻译它。他懂得各种方言和记录语言的各种方法。"

"他在哪儿?"记者叫道,伸手去拿信,以及她的帽子和斗篷。

科林斯先生说:"在丹麦。"

他们试图联系我,但没有找到。记者随后联系了史蒂芬森(Stefansson)。我不知道为什么他们之前没有想到史蒂芬森。他是美国关于北极及其居民的一切问题的杰出权威。我相信,由于他在爱斯基摩人中间生活了很多年,他对这种语言的基本原理有全面的了解,对当地的许多方言也很熟悉。因此,史蒂芬森——我们听说他也费了一番工夫,因为阿拉斯加爱斯基摩人有许多方言——把它翻译了出来:

"给我们的朋友,波多黎各人民:前进吧,让我们更换首领。只有这样才能让我们平等和自由。"

当我结束短暂的假期回来时,有人告诉我,从 18 个小时前开始,新闻界就一直在打电话要求我就这一信息发表声明。我得知,有关这一信息的许多耸人听闻的新闻已经见报了。剪报开始从四面八方涌来。

《令人震惊!爱斯基摩人敦促波多黎各摆脱山姆大叔的枷锁》,这是华盛顿一家报纸的头条。《爱斯基摩人题词敦促解放波多黎各激起国会的兴趣》……《肯特壁画上的反抗请求》,纽约的报纸上

这么写道。

　　一开始发表的大多数社论和文章的语气都是开玩笑的，不过有一部分媒体试图给这个故事增加一些严肃的气氛。因此，9月14日，我写信给采购司，对新闻界脱离实际的报道以及一些报纸对信的内容的误解表示遗憾。我建议用"向导"或"领导者"来代替史蒂芬森翻译的"首领"，因为它们更符合这个过去以公众舆论为唯一政府的民族的思想。我提醒采购司，至于更换的是首领或向导或无论怎么称呼政府首脑，都是我们的民主宪法所要求和规定的，而且，对于爱好和平的爱斯基摩人来说，唯有和平的更替方式才是可以理解的。

　　此时，媒体上的新闻已经平息。人们都觉得有点好笑。新闻报道说，这件事已经结束了，但显然，对波多黎各驻华盛顿专员圣地亚哥·伊格莱西亚斯先生和波多黎各参议院议长拉斐尔·马丁内斯·纳达尔先生来说还未结束。9月14日的头条是《波多黎各人起草抗议书抗议壁画》。

　　"这幅画根本就不代表波多黎各。"伊格莱西亚斯先生说，"我想要纠正那些误以为它象征我们文化的人的想法。这只不过是针对我们国家的不正当宣传。"

　　波多黎各参议院议长拉斐尔·马丁内斯·纳达尔声称，这幅壁画是一种诽谤和侮辱，因为它描绘了"一群半裸的非洲丛林人"收到一封来自爱斯基摩的航空邮件。

　　据《纽约时报》报道，伊格莱西亚斯和马丁内斯·纳达尔议长说"该信息在岛上没有政治意义。这幅画只是有一个不被赞成的主题"。伊格莱西亚斯宣称,"这幅壁画里根本就不是波多黎各人"。"天哪!"参议院议长喊道,"这是侮辱!它必须被摧毁。我抗议!"

应该指出,到目前为止,波多黎各的政治家们在该画的文字中并没有发现任何无礼的、具有煽动性或政治意义的内容。采购司后来采取的立场是他们自己想出来的妙计,用技术方面的借口拒绝了这些壁画,以回应波多黎各爱国者的种族仇恨沙文主义。不管怎么说,这是伊格莱西亚斯引导的方向,我则确确实实地当面反驳了他。《纽约时报》引用我的话如下:

> 我不主张所谓的"艺术家"权利。我想取悦我的受众。尽管现在挂在华盛顿的这些壁画都是忠实地按照财政部批准的草图绘制的,但在财政部批准的情况下,我可以尽可能多地画上各种各样的众议院成员。
>
> 我保证没人会认错这些肖像,而且我可以完全免费。甚至,我可以在这次毁坏对波多黎各人民的善意的行动中代表参议院主席本人。

另外,"把众议院成员的肖像画成好像他们的脸在两页半外看着我的黑白印刷复制品,可能有充分的理由冒犯那些不是政治家的波多黎各人。"

(哎呀,他们长得太可怕了!)

"现在,先生们,"有人可能会对美利坚合众国财政部采购司说(我确实试图在我的回信中这样说),"让我们就此作罢。我们互相写信度过了一段美好的时光。波多黎各的政治家们在撰写抗议文章和发表演讲方面享受了一段美好时光。媒体有料可写；人们则有笑料可谈。每个人都开心。现在，先生们，我们别吵了。"但他们会放弃吗？不，他们不会。伊格莱西亚斯和纳达尔对这幅壁画就波多黎各白人纯种性的侮辱气愤不已，而戴蒙德代表则跳出来为阿拉斯加白人辩护。别吵了？当然不行。采购主管、（退休）海军上将克里斯蒂安·乔伊·帕普斯以及前经纪人爱德华·布鲁斯能容忍一个可能鼓吹"改变"**他们**的"信息"吗？美国，继续笑吧；你们的长官们不会！——于是我们进行了这样的通信，命题和反命题，威胁和双重威胁，看看这些新闻发布、声明、猛烈抨击，这些派系之争——包括波多黎各问题、黑人问题、爱斯基摩人问题——这些在法律、宪法和《权利法案》层面的争论现在在我的文件中还有一大批。

我曾提出要把波多黎各的政治家们画进我的壁画里，他们不同意。我提出修改信的内容——用爱斯基摩语或英语——写上《独立宣言》的前言，或者是威尔逊总统关于小国自决的阐述。"或者用林肯的就职演说怎么样？"我问他们，"'如果多数派完全靠人数上的优势，剥夺少数派宪法上明文规定的权利，从道义的角度来看，革命就是正当的——如果被剥夺的是极为重要的权利，那革命就无疑是合理行动'——怎么样？"我问，"不适合波多黎各吗？不适合我们吗？"他们哪个也不接受。

根据波多黎各人的建议，伊格莱西亚斯可能会因为他对女儿的温柔感情而采取比较柔和的态度，我又提议在壁画上画上他女儿们的肖像,命名为"美国""自由""博爱""平等"——除此之外还可以用西班牙语的光(Luz)与和平(Paz)。他们还是不采用。"领导们"就像英国女王一样,不觉得我说得有趣。"来华盛顿吧,"他们给我的信是这样写的,"带上你的颜料。我们会达成一致的。"

好吧,然后我就去了华盛顿。我去了,带着颜料,心中也充满希望。不是对"领导们"的希望——老天!——而是对那些在会议上心胸开阔、意愿良好的部下们充满希望。他们**确实**努力说服我。最终,花了一个多小时,我们终于达成了共识。"愿你们坚持不懈并赢得自由和平等,这是幸福的希望所在。"一个参加会议的人拿

着修改后的文本离开了会议桌,他说:"我去确定一下。"整整15分钟后,他回来了。他说:"上将不同意。"我站了起来。

我说:"算了,我们只是在浪费时间。我现在确切地知道该怎么做了。我必须把关于生命、自由和追求幸福的语句或暗示从这封信里删去。但我不会这么做。"

我们以最受认可的外交式的良好姿态,相互表达了尊重和祝福,握了握手。口袋里还装着颜料,带着曾经的希望,带着对政府再度受损的信任,我离开了。

后来发生的事——虽然我在接下来的几页中回顾了这一切——也无关紧要了。"我很清楚,"我写道,指的是我们的会议,"你们部门想要压制所有关于《独立宣言》的理想仍然具有生命力的任何说法。我告诉过你们,我们政府的一个部门想要压制这样的言论,这本身就证明了我的论点,即现在在美国有必要为此而斗争。"在信的结尾我说:"在此我请你们知晓,直到款项付清,邮政大楼墙上装饰的我的画仍是我的财产,如果你们以任何方式篡改此画,甚至是改变其中的一个逗号,我将严格追究你们部门和负责人的责任。同时,我不会接受少于我们合同规定的全部金额的付款。"

他们付钱了吗?当然付了。

XXXIV

啊,正义!

    自从我1936年短暂访问波多黎各,为我的波多黎各壁画采风以来,波多黎各发生了许多事。普遍的痛苦和随之而来的对于美国殖民统治以及美国工业家的经济统治的不满——在1936年只有瞎子才可能忽视这些不满——导致了民族主义情绪的不断高涨,1937年,甚至连华盛顿也得知了这一情况。州长布兰顿·温希普(Blanton Winship)在1936年对我说的"一群暴民"指的就是民族主义党。在这种态度下,他的行动与政府整体政策是一致的。本来,对于暗杀了一位受人尊敬和爱戴的美国官员的凶手是否得到了应有的公正审判这一问题，政府会得到波多黎各人民的支持。然而，我们未经审判便对他们执行了枪决，结果把他们变成了烈士。因此，后来人民对民族主义领袖阿尔维苏·坎波斯（Albizu Campos）的审问比之前更为关注，并提出了许多批评，他们倾向于认为他的极端革命学说在一定程度上因他的追随者被枪决反而被证明是正确的。

就在首轮审判结束的前一天，我第一次来到波多黎各。第二天，应和蔼可亲的州长之邀，我参加了在他府邸阳台上举行的鸡尾酒会，并听说了第二天审判的陪审团组成情况。听到一位州检察官声称他已经为一个尚未进行的审判挑选了陪审团是一回事；但更为严重的问题是，我后来知道，陪审团实际上至少包括了一些我听说过的名字。不管这个案子的是非曲直如何，二审显然是不公平的，我把我的证据写成宣誓书的形式，寄到了华盛顿。它们被保存进了文件柜。在亚特兰大联邦监狱的档案柜里，阿尔维苏·坎波斯的档案被编号，由他按下指纹供参考，并将保存16年。

这本书不适合讲述美西战争，以及我们后来以自由为名对波多黎各的占领；不适合讲述我们以自由为名进行镇压，而西班牙也正式承认了这种合理性；不适合讲述我们对他们悠久的文化和农业经济的破坏，以及我们对他们的资源和人民生活的剥削。波多黎各不是"我所有"，也不是**我们**所有。它是波多黎各人民的故乡。作为美国人，作为民主和自由的信仰者，我们也没有用来证明我们占领它的合理性的原则，即破坏其"自决"的权利。我们可能**需要**波多黎各来保卫我们的海岸线则是另一回事。毫无疑问，这对我们的安全和糖业大亨的福祉至关重要。我们需要墨西哥的一块地盘，我们发动战争，得到了它。我们需要巴拿马运河，我们建立了巴拿马共和国，得到了它。我们需要更多的土地来保卫我们的安全，我们已经或者很快就要得到了。苏联需要卡累利阿地峡来保卫列宁格勒，它得到了。德国想要发动战争，需要丹麦、挪威、荷兰和比利时，它也得到了。英国为了保护自己，需要法罗群岛，它也得到了，就像它总是得到它想要的东西那样。我们都是很有进取心的人，我们所有人。也许我们应该如此，我不知道。但是，我们不要拐弯抹角，不要用道德上的伪善来说教，也不要对殖民地的人像纳粹那样不人道。现在，在波多黎各，我们所有的是对那里发生的一切负有全部责任。对于1937年3月21日圣枝主日在庞塞发生的悲剧事件，我们美国人，尤其是我们的岛屿管理部门应当受到谴责。

在争取波多黎各自决的强势运动中，以被监禁的阿尔维苏·坎波斯为首的民族主义党是最不妥协和言辞最激烈的一派。虽然温希普州长称他们为"乌合之众"，但他们大部分是从受过良好教育的阶层中招募的，其中包括许多大学生。阿尔维苏·坎波斯自己就是哈佛大学法学院的毕业生。一些年轻的民族主义者，本着童子军的士兵精神，组织了他们所谓的解放军，尽管他们自认为是军队，但似乎与实际的武装行动没有关系，其性质就像救世军一样。但他们仍然穿着一种制服——白裤子、黑衬衫、俏皮的小帽，他们还进行演习，在游行中拿着棍棒，就像拿着枪一样。他们的女朋友穿着白色的衣服，组成了一个护士队。他们热切期盼的是波多黎各的自由。

在波多黎各，庆祝圣枝主日的游行是一种习俗，在这个岛上的第二大城市庞塞也不例外。这正是游行的好时节，春天来了，天空湛蓝。于是,人们——男人、女人和孩子穿着他们最好的节日服装——在下午游行开始前,聚集在两条街的交会处,这里是游行的起点。"士兵们"开始三三两两地聚集在那里。他们对自己的事业感到自豪,也为自己的制服感到自豪,他们的白色帆布裤、白制服和护士帽都是刚刚洗过熨过的。大批的警察也聚集在那里,身穿制服,束着子弹带,全副武装,配备着左轮手枪、卡宾枪、步枪、催泪弹和冲锋枪。波多黎各的警察都是大个子,在那天拍摄的照片中,他们更显得高大魁梧。警察驻守在十字路口以及四个路口。他们在那里,当然是为了维持秩序,后来则是为了警告非民族主义者离开现场。

现在是3点钟了。"集合!"年轻的"士兵"大约有80人,组成三人一排的队伍(庞塞的街道很窄)。在他们后面的是护士。整条战线的后面和前面,有两队警察各就各位。乐队——一个小型五人乐队——演奏了《波多黎各国歌》。演奏完毕的时候,人们发出了欢呼。

必须承认,在游行许可的问题上出现了一些混乱情况。虽然本不需要,但游行者已经申请并由市长批准了一份许可证。然后,在游行开始前几个小时,许可证被撤销了。

为了追求他们在庞塞应有的权利,为了继续他们根据准予的许可所制订的计划,"士兵们"拒绝取消他们的庆祝活动。他们就站在那里,乐队开始演奏,人群开始欢呼。"前进,齐步走!"指挥者发出了命令。

他们没有齐步走。除了死伤的,那些没有倒在地上的人都在跑。人们四散奔逃，只要他们还能跑。很多人都逃离了现场。18个人被杀，150—200人受伤。这是一场无端的、冷血的、肮脏的屠杀，是人类历史上最残酷的屠杀之一。

一个倒下的人伸出手，在墙上写下了"共和国万岁，打倒刺客"，然后他便死去了。

为了查明这一不幸事件的原因，公民自由联盟迅速展开了调查。这是由杰出而公正的自由捍卫者阿瑟·加菲尔德·海斯（Arthur Garfield Hays）在庞塞主持的。调查报告的结论如下：

> 事实证明，3月21日庞塞发生的事件是一场"大屠杀"。
>
> 在过去的9个月时间内，州长布兰顿·温希普一再否认公民自由。他没有承认言论和集会自由的权利，并对那些行使这些权利的人威胁使用武力。
>
> 庞塞大屠杀是由于警察否认了公民游行和集会的权利。这一否认是波多黎各总督下令的。

正如公民自由联盟迅速为公民自由采取行动一样，政府也迅速开始镇压行动。18名平民被杀，约200人受伤。还有警察，比起面对蜂拥而上的愤怒的民族主义者，反而更受己方交火的伤害，其中两人丧生。12名年轻的民族主义党人被送上法庭，其中一人被控谋杀。

我们都相信美国的司法，但从1920年到1927年，在萨科和万泽蒂的审判过程以及随之而来的徒劳的骚动中，我们和整个世界都对其在实践中的扭曲感到越来越痛苦和愤怒。我们眼看着一个简单的事实在 7 年时间里被歪曲，其过程涉及西方世界一半人的宗教、道德和政治信仰，最后结束于因无知和残忍的偏见导致的天真无邪的鱼贩子和制鞋匠的受难。现在，在 1937 年的波多黎各这个孤单遥远、少人问津的美国前哨，独裁地管理着此地居民的外来管理者，绝对控制着通往美国本土的新闻渠道，却开始在自己的法官和检察官面前，在自己的法院起诉 12 个直言不讳的敌人冒犯了自己的威严。

"我就是法官，我就是陪审团，"
狡猾的恶狗说，
"我要亲自执法审判，我要判处你死刑！"[1]

就像萨科和万泽蒂的案子一样，庞塞事件纯粹是一个事实问题。在这个案子中，原告完全缺乏针对被告的直接证据，面对最确凿的目击者及官方挑衅和谋杀的影像证据，却诉诸组建有政治偏见的陪审团来影响定罪。因此，这反而变成对辩方有利的情况，辩方可以提出任何法院承认的官方偏见和不公正的证词来反对起诉方。我所知晓的阿尔维苏·坎波斯陪审团的构成，就其性质而言，同控方所引入的氛围一样，与本案完全相关。辩护律师请我去波多黎各

---

[1] 出自《爱丽丝漫游奇境记》，英国作家查尔斯·路德维希·道奇森以笔名刘易斯·卡罗尔于 1865 年出版的儿童文学作品。

作证。我之前已经计划好了坐飞机去巴西，途中会经过波多黎各，而此刻正好需要我去那里，我便欣然答应。

　　傍晚时分离开纽约，我在飞机上将座椅向后倾斜，伸直双腿，很快便睡着了。我醒来的时候，已经是迈阿密灰蒙蒙的黎明时分了。我们能习惯这种奇迹吗？在泛美航空的等候室里迎接我的是我早些时候访问波多黎各时认识的一位熟人，美国联邦法院在波多黎各的执行官。他人不错，我喜欢他，现在也还喜欢他。他也很高兴再次见到我，以及能与我一起在岛上度过漫长的一天。我们在飞机上找了座位，一起舒舒服服地坐下。他们移开跳板，关上舱门，螺旋桨轰鸣着，飞机从码头驶出，顺风航行，即将起飞。片刻的停顿之后，我们所有人都充满了期待的紧张感，就像起跑线上的运动员一样。接着，随着又一阵震耳欲聋的螺旋桨轰鸣声和海浪拍打机身的声音，我们纵身向前冲去。我们行驶得越来越快，声音越来越大，不断撞击波峰，机头的海浪拍打着玻璃窗，接着，几乎是突然间，波浪仿佛移动到了下方，撕裂声平息了，撞击声停止了，我们平稳地起飞了。

　　"现在好了！"执行官亲切地拍拍我的膝头说，"我们都到波多黎各，接着你就去巴西。我不明白你为什么在这里停留。我就不会。去里约热内卢的旅行很棒。你为什么停下来？告诉你，先生，如果是我，我不会停留的。如果我有办法的话，我不会。你不是要去庞塞吧？我的天哪！离那里远点。听着，肯特先生，作为朋友我给你一点忠告。别误会，这当然不关我的事。但我不希望你出什么事。来，我们喝一杯吧！"那个执行官，上帝保佑他，喝了一品脱。我们继续喝酒。

这是一个美丽的清晨，疏云的紫色阴影点缀着阳光照耀下的浅绿色海面。看到窗外美丽的景色我很高兴，跟我的好朋友执行官聊天也很愉快。"是的，先生，"执行官说，"我要以朋友的身份跟你谈谈，我喜欢你，第一次见到你的时候就觉得你不错，我不想让你惹麻烦。听着，**不要在波多黎各下飞机**。如果你下了飞机，你一踏上陆地，你的生命安全就会受到威胁。"

执行官是一个有趣的伙伴，而且，因为喝了一品脱酒，也非常诚恳。他给我讲了很多民族主义者的恶行，他们如何无法无天。他告诉我，当他把阿尔维苏·坎波斯从法庭带到监狱时，他本人穿了一件防弹衣。"如果你去庞塞，"他说，"会引发另一场大屠杀。记住我的话，**不要去庞塞**。听着，你在这里遇到了错误的人，我会指引你正确的方向。我跟你说！跟我一起住在康达多旅馆。我会照顾你的。我们会玩得很开心的，你和我。来，再喝一杯。"

很不幸，执行官反对民族主义者和在庞塞受审的那群人的观点在我身上白费了。我对民族主义者了解不多，也不太关心。当时我对庞塞案被告的情况知之甚少，而且它的事实真相也并不能让我具有提出对联邦检察官不利证据的资格。为什么权威部门没有更高层的人士注意到我很早之前就被传唤作为证人指证他呢？为何只有民族主义者想知道真相？"所以瞧瞧，究竟是谁想要杀我？不会是民族主义者，因为我是他们的证人。你不是想要告诉我警察、政府部队或者波多黎各的天使般热爱和平的'最好的人'会这样做吧？到底是哪些暴徒会想杀害针对政府的证人呢？"执行官的动机是什么？他无疑是个很好的人，不可能恐吓证人。然而，要么就是如此，要么——简直不可思议——他了解波多黎各，并且真的以为那些掌权者的党徒会杀了我。亲爱的执行官，这两个动机你选哪个？

"无论如何，"当我们在圣胡安降落滑行时，执行官说，"上岸时要紧挨着我。看看，看那群人，我告诉你，跟着我。"

我看了看人群，确实有很多人。我转向执行官，伸出手，摸摸他的肋骨。"不，不，"我说，"如果你穿了防弹衣，情况就不一样了。但现在这样，我不能让你冒生命危险。"

我这个人痴迷于成为第一个上车和第一个下车的人：第一个上火车，第一个下火车；第一个踏上月台；排在出租车等候处的第一个。这很傻，但我改不了。我是第一个下跳板的人，也是第一个爬上50英尺高坡道的人，我跟人群几乎鼻子碰鼻子地沿着栏杆挤在一起，来到海关。当执行官来到我身边时，我的行李已经通过了检查。

"先生，有你的电报。"一个检查员说着，递给我一个黄色的信封。我拆开信，看了一眼，发现是西班牙语的，便准备把信交给执行官请他替我翻译。这时，有三个字吸引了我的注意，我认识这几个字。于是我折好信，放进口袋里。就让它暂时在那里待着吧。

检查员给我的行李盖了章。我把它合上，拎起来，拍了拍执行官的背，大步走到候车室门口，打开门，走进去，让门在我身后关上——此刻我发现自己正面对一群鼓掌欢呼的人，不一会儿我就被他们团团围住了。5分钟后，人群再次鼓掌和欢呼，对我的到来表示欢迎，身后的门打开了，是执行官，他草草环顾四周，就像一只误入狗群的小猫，匆忙地寻求旷野中的掩护。"再见！"我向他挥手告别。

那天晚上欢迎我的宴会不是在时髦的康达多旅馆举行的。执行官也没有参加宴会。就此事而言，温希普州长、任何政府官员，甚至连波多黎各糖业巨头都没有一个代表参加。谁都没参加，除了他们的代理。如果说通过代理也算的话，那么他们都可以算参加了。

代理1号：用英语和西班牙语发表的一篇社论，占了《国家报》的整整一页。文章称我为暴徒和强盗，文风和谩骂词语的选择都像过时的青少年用语，不过知道《国家报》是州长和政府的喉舌，我们不禁害怕人民的生活是不是交到了某些精神缺陷者的手中。

代理2号：一封广泛印刷发行的公开信，文中的谴责之轻率和无节制，可以毫无疑问地看作是诽谤。（要是波多黎各没有离家这么远，我们能遇到多少有趣的事儿啊！）这封信是13位先生和"其他人"一起签署的。没人知道"其他人"是谁，但是这13位先生，是大型种植园主。

代理3号：为此，我不得不从自己的口袋里掏出那个装着电报的黄色信封。它在这儿呢：*Haciendo eco del pueblo de Puerto Rico, declaramosle persona non grata.*

"以波多黎各人民的名义通知你，你是**不受欢迎**的人。"这是谁，什么样的人写的？猜猜。我们有代理1号，州长和美国政府；代理2号，种植园主。代理3号则是一位政治盟友参议员马丁内斯·纳达尔，你们可能记得，他是第一个攻击我的壁画的波多黎各人。

在我的宴会上，这些受人欢迎的来宾将由代理人代理出席！生活有时**的确**就像一本书。

我们第二天乘汽车到庞塞时，得到了意想不到的惊人关注。我们进入这座小城，穿过狭窄的旧世界的街道，来到了那个十字路口，那里曾是大屠杀的现场，现在还保留着令人毛骨悚然的痕迹。就在我们放慢速度准备停车的时候，司机按了一下喇叭，警告在路边玩耍的孩子们。但喇叭卡住了。这个喇叭质量很好，声音很响。它的声音狂野且震耳欲聋。司机又捶又打，晃动方向盘，又踢又骂。但喇叭还是继续咆哮。人们出现在窗口，有人跑到街上，人群开始聚集起来。喇叭继续响着。司机终于拿起钳子，把它拆了。但是，所有的庞塞人现在都知道了，我们来了。

在离庞塞几英里远的高山上，有一个人挺好的自由主义者唐·安德里亚斯的咖啡庄园，他是这次招待我们的主人。我们沿着狭窄、陡峭、曲折的道路驱车前往，最终到达一个与那不幸的世界完全隔绝的地方，仿佛置身于大海和千里荒野之中，尽管我来此地的机缘就是那些不幸的事。为什么是我，而不是唐·安德里亚斯参与了下面发生的那些事情呢？那个周末，他那些有教养的客人又与那些事情有什么关系呢？这些人有各种职业、不同利益，也有各自狭隘的党派。他们在那里相遇，团结一致，就像所有的好人在面对共同的敌人时会团结一致一样。那个的共同敌人就是当时的不公正。它背后的力量是美国政府，也是许多其他不公正行为的幕后推手，正是这些不公正的行为使善良的波多黎各人走到了一起。这也许可以向我们表明，为何那么多热爱正义的波多黎各人渴望自由。

今天，在波多黎各仍然活跃的独立精神并不是因为人民近期的痛苦而迅速增长的，许多代人以前，这种精神就已诞生，就像因对海外统治他们的国王的不满，美国殖民者才断绝了对乔治王的效忠一样。波多黎各人民也同样获得了胜利。就在美西战争爆发前不久，路易斯·穆尼奥斯·里维拉（Luis Muñoz Rivera），也就是波多黎各的乔治·华盛顿，从西班牙回国，带回了一份皇家特许状，准许波多黎各自治。我们可以用武力废除特许状，我们也这么做了。但是为之奋斗的精神永存。

激发穆尼奥斯·里维拉追求自由的意志和对自由的信念，在那个周末，也在他的儿子路易斯·穆里尼奥·马林和所有聚集在庞塞山上的人们的内心和思想中一直存在。尽管他们都团结起来为受审的民族主义者辩护，但大多数人，包括穆里尼奥·马林在内，都比咄咄逼人的民族主义者温和得多——有人提醒说，他们比我们国家的国父们在反对小得多的不平之事时表现出的态度都要温和得多。我的确想起了我们的革命先辈在讨论自己不幸的国家的问题时，所表现出的崇高品格和爱国热情。我想，在我们国家革命前的日子里，情况一定也是如此。在美国，到处都有被诽谤和被迫害的少数族裔爱国者代表聚集在一起，现在也是这样。我之所以知道，是因为我曾和他们坐在一起。如果今天数以百万计的美国人不满（谁会否认呢！）的源头既不在国外也不是因为国王，那么人民深切地感受到通过民主来纠正冤屈的需要就像在我们国家诞生之初一样强烈。感谢上帝！

"如果你去庞塞，会引发另一场大屠杀。"执行官警告过我。当我们快到法院的时候，我想到了这一点，因为组织严密、设备精良的警察队伍已经做好了第二次法庭宣判的所有准备工作。很难说上演的武力展示是更能激怒群众还是更能恐吓他们。恐惧——有充分的理由！——或者仅仅是简单的平静和自我约束阻止了某些人在某个地方以某种方式开始做某事。但在整个审判过程中，没有发生任何干扰。

我们在法院门口被守在那里的警察拦了下来。当他们把我们的名字记录在他们的留名簿后，他们还搜查了我们是否携带隐藏的武器。我想这种状态的表达方式是"搜过身"（frisked），如果字典是正确的话，在某些用法中这个词的意思是"做运动，蹦蹦跳跳"。他们用手指做了一些冒犯性的动作。因此，当他们在我身体的某一部分停留时间过长时，我感动地说道："先生们，那是创造生命的工具，而不是毁灭生命的工具。"和警察交涉完，我们登上一段长长的楼梯，进入了法庭。如果人们兴奋的关注和热情友好的表情意味着他们的态度的话，我们发现自己身处极其富有同情心的民众之中。我被介绍给12个被告后，就在辩护律师指定的位置坐下。陪审团鱼贯而入，坐了下来。然后，在书记员敷衍的"肃静！肃静！肃静！"的叫声后，门再次打开了。上帝保佑我们大家！——多米耶法官如活生生的上帝化身般走了进来。被告们，祈祷好运吧！

几句开场白之后，我被请到证人席，在那个高座上，我待了3个小时，由律师解释我为何在场。诱骗、诽谤和恐吓，政府的各种妨碍司法公正的伎俩远未用尽。无知的是，他们允许媒体报道庞塞案的检察官与我前来指证的圣胡安联邦检察官在前一天晚上进行了长达数小时的会谈。媒体宣布，他们已经决定禁止我发言了。（他们似乎有办法提前解决这类问题。）我没有发言。这样的结果都安排好了，似乎没有必要再发布另一份报告，说如果我作证，我将被立即逮捕。我相信他们都准备好逮捕令了。但是，辩护律师刚说出我的证据的大意，检察官就提出了异议，陪审团被赶出了法庭。现在让这戏剧性的表演开始吧。如果诉讼过程不是用西班牙语的话，我可能会更喜欢。

我毫不怀疑他们说了许多精彩和令人愉快的话。检察官不喜欢我，也不想让法庭上任何人喜欢我，或者让上帝怜悯我和我的灵魂，我从他凶狠的神态和他慷慨激昂的极端不愉快中一次又一次得出结论，他想把这些塞进我咧着嘴笑的牙齿里。我不得不咧嘴笑。如果发言不是难以言喻的无聊，那就没什么比发言中夸张的风格更可笑了。对一个愤怒的傻瓜来说，没有比当面嘲笑他更令他不安的事情了。即便如此，我还是觉得无聊，我很高兴看到4个年轻人在法院附近的草地上进行体育锻炼，这让我得到一些安慰，因为我坐在高高的"王座"上，可以清楚地看到他们。

难道只有诗人才真正知道，美与善之间的亲密关系并不是浪漫的幻想吗？

"美即是真，真即是美"

——这就包括你们所知道，和该知道的一切。[1]

我们不正是在这些诗句中发现了真和美，才如此热爱它们吗？一个人能以最动人的方式说出自己最真实的感受，难道不是一种普遍的经验吗？良知的声音响亮吗？无论如何，我认为检察官夸夸其谈、低劣且口齿不清的演说，对我来说确实很适合为邪恶的事业辩护，并且我毫不含糊地知道它与推进这些邪恶事业的方法也是很相称的。在整整一个小时戏剧性的喧闹声之后，在令人愉悦的寂静中，我听到了年轻的黑人辩护律师那柔和而抑扬顿挫的声音，我觉得——尽管我仍然不能理解——我听到了真理的声音。在我写这篇文章的时候，我仍然能回想起在那个令人窒息的法庭上，我至少听了一小时那个声音。他的抑扬顿挫与他的思想相呼应，他平静的话语却使人激情高涨，他只通过声音就触动了我全部的情绪。他的同胞们挤满了法庭，他们听着，理解着他的话语，和他一起感受着他的思想，他们听得入迷。只有法官——我看着他那张无可指责的司法面具——无动于衷。在郑重的演讲的结尾，此时在情感上正适合大教堂的管风琴为众人——人民、律师、法官和囚犯——演奏一曲退场赞美诗，大家携手共进，走向自由，但法官只是用在交响乐的安静时刻把纸团弄得噼啪作响般的声音，否决了辩护。事情就这样定了。不过，另一位辩护律师以最认真和有效的方式陈述了我之前

---

[1] 出自《希腊古瓮颂》，19世纪初浪漫主义诗人约翰·济慈的作品。

对他说的全部证词，并使之记录在案，让波多黎各人民听到。

几周后，审判在陪审团的意见分歧中结束。复审也很快结束了。12名被告全部被宣告无罪。

XXXV
友好的邻居

这个国家的面积比美国大一个得克萨斯州,是印度的两倍,是欧洲的四分之三。这里可以放下65个英格兰,而不会显得过于拥挤。它从北到南的最大长度是2700英里。宽度和长度几乎一样,为2690英里。它的沿海地区拥有得天独厚的港口和美丽的风景,从乌拉圭边界到法属圭亚那边缘长度为4000英里——比纽约到利物浦之间的距离要远得多——是佛罗里达州顶端到缅因州波特兰距离的两倍。整个巴西的形状像"球胸鸽",它的胸部探向大西洋深处,它的顶端在纽约以东 2600 英里。从纽约乘轮船或飞机到里约热内卢，单程差不多 7000 英里，大约是纽约到日本的直线距离。巴西拥有几乎占南美洲总面积一半的领土，其边界与除智利和厄瓜多尔之外的所有南美洲国家接壤。

这里蕴藏着世界上最大的未开发财富的可能性。这里也有着最大的贫富差距。海滨住着见多识广的上流阶级城市居民，他们有一半的时间在欧洲度过，会说五六种语言，过着帝王般的奢华生活，他们对在丛林中过着原始生活的土著印第安人毫不在意，不过土著们也并不在意他们。

有人可能会补充说，在 4700 万人口中，有 1188.8 万人在 1937 年被正式登记为从业人员，其中 886 万是从事农业、畜牧业和农村活动的工人；大多数工人的工资是每天 2000 里斯（约 12 美分）；数百万人做着苦工；营养不良和吃不饱饭的情况普遍存在；全国人口的 75% 是文盲。财富与赤贫形成鲜明的对比，还有文明与目不识丁，以及遥远的距离与极少的公路和铁路（在美国每 10 英里就有 1 英里的铁路）。这里有无限多样的资源和单一作物经济；如此肥沃的土地所能提供的富裕生活保障，据估计可以是现在百万人口的 20 倍，人们却没有享受到，而是生活在外国资本的奴役和对外国市场的危险依赖中。巴西一直被剥削。

巴西的历史是一个不断被剥削的悲剧故事，而这也导致了一次次的毁灭和反抗。虽然自 1922 年宣布从葡萄牙独立以来，这个国家的进步似乎都是通过走向民主的独立而获得的，但民主的实现似乎与拉丁美洲人的天赋相违背，就像民主的实现与印第安人和黑人通过奴隶制而被称为公民相违背一样。在大庄园内长大，屈服于自己无法控制的经济体以及遥远且无法参与的政府，这里的人民对合乎宪法的民主权利非常冷漠，简直就像他们已经被剥夺了这些权利一样。

1937年11月25日下午，就在瓦加斯政变[1]之后，杰罗姆·戴维斯教授和我代表全国人民权利委员会和巴西人民国防联合委员会抵达里约热内卢，旨在探究当前政治局势和公众态度，而以此得出的结论对美国公众判断巴西是否为友好邻邦将具有参考价值。我回忆起，当时已经有理由担心，南美国家与极权主义国家之间贸易的增长和友好关系的提升，连同拉美政府的独裁趋势，可能会导致法西斯政权在新世界建立，国外联盟可能通过它们挑战门罗主义，最终威胁到我们自己的民主。

我们有9天时间做自己的工作。我们都有证明文件：我的是巴西驻华盛顿大使森霍·奥斯瓦尔多·阿拉尼亚（现在的外交部长）的个人介绍信，这种形式的文件可以说是最友好和最有帮助的；戴维斯除了几封私人信件（其中一封是瓦加斯总统的儿子写给他父亲的）外，还有一些重要的官方介绍信。到达里约热内卢之后，我们

---

1 瓦加斯（1883—1954），巴西总统（1930—1945年、1951—1954年在位），实行社会和经济改革，推动巴西走上现代化道路。1930年竞选总统，眼见失败已成定局，10月发动革命推翻共和政府。其后15年一直是国家元首。1930年11月3日任临时总统。1934年7月17日制宪议会选举他为总统。1937年11月10日策动政变，推翻制宪政府，建立自称是集权主义的新国家。

继续前往科帕卡巴纳海滨的一家酒店。我们洗完澡，换了衣服，吃完饭，散了会儿步，就去睡觉了。因为顺利到达，并且没有酒店服务员在黎明或者更早的时候来敲门把我们送上飞机，我感觉松了一口气。我们睡着了。如果接下来发生的事情在我们的报告中并不重要，那它至少也稍稍让报告变得生动有趣，并且让我们了解我们同巴西人民一样，在何种氛围和阴云下。

我开始打盹儿，几乎睡着了（当然，现实是我其实已经睡死了）——

> 当我开始打盹儿，几乎入睡，
> 突然传来一阵轻擂，
> 仿佛有人在轻轻叩击，
> 轻轻叩击我的房门，
> "有人来了，"我轻声嘟囔，
> "正在叩击我的房门——唯此而已，别无他般。"[1]

"走开，"我吼道，"别烦我，我想睡觉。我不要坐飞机。走开！"我把头埋进枕头里，把被单拉上来盖住自己。

敲门声开始很轻柔，但不知不觉响了起来，没有停。

---

[1] 诗句出自《乌鸦》，作者埃德加·爱伦·坡（Edgar Allan Poe, 1809—1849），美国诗人、小说家和文学评论家，美国浪漫主义思潮时期的重要成员。《乌鸦》创作于1844年，叙述了一位经受失亲之痛、备感孤寂绝望的男子在深夜与一只乌鸦邂逅的故事。

我抓起电话，对着说葡萄牙语的服务员来了一段老式的盎格鲁-撒克逊式的抱怨。我挂了电话，躺在床上，把枕头盖在头上。

敲门声——一直没有停止——继续传来。

电话响了。上帝！这是疯人院吗？"什么事？怎么……"

"是警察。"门卫的声音温和地传来。

这种时间来的访客！现在正是午夜时分。我开了灯，换了件衣服，打开门，脸上带着抱歉和欢迎的表情，我想这样大家都会比较高兴。在战争状态下，比如巴西现有的状态下，一个人没有权利可言。但是朋友们！——有你需要权利的地方。

我让三个人进屋，事实证明他们是穿着便衣的秘密警察。他们要看我的文件，所有的，每一张。房间的一角放着我的公文包，盖子打开了大约两英寸。我从房间的另一个角落里拿起护照，几乎没有瞄准，就把它扔进了我的公文包。警察们露出钦佩的神情。我拍了拍胸脯，我们都大笑起来。我递了一圈香烟，然后指出了那些可能用来隐藏文件的缝隙。他们彻底搜查了房间后，让我穿好衣服。目前为止，他们完全是友好而礼貌的。我穿好衣服，我们几乎是手挽着手走下楼梯，上了一辆等待着的出租车。

他们把我送到中央警察局，两名疲惫不堪、身材矮小、睡眼惺忪的士兵懒洋洋地站在警察局门口，手中的刺刀枪比他们的头还高。我们乘电梯上楼，来到一个庭院走廊，就像年轻的美国共产主义者维克多·巴伦不久前在里约热内卢神秘跳楼身亡的地方一样。在等候室里，他们让我坐下。我点了根烟，研究了一下巴西地图。十分钟后，一扇门开了，我被叫到中尉面前。中尉的办公桌前坐着一个胖子,和他隔着一张空椅子,这个人不修边幅,没刮胡子,脏兮兮的,简直像一个在逃犯。

"我会说英语,"这个人说,带着无法令人信服的口音,"我是翻译,请坐下。"我坐在那把空椅子上。"我们把你带到这儿来,"中尉极有礼貌地说,"是想帮助你完成你来巴西的工作。我们想帮忙。"

我愉快地微笑。"哦,非常,非常感谢!"我说着,咧嘴一笑。他们也都愉快地咧嘴笑了。

"我们把你的文件拿走了,"中尉继续说道,"为了替你保管它们。我们不希望它们出什么问题。"

"你们太好了!"我握着他的手说道,"我真不知道该怎么感谢你的体贴周到!我该怎么感谢你们大家!"我开心地笑着。所有人也都笑了。

之前戴维斯和我都有一些文件和小册子,但内容得罪人的性质很容易使我们陷入困境,所以它们已经被我们撕碎,扔进飞机上的厕所,冲进大西洋了。所有都被扔了——除了一份,警察一进来,我就痛苦地意识到它就藏在我的文件堆里!这是一长串巴西最杰出的政治犯的名单,我们想要了解他们的安全和健康状况,头一位就是路易斯·卡洛斯·普雷斯特斯(Luis Carlos Prestes),一位才华横溢、深受爱戴的民主革命运动的共产主义领袖。被抓现行?那你最好好好利用你的罪行。

"中尉,你愿意提供帮助,"我对他说,"我非常高兴,也很感激。在这个幸运的时刻,我要向你打听一些本来就打算来找你了解的情况。这些先生们在哪儿？"我在公文包里翻找，拿出了那份文件，"他们在哪儿？他们好吗？"我把名单递给他，他看了看。

就像节日中午在一个热闹的集市上发生了炸弹爆炸似的，中尉第一眼看到第一个名字，就变了脸色。"普雷斯特斯！"他喊道，整个房间的人都吓得后退，并怒视着我。"普雷斯特斯！你知道他们？他怎么了？"当他读到更多名字时，他们越来越恐惧。"这是谁给你的？"

"你的同胞。"我说。

"你认识这些人？"

"现在还不认识。"

最后，他猛地拿起公文包，把文件塞进去，把包放到我拿不到的地方。这一时刻该来一支烟了。

帮中尉点上烟，我也欢迎他帮我点上。

我拍着翻译的脏膝盖问他："你是美国人吗？"

有人提到了我的护照照片，他们喜欢这张照片。我们笑了，一切都很好。"照片拍得真不错。"一个人说。"你说的对！"我说，完全同意。

一个小时后我被打发回酒店，我建议他们用我习惯的警察护送方式来表示对我的敬意。"另外，"我加了一句，"另一个人，戴维斯怎么样了？"我们最好把问题全都解决。

提到戴维斯，中尉的脸上就一阵抽搐，直到他了解到杰罗姆·戴维斯**不是**美国劳工辩护人大卫·莱文森，大卫·莱文森在对普雷斯特斯的审判中为他辩护，令官方十分痛恨。尽管如此，他们还是会对戴维斯进行全面检查。我的三个朋友站起来和我一起离开。

"中尉,我们能停下来喝杯酒吗?"我问道。

"不行。"中尉严厉地说。

"求你了,就喝一小杯。"又来了两个人加入我们的行列。

"不——行。"

我们六个人走出门。"这就是你从该死的法西斯主义中得到的东西。"我们中的一个嘟囔着——不是我。

我们挤进一辆出租车,大腿压着大腿,开车去了一家咖啡馆。我点了双份苏打水威士忌,开始谈论劳工运动、产业工会联合会,以及劳动人民将如何主宰世界。他们听得欢欣鼓舞。

"为革命干杯!"我一边说一边举起杯子。我们为此干杯。

戴维斯状态很好,他从床上跳下来开门让我们进去,听我说"我的朋友们"时,他热情洋溢地欢迎我们,不过我又加了一句"是警察",他就又回到床上去了。当我在房间里搜寻违禁品时,警察们并没有做什么,只是变得越来越尴尬。他们因为来这里而显得很不好意思。最后,他们终于走了,带着教授的公文包,离开并锁上了房门。戴维斯从枕头上抬起头来,并把枕头从床上拿起来。那里放着他的护照、钱包和那份该死的名单。

第二天早晨,我们来到美国大使馆,讲述了我们的遭遇。那天下午,大使的助手带着一名警探和我们的公文包来到了我们的酒店。唯一没还回来的东西就是那份政治犯的名单。大使助理告诉我,我受到严重怀疑,很可能会被命令乘下一班飞机离开巴西,并且在那之前必须待在我的酒店房间里。他们对我的电话记录进行了检查，不过据我所知，并不能追踪到什么东西。我被允许留下。有时候，给他们一点机会的话，警察也不坏。从那时起，戴维斯——我们达成了一致——不受我这个嫌疑人的影响，继续他的工作。

将我们派往巴西的计划是1937年6月与阿兰哈大使在华盛顿举行的一次会议上提出的，会上讨论并抗议了热图利奥·瓦加斯政权对政治犯的臭名昭著的虐待。5个月后，在我们离开之前，巴西先后发生了以下事件：第一，国内所谓的战争状态终止，取而代之的是更自由一些的"紧急状态"；第二，又回到战争状态，逮捕了更多人；第三，一场政变导致即将举行的选举被取消，现任总统热图利奥·瓦加斯继续当权，民主宪法被集权政府的"新宪法"所取代。

"你今天在这里看到的不是巴西。巴西人民不会容忍独裁统治。你可以引用我的话。"这是著名的、勇敢的保守派天主教律师H.索夫拉尔·平托说的，他在审判普雷斯特斯叛国罪的法庭上为他辩护。事实上，我在里约热内卢遇到的许多人都这么说。然而，他们却忍受了。而热图利奥·瓦加斯能以一个普通公民的身份在里约热内卢的街道上行走，既不受监视，也不用保护，不仅证明了巴西人与生俱来的温文尔雅，也证明了他们对政府彻底的漠不关心。他们想要民主，他们也想要和平。他们想要免于审查，没有间谍，没有恐惧的自由。他们想要工作，安全的生活，想要吃得好，也想要休闲和快乐。让士兵们去战斗吧；人民，他们只想要和平。因此，正如政府被认为是一种权力，对政府的反抗就留给了那些以武装暴力为交易的人。

在普雷斯特斯叛乱最激烈的时候，一个骑自行车的人经过军队在大街上相互射击的地方，他按响了车铃，部队就在他经过的时候停止了射击。

政变是在没开一枪的情况下完成的。关于当时聚集在里约热内卢并在街道上行进的士兵们，人们认为："瓦加斯在清点他的选民。"

在国旗日的延期庆祝活动期间，我正在里约热内卢。这是一个特别值得注意的场合，因为他们不仅庆祝瓦加斯政权的延续，而且通过焚烧巴西各州的旗帜来庆祝新宪法所规定的更强大联邦的诞生。一大群人参加了游行，但人数还不够多，还不足以改变城市街道的日常面貌。参加的人中有部队，士兵们身着白色、绿色的制服，还有穿着拿破仑式制服、表现出色的警卫队。还有男人、小男孩和小女孩组成的法西斯整体党的绿色和白色队伍。挺漂亮的，但没人在意。直到中午，当部队游行回来时，一个典型的旁观者说："他们**会让**中午的交通变得堵塞！"

几个世纪以来，巴西因为葡萄牙帝国主义的利益而被剥削，后来又因为国际帝国主义的利益而被剥削——这是巴西的大地主阶级和上层城市资产阶级在国内助长的剥削——最初在1937年是依赖于美国和英国的资本，之后就成了这些资本的奴隶。对民主势力的资本束缚既未能确保那些势力垄断他们应得的巴西贸易，又无法保障他们的利益，以对抗日益增长的法西斯势力对巴西政策和巴西国内事务的影响。这种影响，除非英美能够采取行动抑制它，或是被巴西内部激进的民主行动所剔除，可能最终导致美国与巴西之间贸易量的急剧下降，安全局势崩溃，泛美局势挑战门罗主义，甚至威胁美国民主。法西斯主义的邪恶或其带来的可疑利益——相比今天存在的邪恶而言——尽管可能只会影响巴西人民,仍应该得到美国政府应有的关注。孤立政策曾让我们纵容了法西斯主义意大利和德国对西班牙的掠夺,潜在支持了日本对中国的野蛮侵略,它也不会变得能够保卫巴西人民,阻止进行过无情迫害的巴西暴君走向法西斯主义实践。什么样的政府才会有觉悟?实际上,那就是作为公共利益工具的政府。而这种迄今为止在决定国际政策方面唯一有效的"利益",却因暴露了我们人类的无能而蒙上了污名。成千上万无辜的男女被关进巴西的监狱里,他们中的许多人受到野蛮的折磨,被官方谋杀,我们动容了吗?是的,我们动容了,但是程度并不高。即使是巴西的大众——那些现在受苦最多,通过反抗能获得最多自由的大众,他们的同胞、他们的亲友和领袖都是独裁统治下被折磨和监禁的受害者——他们难过吗?他们的确很难过。然而,他们那么穷困,那么无知,手无寸铁,又那么害怕,那么受压迫,他们的难过还不够。

他们没有足够的动力去赢得1922年对政府的反抗,也没有在1924—1926年的反抗中帮助普雷斯特斯获得胜利。1932年,独裁者瓦加斯承诺他们会进行重大改革,打破1930年圣保罗州的统治,粉碎圣保罗州东山再起的可能,并保留他们的"变革者"。但是普雷斯特斯活了下来。他意志坚定,思想成熟,在流亡期间策划了解放祖国的计划。铁路罢工加速了这场半组织的反抗活动。在北部,他们遭到政府无情炮火的轰炸,在里约热内卢被政府的部队压制。普雷斯特斯已经成为公开的共产主义者,毫无疑问,其他共产主义者，包括德国人尤尔特[1]，都与他是共同领导人，整个巴西共产党都与他和民族解放联盟站在一起。但是瓦加斯在马丁·迪斯精神指示下对共产主义的指控仍在继续，他们对抗一切对普雷斯特斯的反抗运动和整个民主事业抱有同情心的人，然而这不过是逮捕和迫害的借口，是为了保障独裁者的权力，并在公众心目中将自己塑造成巴西的救世主。它的目的是恐吓，太多善良的巴西人对此公然蔑视。由于这一切，很少有人足够感动。

先不谈巴西作为新世界的政治命运的潜在影响因素，巴西作为实例告诉我们，民主是可能走向独裁的，这对我们是一个警告。这是第一次因为某些原因或紧急情况对我们已经建立的民主权利进行的试探性的削弱或暂时性废除，这一情况已来不及补救，而且它将被证明是对我们怀着如此的信念和热情所建立起来的公平的民主制度的首次颠覆行动。巴西对我们而言不仅是姐妹大陆上的一个伟大的国家，它是我们的姐妹共和国，和我们一样诞生于对遥远的欧洲统治的不满，它的缔造者献身民主，对自由的信念不亚于我们。近期巴西发生的许多事也暗示了我们这里可能会发生什么，而思考巴西民主衰落的过程，我们可能会发现与之相似的东西正以爱国主义的名义在我们自己的国家发生着。带着自满和骄傲，用我们近视的双眼看着我们国家普遍存在的民主法律和秩序，我们可能会问，我们的人民怎么可能失去民主权利？也许我们不会。然而巴西人民曾

---

[1] 阿瑟·尤尔特，德国人，共产国际远东局负责人。

在我们主的年代

有过这些权利,但现在他们已经失去了。

"向软弱的人,我就作软弱的人,为要得软弱的人。向什么样的人,我就作什么样的人。无论如何,总要救些人。"[1]用教会发言人的话说,我们有机会主义的福音,在它的分支教会存在的各个世纪中,人们不断发现,在基督的名义下准许流血和压迫是对自己有利的。宣布战争状态,所有公民的自由无效,瓦加斯由民主投票当选总统,他发现在民主的名义下发表这样的声明是有利的。然而,带有民主政府条款的宪法对于独裁政府仍然像是一种长期的耻辱,并使之陷入尴尬的境地。根据宪法,总统的七年任期已经接近尾声,而第二个任期是被禁止的。因此1937年夏天,我们看到了总统选举如火如荼地进行着,并且每一次都对外表明要遵守宪法的选举规定。就像1930年和1932年保利斯塔起义一样,这是外国利益支持的圣保罗富裕地区的咖啡种植者、生产者和资本家的特殊及地方利益,与南里奥格兰德州的特殊且更广泛利益之间的冲突。就具体的人而言,冲突发生在弗洛雷斯·达·库尼亚与其对手及死敌瓦加斯之间,前者是圣保罗的前统治者,他的候选代表是律师兼公司职员阿曼多·萨勒·德·奥利维亚。事实上,瓦加斯宣布战争状态后的第一个动作就是罢免了弗洛雷斯。弗洛雷斯无疑拥有准确的判断力,他逃亡了。瓦加斯的候选人是何塞·阿梅里科·德阿尔梅达,他是自由党人,瓦加斯的朋友和支持者,曾任瓦加斯的通讯部

---

[1] 出自《哥林多前书》(*Corinthians*),是保罗为哥林多教会所写的书信。简体和合本译文。

长。阿梅里科是个作家，一个没有财产的人。他来自非常贫困的巴西北部，他了解穷人，了解他们的感受。他不是商人，他的人性不受对财产和交易的考虑的限制。对他来说，应该做什么比怎么做更重要。他的想法是给人民土地，终结贫困。群众为他而激动。他感受到一种救世的冲动："我是巴西的救世主！"他喊道，"钱？我没有钱，但是我知道哪儿有。"政客们吓坏了，赶忙抛弃了他。"我不需要政客，"他宣布，"人民是我的力量。"（这是在巴西！）资产阶级、自由主义者刚开始觉得奇怪，但很快就惊呆了：他们的候选人是个傻瓜！群众却在欢呼。

热图利奥·瓦加斯从竞选之初或之前就打算继续掌权，因为他的新宪法在当年5月已经准备好了，政变则准备好在6月开始。同时，阿梅里科越来越受到大众的欢迎，再加上共产党的背书——对此，现在充满不信任的资产阶级充分利用了预期——这些因素确保瓦加斯在拟定的行动中得到他自己阶级的全力支持，同时，在发生暴力的情况下，能得到被抛弃的法西斯少数群体即整体党的全力支持。在竞选最激烈的时候，政治舞台出现了混乱的状况，有人向瓦加斯提出了一个非同寻常、命令式的建议，即两名候选人都退出选举，支持一名双方能够达成一致的折中候选人。瓦加斯拒绝了这个建议。整整6天后，首都只发生了一场军队聚集的小骚乱，大会被解散，宪法被废弃，选举被取消，民主——连同它剩下的那点阴影——也消失了。政变是一个既成事实，瓦加斯是独裁者。

由于政变是在没有流血的情况下完成的，因此，随后没有发生什么值得注意的骚乱。被逮捕的人也相对较少。对共产主义者的追捕仍在继续，尽管几乎没有人被这种假象欺骗。人们生活在恐惧之中，害怕被监视，害怕被人偷听谈话，害怕被人告发。有嫌疑的人被监视，电话被窃听。审查更加严格，联合出版社和美联社各有两名审查员，邮局有审查员，有线电视有审查员，报纸新闻的每一个字都要经过审查。政府召集首都报纸的编辑们并宣布："你们会乐意遵守新的审查制度的。""我当然会遵守，"一个勇敢的记者回答道，"但我不会乐意。"巴西的出版物被禁止赞扬苏联、中国或西班牙，被禁止攻击意大利、德国、日本或者佛朗哥将军，被允许对美国、英国和法国畅所欲言。它们的确这么做了。

教授：根据校长的决定，在进一步的指示到来之前，我要求每门课程的上课时间以对共产主义简短而尖锐的直接攻击开始，可以批评其基本理论或攻击其实际应用的效果。

为了达到这个目的，在每门课程中负责一天第一节课的教授必须按照日程安排进行所需要的演讲。

这个通知发到了所有大学教授和学校老师那里。一位教授反对说："但是我对共产主义一无所知，你能给我提供一本这方面的书吗？"

"当然不行。"

考虑到以下事实，部分是为了所谓对南美洲各共和国的保护和在西半球保留"美国方式"，我们的人民被征收了数十亿美元的税收，我们的弱势群体被忽视，我们的宪法权利受到损害，我们的青年出于对和平的追求被选拔和派遣，甚至有可能被屠杀，因此对我们来说，考虑一下我们到底需要动员何种美国方式来保护南美洲最大的国家，可能很有意义。对于1937年11月10日的巴西宪法，瓦加斯说："宪法已经向巴西人民颁布。"1891年，当巴西成为一个共和国时，他们采纳了一部仿照美国的宪法。这部宪法和我们的宪法一样，规定了一个独立选举的总统、两个立法机构和一位由总统任命的终身法官。这部宪法到1934年一直有效，只做过一些细微的修改。1934年宪法，由瓦加斯政府的制宪会议颁布，建立了无记名投票制度，规定女性有投票权，但没有扩大选民范围到超出非文盲的有限阶层。它设立了选举司法法庭，不仅有权审理选举争端，而且有权根据法律审核选举人的资格问题。这项权力被应用于1934年宪法关于职能代表的新规定，这一有利于雇主的规定显然是法西斯主义的，它也加强了政府对联邦国会的控制。1934年，宪法授予修道士选举权，并恢复了天主教会控制公立学校的权力。所以瓦加斯赢得了教会的支持。社会变化导致了实践上的小进步。没有指控或逮捕令的逮捕是非法的，但它们仍在持续。对未登记工会的承认是无效的。

1937年11月10日瓦加斯"向巴西人民颁布"的，实际上是他作为人民的生命、财产和命运的永久独裁者的决定。他的宪法这样写道：

> 颁布紧急状态和战争状态的法令是总统的特权……
> 在发生外交威胁或即将发生内部骚乱的情况下，或者

内外部的计划或阴谋试图扰乱治安或使政权结构处于危险境地,或威胁到国家及公民的安全时,总统可以宣布整个地区,特别是受威胁地区,处于紧急状态。

在有必要为保卫国家而动用武装部队时,总统应宣布整个国家或部分领土处于战争状态。

……因为所有这些行为都无须获得国家议会的授权,国家议会不得终止总统宣布的紧急状态或战争状态。

为了不对他完全不受阻碍的专制权力,也就是他自己规定的热图利奥·瓦加斯的宪法权利产生误解,他进一步说明:"在战争状态下,总统指出的宪法的某些部分将不再有效。""朕即国家!"

瓦加斯的宪法使他拥有绝对的权力,如果他愿意的话,他的任期也将永远延续。此外,即使没有宣布紧急状态和战争状态来合法地扩大总统的个人权力,宪法也赋予行政长官和他的政党正常的权力,以确保他们的统治。巴西背负着瓦加斯造成的独裁的负担。瓦加斯想去哪里,巴西就会去哪里。

也许新宪法造成的局势中最严重的问题是,在巴西,想要回到民主状态,甚至是更换一名独裁者,如果没有独裁者的意愿,都是完全不可能的,除非通过革命的方式。甚至表达不满和对变化的讨论在今天也是违反宪法的,虽然有目的的政治反对派组织在民主制度下不仅合法,而且也是必需的,现在却变得必须在秘密和恐惧中构想并在暴力中诞生。只要反对派还活着或对它的恐惧还存在,瓦加斯治下的那些政治迫害就将以极端不公正和难以形容的野蛮行径继续下去。监狱里人满为患,法院却空无一人。犯人不会被起诉,也没有被审判。他们被殴打,被折磨,招供导致更多的逮捕,更多的折磨,更多的逮捕——为国家的守护者带来更多的荣耀。有谁会在乎!巴西人已经习惯了这样的事情。他们已经习惯了在政府中扮演小角色,习惯了可笑的宪法,习惯了独裁者。一个共产主义领导人的妻子在她丈夫眼前被残忍地折磨,这是事实。一位参议员在巴西参议院前公开了他所受的折磨,没有人对此提出异议。在里约热内卢,这样的事情已经不是什么新闻了。"到处都是警察。"人们说。我想是的。

一个美国人可能会自问:"如果没有我们的监督,我们的警察会如何行事?"我们的新闻自由、曝光、起诉,我们的拉福莱特委员会[1],我们的民主又将如何?在波多黎各、霍博肯、芝加哥、新墨西哥州的盖洛普,他们不受控制地做了些什么?他们现在正在做些什么(读读报纸)?尽管意识到我们自己的警察实际和可能发生的野蛮行径,并不能减轻我们对瓦加斯治下巴西警察更普遍和野蛮行为的恐惧,但这将有助于我们既不把后者视为巴西人天生残酷的表现,甚至也不认为是瓦加斯本人具有残忍和报复性。邪恶是在非民主状态下茁壮成长起来的。

---

[1] 1936 年设立,是参议院教育和劳工委员会下属的一个小组委员会,任务是调查"破坏言论自由和集会自由及非法干涉劳工结社和集体谈判权利的行为"。该委员会由来自威斯康星州的参议员罗伯特·M.拉福莱特任主席,曾组织公众意见听取会,就上述方面的问题进行了彻底调查,最后提交了长篇报告。

在我看来，保守派律师索夫拉尔·平托（在本章开头引用）的声明——"巴西人民不会容忍独裁者"——可以被认为是巴西的思想表达。然而瓦加斯统治了巴西。群众的候选人阿梅里科，则坐在他位于里约热内卢郊外的小房子里。他是一个谦逊、温和、安静的小个子男人，他悲伤地看着世界，在他痛苦的近视眼看来，这个世界一定是模糊一片。

"我为穷人而战，"他对我说，"为人民而战。我想要民主，仅此而已。"他说这话的时候，仿佛他的生活、他的世界，都在他心里。一定是世界走向了他，因此他才能看见。"当他们再来找我的时候，"他说，"当他们需要我的时候，我会准备好的。"在那之前，他会温柔而安静地等待。他最好能做到！

如我所见，这就是巴西。由于我们盎格鲁-撒克逊人对自由的热爱，以及支持自由的民主传统和制度传统，我们会不会认为自己不会受到类似倒退的影响？这充其量只是个问题。那么，让我们把一些简单的常识作为我们遗产的附加部分，在对民主这类重大问题甚至有一丝怀疑的地方，让我们警惕地提防对其原则的最轻微的侵犯。用北美的政治环境和我们自己的政治语言来类比，巴西究竟发生了什么？首先，巴西的宪法与我们的几乎一模一样。有两个主要的政党——就叫它们民主党和共和党吧——代表着有些相互冲突的工业和金融利益，相应地，它们也有一些不同的内政和外交政策。还有两个极左和极右的小党派：巴西共产党和法西斯主义者（我们可以称其为"银衫军"）。正式当选的总统是一位民主党人，让我们叫他"新政者"，而且，在他的第二个任期即将结束之际，该党提名了一名内阁成员接替他的职位。面对共和党的激烈竞争，总统的民主党国会通过了反对这位共和党领导人的特别立法，迫使他逃离美国。与此同时，这位民主党候选人为了人民走上了不归路。他宣称自己是劳工的朋友，是弱势群体的朋友。他承诺提供更多的学校，给予包括黑人在内的所有公民平等的权利，废除人头税。工会坚定地支持他。教育程度较高的自由主义者称赞他为民主的救世主，并通过所有组织的统一战线来支持他。巴西共产党也支持他。民主党所有大大小小的有产阶级和上层阶级的专业人士都觉得他们的利益被出卖了，他们感到绝望，准备好了做任何事。巴西共产党对共和党的声援使那些已经被媒体宣传过的对共产主义的指控又添了一把火。他们说："斯大林是个杀人犯，阴谋推翻文明……共产党是由斯大林领导的……共产主义者是工会的成员，是和平组织、民主组织的成员，是为婴儿提供更多更好牛奶的组织的成员，因此他们都是共产主义者，他们中的每个人都是共产主义者，都是在莫斯科的资金支持下，阴谋用武力推翻政府的人。"现在，总统让他的联邦调查局探员们追踪"赤色分子"的踪迹。他们窃听电话，侵入住宅和办公室，在没有搜查令的情况下搜查和逮捕。"这是对我们公民自由的侵犯！"自由主义者和受伤的人们抗议道。"那又如何？"政府回答道，并且大胆地宣布进入紧急状态，把他们都关进监狱。公众以民主的名义拍手称快！总统现在得到了民兵组织（由天主教基督阵线策划）、军队和莫斯利将军领导下的"银衫军"的公开支持，以及已经接受过处理罢工工人训练的警察的支持。突然，在选举前夕，军队聚集在华盛顿，国会被解散，宪法被宣布无效，选举被取消，民主这个美好的梦一下子就破灭了。

但是这样的事情当然不会在这里发生！

XXXVI

没有回音

哦,就跟以往一样,再次回到家的感觉太好了!波多黎各和伊甸园一样美,但它不是我的伊甸园。当我飞过巴西上空时,我看到它是一片无边无际的荒野,有着取之不尽用之不竭的肥沃土地——充满机会的土地,但它不是我的。还有世界各地的人们、善良的人们,他们在这个世界上什么都不要,只想要工作,只想生活下去,只想要追求幸福的和平状态。世界上所有的人都和我们一样,但他们不是我的同胞。哎呀,能再次回到家真好!家不仅仅是指我们的大陆,当然也不是迈阿密、我上岸的地方。上帝保佑我们,不,不是那样的！一个到处都是从各自家乡来的人的地方，怎么可能成为任何人的家乡呢？也不是纽瓦克机场。不是人们路过的任何地方。对我来说，也不是纽约，那是一个挥霍无度的地方，所有人，无论贫富都在这里花钱，鲁莽的人则在这里度过他们的一生。不是在河口，像哈德逊河的潮汐一样，来自世界各地的人和各种商业活动在这里进进出出，而是在河流的源头——山脉。家不是消费的地方，它是我们赖以生存的力量得以**创造出来**的地方，是我们在生活的损耗中消耗这些力量的同时不断重新创造这些力量的地方。家，就是那房子，那土地，那空气，整个环境，就像安泰俄斯[1]只要接触坚实的大地就能获取力量，家也像那大地一样如此服务着我们。

1937年，我再也不会有回家就意味着能一直待在那里的错觉了。阿斯加德，诸神之家——如果可以的话，我们希望在自己的土地上不妨碍他人，健康、骄傲地生活，就像我们相信其他人也沉迷并享受着他们的土地一样——不过阿斯加德仍然是远离世界的僻静处，一个避难所，值得我们为其保养和纳税所花费的工夫和担心。不过，直到有人挖好我们的坟墓并埋葬我们为止，它不可能是我们的终点。如果我们是神，我们至少会是最好的异教神，我们与人和平相处，在人类抛弃乡土之神之前就已经率先摒弃了自己的神性。

---

[1] 安泰俄斯是希腊神话中的巨人。根据神话，安泰俄斯是大地女神盖亚和海神波塞冬的儿子，居住于利比亚，他力大无穷，而且只要他保持与大地的接触，他就不可战胜。赫拉克勒斯发现了安泰俄斯的秘密，将安泰俄斯举到空中使其无法从盖亚那里获取力量，最后把他扼死了。

如果我们从山脉出发，像小河一样流向大海，那么当我们到达大海时，我们已经和其他的小河融合在一起了。对上帝、河流，或者只是人，有一件事是明确的：即使你在地狱中建造了天堂，你也不可能享受它。那怎么办？仅仅由于这个原因就毁了天堂吗？绝对不行！毁了地狱才对。如果这不是智慧，那么所有相信人类幸福的人，从柏拉图到我们这个时代的大众，都将下地狱。

1937年，用正常的眼睛去看，用正常的耳朵去听，用我们人类所有的感官去感知，难道不是埃塞克斯县的政府里有骗子，使得诚实的农民不得不失去自己的农场来支付各种费用吗？那些骗子在奥尔巴尼、纽约、堪萨斯城，在美国一半或更多的州和城市的政府中都很有势力？法官是腐败的，正义可以被买卖或者只是粗暴的党派之争？劳工工资低，有不满情绪？1000万工人失业？南方有一半人被剥夺了公民权？我们都一样没有安全感？我们允许意大利和德国在西班牙消灭民主？在国内鼓吹自由，却为日本提供征服中国的工具？世界上有和平吗？在过去和现在，在我们自豪的美国的任何一个地方，任何一个人的心中，是否存在着和平？哪里没有和平，哪里就有战争。而战争，我们知道——就像今天我们不得不知道的一样——是地狱。在地狱里，没有任何人的天堂。上帝赐予我们和平！

"……曾应许，若有三四个人奉你的名聚集，你必应允他们的祈求。"《公祷书》这么写道。谁承诺的？这承诺有何价值？当"三四个人"聚集在一起？成千上万的美国人以和平、民主、正义、自由、宽容、博爱的名义聚集在一起，这些难道不是**你的名义**

吗？这些不是神的美德吗？哦，有何用处！不是三四个，不是成千上万，而是数百万，当他们为了世界和平和人类尊严聚集在一起，不是请求而是行动，那时，只有到那时，不是上帝，而是那个恶魔般牟利、贪婪、散播战争、让全世界及所有工人都感到痛苦的组织，才会愿意满足这数百万人的要求。他们最好如此！但与此同时呢？我们将迎来地狱。

阻挠人民的意志，扰乱民主机构和发言人，对于那些其利益与公众利益相背离的人来说，算不上是什么卑鄙的行为。诽谤、谎言和非法逮捕，地方法院对法律的歪曲，因伪证而定罪，最后还有对个性和理想的残酷的无差别谋杀，以至于人们无法引用《独立宣言》中的话而被认为是由于获得了莫斯科资金的支持。我们父辈的遗产哪儿去了！难道我们已经堕落到如此地步，以致每次为自由、真理或共同的民主原则的呼吁都被训斥为"非美国的"吗？直到最后，会议厅对我们关闭，公共广场、媒体的专栏也对我们关闭，难道连空气也能对我们关闭？监狱的大门是开着的，对最狂热的辩护者和斗士来说，他们同胞的眼睛、耳朵、思想和心灵都是封闭的。美国，与和平再会吧！

多少人曾说过，又有多少人意识到，要是耶稣再次降临人世，他会再次被基督徒钉在十字架上！有些人会问，那又如何？也许对于国外和颠覆性宣传来说，他正该如此。更重要的是，如果帕特里克·亨利[1]现在就在我们中间,被传唤到迪斯委员会面前——他无疑会被传唤的——他站起来宣布"不自由,毋宁死",他会立即被警察带离,并因藐视法庭而被起诉。我们政府部门的长官,爱德华·布鲁斯、海军上将克里斯蒂安·乔伊·帕普斯,拒绝同意我的波多黎各壁画上引用《独立宣言》或者林肯就职演说的内容。如今,这样的话几乎被看作是叛国。

迪斯委员会的整个程序是如此可耻地违背了美国司法最基本的原则,以致引起了所有知情和自由派的美国人的厌恶。并不是所有的美国人都是自由主义者,我们数百万的人民中也鲜有知情者。他们怎能这样!盖洛普民意调查所记录的公众舆论显示,公众还在继续支持迪斯委员会的活动,对此,我们绝不能屈尊附就于我们的人民,用基督之言对我们的国父诉说:"国父,请原谅他们,因为他们不知道自己在做什么。"多少美国人在日复一日地阅读迪斯委员会对美国和平与民主联盟的颠覆指控和对其成员的责难时,能够从媒体分配的十来行文字中找到联盟无罪的线索?这些自愿披露的证据就摆在联盟的爱国、杰出而受人尊敬的主席哈里·F.沃德面前,他已经站了几个小时,徒劳地试着出示完整的联盟记录,这些记录能够证明对于联盟的一切指控都是诽谤的谎言。我们的公众如何能得知这些事情?即使我们听到了,除了那些我们偶然得知或以某种

---

[1] 帕特里克·亨利(Patrick Henry,1736—1799),美国革命家、演说家,弗吉尼亚首任州长。他积极参加反抗英国殖民者、维护殖民地人民权利的斗争,在美国革命前夜的一次动员会上以"不自由,毋宁死"的结束语闻名,鼓舞了弗吉尼亚的军心。

方式卷入其中的事情,我们能确定其他任何事情吗?也许,撇开我自然人性中对像 J.B. 马修斯这样的人的鄙视,他的劳动记录和过去的行为原则我们是知道的,我们应该用他作为迪斯委员会的特别检察官的雇佣经历来证明他的心地和品格。也许我可以这样做,但是他教了我别的方式。为了抗议——当然既没有回应也没受到关注——我写了下面的文字来反对他在委员会面前发表的广为流传的声明:

1939 年 10 月 16 日

国会议员马丁·迪斯

迪斯委员会

华盛顿特区

亲爱的先生:

  10 月 13 日,周五下午,媒体报道称,迪斯委员会调查员 J.B. 马修斯先生在委员会面前汇报:第一,我是一名共产主义者;第二,美国内政部付给我 4 万美元购买一幅壁画。关于第一点,你会很高兴地知道,马修斯所谓的"共产主义者"意指那些蒙昧、偏见和无知的人所说的共产主义,或者他认为我是共产党人,或者他认为我的观点和公开行动受到共产党人的影响,或者他想表明我曾经有过与美国民主不一致的观点,我再次强调,我不是他说的那种共产主义者,你的调查员的陈述完全是错误的。关于第二点内政部的壁画,我必须告诉你:

第一，我从来没有被内政部委托画壁画。

第二，我受财政部委托创作了两幅壁画，而不是一幅。

第三，这两幅壁画的价格（总价）是 3000 美元。

针对你的调查员对委员会的汇报与事实之间的不一致，我相信你们委员会的成员可以正当行使选择权利，认为马修斯要么是个骗子，要么是个不负责任的笨蛋。在任一情况下，作为纳税人，因此也是马修斯的雇主之一，我希望向你们提出抗议，他不胜任你们委员会雇佣他完成的工作。作为一个纳税人，我反对把公共资金浪费在这种无用的人身上。

在我看来，如果你们委员会能够直接求助于那些与你们的调查有关的人，你们在获取真相方面会做得更好。如果迪斯委员会希望询问我的观点，我随时可以告诉他们。同时，就我而言，我必须请你阻止像你的调查员马修斯传播的那种造谣中伤的流言蜚语。

我已经说过，这封信没有回音。我也没有收到我在信末高兴地发送给迪斯议员的电报请柬的回信。致迪斯先生，我的请柬内容如下：

"兹　正如昨日您极为出色的调查员马修斯提到您委员会对艺术家特别是我个人所谓的颠覆性活动很感兴趣，建议委员会全体成员于今晚 7:30 收听 NBC 电台的节目，在半小时的节目中，我本人将以大胆的戏剧性亲自呈现我那令人毛骨悚然的颠覆事业。公众应该知道真相。记得收听。"

我不知道议员是否收听了节目。我希望他听了。演播室里的人们说,我们上演了一期相当不错的娱乐节目。最后一幕是在纽约华盛顿广场举行的群众集会,之后在和平与民主联盟的支持下举行了一次盛大的争取和平的游行。在演讲中,我呼吁所有党派为了和平团结起来,呼吁所有美国人致力于培育我们自己的美国花园,这样,在普遍和持久的繁荣下,我们的民主制度可能最终会给我们带来它所承诺的果实。因为演讲实际上是在广场举行的,现场的鼓掌欢呼也是真实的。因此,要是这个得克萨斯州爱说废话的人听见了演讲内容,也听见了大家的掌声,可能得出这是刻意颠覆政府特殊系统比如"美国"的观点,这个政府系统正是他和"邪恶的老人"及他们的同伴给予"孤星之州"得克萨斯州被剥夺权利的公民的,以鼓舞他们重新谴责外国(对得克萨斯州来说)意识形态的代理人。

我已经说过,我给马丁·迪斯的信没有回音。应有的回音只有一个,那就是道歉。但道歉是一件很困难的事情。抽象地说,它需要对他人的正义感和对自己的诚实;从理论上说,这是绅士的基本品质。

在事件过程中我被迫写给塞缪尔·哈登·丘奇的信也没有收到回音。因为,尽管应有的回音也只有一个,但它所涉及的远不止对个人判断方面错误的体面承认——丘奇先生本可以做出正确的判断——而是不愿显露对崇高的民主目标的制度上的同情。事件导致的单方面结果是当今自由主义者面临的自由言论典型障碍——匹兹堡卡内基学院讲堂拒绝举办一场关于民主的演讲——而我的抗议信则是这些障碍想要阻止的典型的自由主义言论。我将在这里完整地呈现这封信的内容：

亲爱的丘奇先生：

您的编辑在5月的《卡内基杂志》上将我置于一个尴尬的境地，我既感激您向我作为艺术家和普通人所表达的敬意，又被迫因这种暗含的敬意写信给您，捍卫您的文章严厉谴责的美国和平与民主联盟这一组织，并纠正您不厌其烦对我本人的政治信仰做出的结论。

虽然没有人可以质疑卡内基学院在任何时间以任何理由拒绝向任何组织租用讲堂的**权利**，但人们可能会评判一个被赋予在教育方面服务公众责任的基金会，在一个民主国家里，实施这种审查制度是否明智。实际上，剥夺发言的机会等于压制言论，等于承认不相信历史悠久的"真理必胜"的原则。不过，既然您觉得卡内基学院必须谨慎对待向何种组织出租讲堂，您一定会欣赏我也非常谨慎小心地对待借用讲堂的组织，希望它必须有与我个人信念相一致的品格和目标。相信我，我对自己和对相信我的、正直的人们的责任感已经使我仔细研究了美国和平与民主联盟的目标和行动。我在匹兹堡和其他很多地方为该组织做过多次演讲，这证明了我对该组织的宗旨的绝对认可。我的认可与您关于该组织品格的判断相矛盾，因此为了捍卫该组织，毫无不尊重您的意思，我必须向您保证，作为日常新闻的读者和对当前政治事件感兴趣的人，我与您及任何其他公民一样熟悉迪斯委员会所谓的"发现"，他们指控联盟是共产主义的工具，以及指控共产主义是企图武力推翻民主制度的阴谋，这些指控令人震惊。但除此之外，我还花费了大量时间和精力，从内部彻底熟悉联盟的实际运作。我参加了它的会议，参与了辩论，并且对它在美国许多地区的成员和领导人有深入的了解。由于我所知道的一切，我可以说，而且也是在充分了解的前提下，我说的是实情，迪斯委员会对联盟的描述是误导性的、错误的和诽谤性的。在我有幸参加的联盟的委员会中，在其辩论中，在其行为中，在其出版的文献中，我没有发现任何程度上与如托马斯·杰斐逊所能理解的民主不一致的东西。如果卡内基学院的管理者能像我一样了解联盟，他们就会意识到联盟是一个强大的组织，它致力于促进和保护如它的名字所揭示的那些目标——和平和民主——而且也促进和保护卡内基先生本人在创立这个和平的基金会时所宣称的那些目标。不过，了解联盟是否会改变管理者的态度则是另一个问题了。

尽管共产主义并不是讨论美国和平与民主联盟之原则时的议题，但正如你在社论中所说，我不是共产主义者，这是千真万确的。然而，我对共产党所提倡的那些社会主义原则并不感到丝毫厌恶。

共产主义者、共和党人、民主党人、社会主义者、美国工党、犹太人、天主教徒、新教徒、所有种族的美国人里，都有联盟成员。虽然我知道该联盟的崇高目标，但我认为其成员资格反映了他们作为个人的信誉，反映了他们各种各样的政治和宗教信仰与民主和和平的一致性。我可以引用我们的纽约市长拉瓜迪亚的话，当塔曼尼·霍尔和纽约反动的民主党人攻击他得到共产主义者支持的时候，他回答道："我很高兴得到所有支持良好政府的公民的支持。"这正是联盟的态度。

丘奇先生，您在给我的那封非常友好的信中写道，我在匹兹堡演讲的事件发生时，您不在城里。您在《卡内基杂志》上发表的社论中说，之所以不让我在讲堂演讲，完全是因为我是在美国和平与民主联盟的赞助下演讲的。我很遗憾地告诉您，你们的管理部门向您提供了错误消息。当联盟的代表第一次与学院接触时，学院就已经得知将要举行的会议是由联盟赞助的。他们没有反对那些赞助，只是说我必须把我的发言草稿给他们过目，他们是否同意演讲将取决于发言稿。作为一个演讲者而非论文作者，我最多只能提交一份演讲大纲。我提交给学院管理部门的大纲如下：

"我能给你们提供的最好的大纲就是，我会呼吁和平与民主，我所说的民主指的是民有、民治、民享的政府。我会谴责法西斯主义和纳粹主义，以及所有支持极权主义侵略者的人和他们的哲学,他们若非愚蠢,便是不人道,或两者兼有之。我会说到西班牙人,他们是一个笃信宗教的民族,如果说早期他们曾攻击过一些教堂和牧师,那现在他们攻击的是佛朗哥、墨索里尼和希特勒的政治与军事盟友。我会提请人们注意美国民主面临的威胁,注意巩固民主制度,并为了巩固它,消除社会不公、种族歧视和所有造成社会动荡的因素。简而言之,我将以个人的身份,以一个因血统、出身和教育都应该说话的美国人的身份,而不是以其他任何身份来演讲。"

根据这份大纲,也仅凭这一点,管理部门拒绝了演讲。我现在别无选择,只能谴责您自己的管理部门欺骗了您,并奉行一种蓄意破坏真理、言论自由、诚信教育以及破坏我们民主制度的原则和结构的政策。我呼吁您公开批评您不在期间管理部门的行为,或者以学院的名义接受卡内基学院是亲法西斯、亲纳粹,以及是美国政府民主原则的公开敌人的污名。

卡内基学院可以为民主服务。让它从欢迎真理开始吧。如果,如您所写的,它的力量"将奉献给生命中美好和智慧的事物",让它向那些组织伸出友谊之手,比如美国和平与民主联盟,这些组织最深切的愿望和目标就是让所有人最终都能得到这些美好的事物。

"生命中美好和智慧的事物"——太伟大了!我们喜爱这些事

物。太阳、月亮和星星,它们太美了!还有乡村甜美的空气;一栋漂亮的房子,周围有一块平整的草地,还有花园;还有书和音乐,以及可爱的画;漂亮的衣服;一辆整洁的小车,顶部可折叠,轮胎是白色的;还有湖上的摩托艇;还有大量的休闲时间、健康、平和的心境和愉快的心情。多么美好!我喜欢,你也喜欢,塞缪尔·哈登·丘奇先生喜欢,汤姆·格德勒和库格林神父还有马丁·迪斯也喜欢,还有阿道夫·希特勒、墨索里尼、阿尔·卡彭和已故的里格斯·戴蒙也喜欢。"生命中美好和智慧的事物",我们都喜欢。只不过,似乎(在其中)有多人生活在匹兹堡文化卫城的阴影之下。上帝!他们怎么了?他们难道不喜欢绿色的草坪、树木和鲜花吗?他们不喜欢纯净的空气吗?他们愿意待在那里,呼吸匹兹堡工厂飘来的肮脏的烟雾吗?还有艺术!他们的墙上没有一幅画,花园里也没有雕像!在他们所有的"家园"的荒野中,没有一个真正一流的图书馆!这是卡内基学院肩负的一项艰巨而又有价值的任务——把"生命中美好和智慧的事物"带给普通大众,甚至是匹兹堡的钢铁厂工人和他们的家庭。丘奇先生,我们衷心地祝福您。

但与此同时,丘奇先生和卡内基学院的受托人、大都会艺术博物馆的受托人,以及芝加哥、底特律、克利夫兰、华盛顿、圣路易斯、旧金山的博物馆的受托人,各地机构的受托人、董事会,各类机构的所有人和捐助者,在提升生命、科学和艺术,以及教育和文化中的美好和智慧的事物的同时,也要接受那些卑微的、善意的、奋发向上的人做你们的盟友。你希望给他们带来善良和美好,他们也希望为自己带来这些。既然每个人都能拥有生活的美好是民主制度的内在承诺,那么人民为促进民主与和平生活所做的努力,就是最终实现你们自己无私的文化目标的最佳保证。

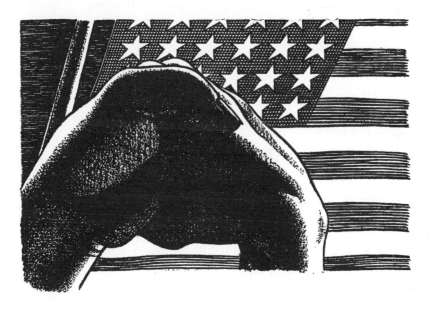

XXXVII
我们宣誓

  大熔炉，这是我们对自己国家的称呼，是向我们国家的民主进程对世界范围内种族和文化的综合影响的致敬。让胡言乱语的希特勒和墨索里尼这些内部繁殖的欧洲落后分子大肆宣扬他们的人种纯洁论，在他们对其文化无能的最后的疯狂合理化中，由于思想障碍和偏见的齐格菲防线[1]，掩盖这些活生生的真理的微光，这些微光就

---

1 齐格菲防线（Siegfried Line）是纳粹德国在第二次世界大战开始前，在其西部边境地区构筑的对抗法国马其诺防线的筑垒体系。

像小粒酵母一样，可能提升并重振民族主义。让他们通过处决、监禁和流放，彻底地从他们的种族血统中消除几个世纪以来移民所带来的对自由最后的热爱吧！让他们去吧，谁在乎！我们的大熔炉因他们的损失变得更丰富。

在我们这个大熔炉包含的所有元素中，恐怕没有任何一个元素比我们这些人更顽固，更难消失，我们对自己盎格鲁-撒克逊清教徒先辈以及革命战士血统的愚蠢自豪，使我们顽固地效忠于我们父辈的政治理想。我知道，因为我就是其中一员。当我们令人骄傲的文化遗产的力量进一步增强，使受美国教育和美国环境影响所形成的价值观和理想与之相适应，再加上在尽量避免遇到新思想影响的地方生活了一辈子，那么不管怎样，你都会是一个真诚、老派、彻底保守的美国人。和我们这样的人在一起，什么也做不了。

我们对自己基本无能为力。即便我能退后一两步来客观看待我和我们这辈人，也丝毫没有给我力量去改变我在将近六十岁时已经成为的完整的人类个体。"你已经成为完整的人了吗？"我有些悲伤地自问，因为"成为"的意思是"成长为"，但我知道我今天的理想与我年轻时的理想没有本质的区别，没有多大不同，我想我也许终究只是心理学家们给出过诸多评价的那些可悲的发展停滞的案例之一。我很小的时候就知道，生命、自由和追求幸福是人类不可剥夺的权利。我的心与这种思想相感应，它说，这是诚心所愿。可悲的是，我从来没有忘记，我仍然如此相信。

我们独立战争所宣布的目标，作为美国民主的基调，被当时我们这一代的年轻人所接受。它使我们成为如此热情的爱国者！我们会玩打仗游戏，我们常常用雪球和雪橇玩邦克山战役的游戏！扮演英国人的一方毫无荣誉可言。为了展示我们被点燃的爱国主义热情，我可以讲一件关于我自己的不光彩的逸事。当时我十二岁，和几个英国朋友一起坐车在伦敦的街道上行驶，突然听见了掌声。"看！那是威尔士亲王！"一个英国朋友说。"杀了他！"我喊道。他们肯定是我的好朋友，因为我现在还活着。

青春是一段热烈的时光，那时一个人也是如此热烈地感受世界！我读过《新约全书》、托尔斯泰、托马斯·潘恩，还有那本与托马斯·杰斐逊的哲学如此接近的书——卢梭的《社会契约论》。登山宝训，托尔斯泰《爱的需求》的骇人结论，"自由、平等、博爱"的话语，《独立宣言》中的伟大宣言——这些对我，一个年轻的美国人来说，都是真理。在我读过的诗中，我发现了这些真理。我为"老水手"那饱受灵魂折磨、疲惫不堪的结语而哭泣，那是年轻的眼泪：

> 再见吧，再见吧！喜宴的宾客！
> 但临别前听我良言！
> 只有兼爱人类和鸟兽的人，
> 他的祈祷才能灵验。
> 谁爱得最深谁祈祷得最好，
> 万物都既伟大又渺小！
> 因为上帝爱我们大家，

也正是他创造了我们。[1]

"我们怎么能在一个没有爱的、不快乐的世界里面对这些事实呢？"我自问。我见过美国的穷人和世界各地的穷人，看到了贫困的痛苦和绝望。我见过单调乏味的生活。我想起了华兹华斯，我不断对自己重复："我们难道没有理由悲叹，人是怎样对待人的？"我问自己："这个资本主义的世界，难道就是美国自由意志的顶点吗？所有人都是自由平等的吗？他们**正在**追求生命、自由和幸福吗？"而资本主义回答："再等等。"

从我第一次投票以来，已经过去了 37 年，这在人的一生中是无比宝贵的。我问资本主义："你的承诺在哪里？我们宣言中的那些你们确认的承诺，那些人们为之战斗和牺牲的承诺在哪里？1917 年的承诺哪儿去了？为了这个承诺，20 万年轻的美国人或死或伤，持续的政治腐败，持续的失业和贫困，公民自由和民主受到越来越多的压制。间谍活动的自由，就是你所说的实现承诺吗？人们流露出的不满和激愤，难道是追求幸福的表现吗？你所说的生活，就是战争和军备吗？今天，这一切就是你的答案吗？""不是，"资本主义说，"再等等。"

我一直在等，就像我曾经等待过的一样，就像数以百万计的人们已经等待过的一样——如今不会等太久了。我在等待，美国式的

---

[1] 出自《古舟子咏》，作者塞缪尔·泰勒·柯勒律治，英国著名湖畔派三诗人之一。

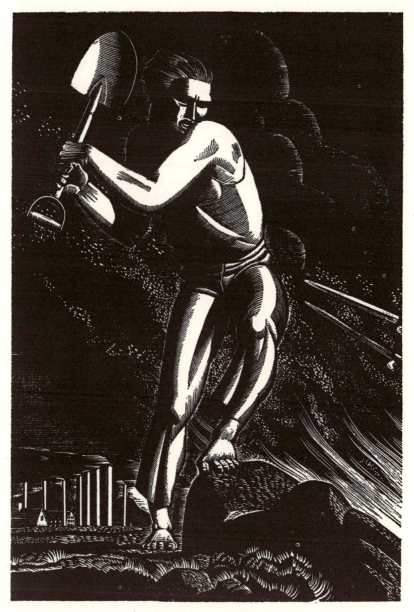

全世界的工人,团结起来!

童年带给我的那些期望，至今仍与我年轻热情时一样充满活力。我那时认为必须进行的变革，我在37年的人生中常常思考，我知道，今天一**定要**进行。资本主义的承诺，它的抗议、恳求和威胁的洪流，让我和越来越多的人比以前更清楚地知道，这是美国民主既得利益者有目的的欺骗和谎言。那些顽固而愚蠢的人，他们的思维方式一旦形成，就不愿再质疑；或者，如果你愿意，也可以说，那些被耀眼的光芒闪瞎的人，却还能用瞎了的双眼看到黑暗天空中的舞蹈；"原教旨主义者"用令人愤怒的偏见谴责科学，蔑视现代世界的真理，无视进步的迫切需要——用任何他们喜欢的愚蠢或失常的观念。但我们仍怀着我们革命先辈的精神、远见和信念，我们呼喊：给我们生命、自由和幸福！而且要快！作为美国独立之后的反思以及给我们带来幸福的尝试计划，我们的宪法，它起作用了吗？在经过150年的尝试后，它给我们带来幸福了吗？没有？那就改变它。或者，作为已经证实了的、对美国的理想具有颠覆性的文件，放弃它重新开始吧。美国原教旨主义者在人权方面的这种精神被乔治三世和诺斯称为革命精神。我们能堕落到让美国人现在也这么称呼它的地步吗？当一个来自封建南方的征收选票税的爱国者在华盛顿谴责我们时，人们会欢呼吗？我们这些为人权而战的人是得到了莫斯科的资金吗？好吧，莫斯科，再给我们来点吧！斯大林支持我们吗？上帝保佑你，斯大林！——就像我们的先辈曾祈祷上帝保佑法国国王一样。上帝保佑我们的同行者。

　　民主的精神就是美国的精神，但它比我们在这个大陆上拥有的微不足道的几个世纪要古老。《大宪章》[1]就是其中的一种表达。瓦特·泰勒[2]和英国农民为此而战。

> 在亚当耕田、夏娃织布之初,
> 谁为绅士,谁又是贵族?

在卡尔·马克思之前 500 年,约翰·波尔就以这句名言激励了英国农民。

在列宁领导莫斯科工人起义的一百多年前,康涅狄格州的丹尼尔·谢斯领导了农民起义,加速了联邦宪法的通过。

那些我们建国初期的社会理想总是对年轻人有强烈的吸引力,因为他们相信生活应该给人们带来幸福,但他们也认识到——这也容易让年轻人突然意识到现实——对很多人来说,事实并非如此。我知道,尽管我的所见所闻让我感到不安,让我了解到普遍存在的愚蠢的社会不公,我还是相信——就像我们的父辈和我们的年轻人经常做的那样——这样是错的,我们可以改变它,对此我全心投入自己的思想和研究,就像我们对待自己的问题一样。但是伟大的思想相信人具有基本的友善与谅解,在这些艰难的岁月中我应该惭

---

[1] 也称《自由大宪章》,是英国封建时期的重要宪法性文件之一,主要内容是保障封建贵族和教会的特权及骑士、市民的某些利益,限制王权。英国资产阶级革命时期,大宪章被利用作为争取权利的法律依据,并被确定为英国宪法性文件之一。
[2] 瓦特·泰勒起义是 14 世纪英国爆发的一场激烈的农民抗税起义。

愧地承认我年轻时也倾向于这样认为，而在我自己对社会问题认真的、不成熟的思考中，我本能地寻求与此相适应的解决方案。我相信，我在合作联盟的理念中找到了答案。在我第一个选举日的早上，共和党人派来了一辆四轮折篷马车，要带我去投票，我说："不用了，谢谢。我走路去。我投给社会党。"

时光流逝，我旅行过，四处见闻，跟人聊天，被人问话，也与人争论。我用我的双眼观察，用我的双耳倾听，也试图用我的头脑去思考。然而，我没有遇到任何充分理由——无论是在我朋友自信的断言中，在乐观的政治家和改革家身上，在新政的宣传中或是法西斯思想的鼓吹中，在工会的妥协或政府的安抚政策中，在我成年的 37 年里从我的感官到大脑的任何想法中——改变我早期的坚定信仰，那就是所有人对生命、自由和幸福的追求只与民主相一致，而且只与名为社会主义的民主形式相一致。如果这是一场革命，那就好好利用它。在今天的美国，可悲的事实是它确实是一场革命，那就充分利用它。迪斯和库格林、佩里、莫斯利、媒体、广播、讲坛，还有联邦调查局，利用它们。

许多年前，媒体刊登了一个自称"美国革命之女"的组织将一些作家列入"非美国作家"黑名单的事件。我也在名单之中，尽管当时我只写过一本书，那是我和八岁的儿子在阿拉斯加岛上的小木屋度过一个冬天的日记。作为按时间顺序记载冒险经历的开创性作品，它可能是那些称我为"非美国"的女士所能知道的，最接近再现我们的大陆定居者的早期生活状态的作品。我们，非美国！我觉得很好笑。

在萨科和万泽蒂最终被定罪后,公众开始了解实情,我是认为这是一场严重误判的数百万美国人之一。因此,一些人——大概是美国人——开始给我写匿名信,大意是:"你为什么不回你的故乡俄罗斯去?"这让我感到十分诧异,因为我并非来自俄罗斯。

在写作关于埃塞克斯县农民争取低税收和诚实政府运动的过程中,我了解到我们的对手,共和党派,把我描述成一个"黑眉毛的外国人"。又是外国人!令人困惑。

在最近几年中,当我协助打击日益增长的官方对公民自由的不断侵蚀("非美国"的侵蚀,我们都承认),帮助确保黑人与白人一样拥有平等的正义和公民权利(这方面的不平等无疑是"非美国"的),协助提高生活水平和弱势群体的教育水平(弱势群体的存在和对他们的忽视当然是"非美国"的),帮助终结失业、童工和私刑(毫无疑问是"非美国"的),帮助建立林肯所说的民主政府(谁能说林肯"非美国"?),帮助结束战争(战争是一个真正的美国人所知道的地狱),当我全心全意想做一个真正良善的美国公民,并且帮助我的国家变成一个更富有、和平和幸福的地方,我也在寻找那些和我有同样想法的人——因为现今一个人不能独自行动——我找到了他们,研究他们组织的章程,检视他们的行动是否与我个人的美国原则和对美国的希望完全符合,当我确信他们是这样之后,我加入了他们开始工作——**就在那时**,我和我们所有人发现我们所想、所做和所希望的一切居然被冠以"外国、非美国、颠覆性的、犯法的",这简直是对美国情报机构的侮辱,只有那些相信他们的可怜的胆小鬼才应该受到侮辱。因此,因为这些人,我可

能会被仇恨或恐惧,这是他们给予诚实之人的荣誉。下面我列出了我部分罪恶的组织关系:

美国艺术家协会(副主席)——对富人的审美和政治敏感性具有颠覆性。

美国艺术家联合会,隶属美国产业工人联合会,本地 60 号(主席)——对艺术家作为工人的低报酬和剥削具有颠覆性。

风景艺术家联合会,油漆工、装饰工和裱糊工联合会,本地 829 号,隶属美国劳工联合会——对低标准和低报酬具有颠覆性。

美国青年大会——对世界明天比今天更糟糕具有颠覆性。

波多黎各公平竞争委员会——对波多黎各的暴力致死行为具有颠覆性。

美国革命的后代——对"美国革命之女"具有颠覆性。

国际劳工保护组织——对穷人不经正当程序定罪具有颠覆性。

全国人民权利委员会(主席)——对为了营利造成的矽肺和为了营利的各种犯罪具有颠覆性。

国家农民协进会——对一无所有具有颠覆性。

美国作家联盟——对普遍不公和对此无所作为的人的自满情绪具有颠覆性。

国际劳工组织(副主席)——对不安全、贫穷、无知和无聊具有颠覆性。

美国和平与民主联盟(国家委员会成员)——对法西斯主义、种族偏见和地狱具有颠覆性。

美国民主和知识自由委员会——顺理成章地对现今以法律名义

进行的许多事具有颠覆性。

西班牙难民救济运动——对勇敢爱国者的饥饿具有颠覆性。

一个西班牙难民孩子的养父母（巴勃罗·费尔南德斯，愿上帝保佑他！）——我们希望，随着时间的推移，对西班牙的暴政具有颠覆性。

17个人的家庭中的父亲、岳父、祖父——至少对于一个家庭来说，他用老齐纳斯·肯特和无数其他人为之奋斗的那种自由精神，颠覆了种族自杀和消亡的趋势。

什么样的人属于这些组织？上帝啊，这很难说。各种各样的人。少数非常富有的人，但是这样的人不多，因为我们知道，富人

的心肠比较硬。更多一些的人，虽然还是少数，是一贫如洗的人，因为贫穷通过恐惧和无知使人的思想和意志堕落。还有成千上万的工人、男男女女，各行各业的人们，民主——无论他们在其中看到的是神的律法或辩证唯物主义，是耶稣的福音或孔子学说，是杰斐逊或华盛顿、林肯或约翰·布朗、马克思或列宁，或者是他们自己的灵魂或常识——对于他们来说，民主意味着世界和平和人类的幸福，这些人都属于这些组织。除此之外别无他人。

任何打算出国旅行的美国公民，要求他的政府提供相关公民资格的证明，以保证他在旅行中得到本国代表的尊重和服务，并保证他毫无疑问能回到自己的祖国，这种证明也就是护照，在获取护照时，一个人必须宣誓如下：

"……我庄严宣誓，我将支持和捍卫美国宪法，反对一切国内外敌人；我将真诚地效忠美国；我自愿履行此义务；决不有所保留或有意逃避：愿主保佑。"

这很荒谬，而且至少在道德意义上是违宪的，因为宪法不仅明确规定了它是可以被修改的，而且在回应善良的美国人民的批评和攻击时，它也被反复修改过。**不维护**我们的宪法是我们的合法权利。为了拿到护照，我们却得放弃这一权利！

《独立宣言》并没有法律效力，它不过是我们国家的国父们与他们的同胞及所有后代之间订立的一项庄严的盟约或条约。然而，作为一个盟约，作为我们的民族信仰，作为我们国家和政府因何建立的崇高目标的宣言，我们将永远信守对它的承诺，我们完全可以把它作为一个基本的考验，来检验我们出于嫉妒的歧视而命名的

"美国精神",并把宣誓后对它的支持作为公民资格的法定要求。如果在每个美国公民二十一岁生日的正午,或者在希望入籍的外国人完成宣誓的当天,每个人依次在公共广场上准备好的讲台上就位,对着聚集的民众凭记忆引用而不是看着稿纸朗读《独立宣言》的序言,然后庄严地发誓要以它为生活的准则,这将会是多么令人印象深刻的事件,继而让每个新人留下难忘的回忆。

  我们认为下面这些真理是不言而喻的:造物者创造了平等的个人,并赋予他们若干不可剥夺的权利,其中包括生命权、自由权和追求幸福的权利。为了保障这些权利,人们才在他们之间建立政府,而政府之正当权力,则来自被统治者的同意。任何形式的政府,只要破坏上述目的,人民就有权利改变或废除它,并建立新政府;新政府赖以奠基的原则,得以组织权力的方式,都要最大可能地增进民众的安全和幸福。的确,出于慎重,成立多年的政府不应当由于轻微和短暂的原因而改变。过去的一切经验也都说明,任何苦难,只要尚能忍受,人类都宁愿容忍,而无意废除他们久已习惯了的政府来恢复自身的权益。但是,当政府一贯滥用职权、强取豪夺,一成不变地追逐这一目标,足以证明它旨在把人民置于绝对专制统治之下时,那么,人民就有权利,也有义务推翻这个政府,并为他们未来的安全建立新的保障。

可能，在记住这些庄严话语的过程中，他们一遍遍地阅读和记忆，对它们的意义做出年轻人才会进行的认真而具有同理心的思考，而最后在正午的公共广场上的背诵以及宣誓要遵守它们，将给每个人留下深刻的印象，并被证明对良好的公民精神具有持久影响。不过可以肯定的是，如果以上誓言被应用于公民身份的宣誓，那么将有许多对"美国精神"最有害的呐喊者，还有数百万被他们误导的支持者，将不得不改正他们的行为、约束他们的语言，或者失去以民主的名义无耻地剥夺他人权利的权利。

XXXVIII
上帝保佑我们的国土

乔治五世,这位"蒙受上帝恩典的大不列颠及爱尔兰和英国海外自治领土的国王、信仰的捍卫者、印度皇帝",我记得,我断断续续好几天在我们格陵兰岛小屋子里收听的广播节目中听到他的周年庆典。我们听到政治家、贵族、王子和教士的颂词和群众的欢呼,我们听到国王本人——就好像在格陵兰岛对着我们这些坐在凳子上或者酒桶上的人们说话一样——说他对于表达对帝国忠诚的各种活动感到非常感动,为此他只能引用他敬爱的祖母,维多利亚女王在类似场合说过的话:"谢谢你,我亲爱的人民。"听起来很有趣,虽然我们都不是英国人,但还是有些感动。我记得有一次我跳起来叫我儿子戈登,他在室外某个地方:"快来,孩子,快过来!你会听到以后可能再也听不到的有趣的东西。"正在广播中说话的是坎特伯雷大主教。这次的庆典非常有趣——虽然有点过头——但是很有趣,有时又有点感伤。但是,感谢上帝,它绝没有把我们带到英国,或者把英国带到快乐的伊格洛赫绥特岛。

在格陵兰岛上,从广播里听到对埃塞俄比亚的入侵,听到以帝国名义对黑皮肤的原住民进行的残酷杀戮,令人深感震惊,这可能就类似我们这些可爱的浅肤色的人,去如此对待我们更加可爱的深肤色的朋友、爱斯基摩人。这非常令人震惊和愤怒,我们发自内心地祈祷意大利军队会遭到毁灭。然而,那场战争仍然离我们很远,我们的幸福生活还在继续。

四年前,我们通过广播和媒体得知——因为我们已经回到了美国——德国已经将莱茵兰军事化[1]。尽管我们早就讨厌希特勒,甚至也看到德国增加军备对欧洲和平的威胁,我们却因为过分意识到《凡尔赛公约》的不公正,而对它的强制撤销没有感到严重的不满。然而,这是欧洲的问题之一,愿上帝保佑这永远不会成为我们的问题。

我不知道,位于阿斯加德的我们,如此这般沉浸在我们的土地

---

[1] 1925年德国与西方国家签订了洛迦诺公约,明确规定莱茵河以东50公里内为非军事区,禁止德军进入。但之后希特勒公然撕毁条约,1936年3月7日凌晨,3万德国士兵踏入莱茵兰地区。

上与自己的生活中，除此以外，关心的只有作为美国公民，自认为是美国人自己的问题，因而对于近年西班牙历史上导致佛朗哥叛乱的事件，比起大多数的同胞几乎更加无知。无论如何，我们听到叛乱的消息时，很少有人关心，这是我们大多数人对待遥远的外国人民内部派系斗争的习惯。之后，当我们得知此次叛乱实际上是墨索里尼和希特勒为对抗最年轻、最理想主义的欧洲民主国家的一次深思熟虑的侵略行为时，我们是多么震惊，因为西班牙与南美国家及其人民在地理、历史和种族上的关系，它将可能成为对美国的一个潜在威胁！我相信，我们大多数人都认为，我们的政府对美国人民日益增长的恐惧和同情做出回应，是理所应当的事。后来我们意识到，使我们实际上成为侵略者盟友的、臭名昭著的《禁运法》仍将继续执行下去，直到法西斯分子获胜，我们许多人才第一次对民主政府的原则不再抱有幻想。值得庆幸的是，我们绝大多数人心灵单纯，对于所有政府以及许多人所采取的对朴素道德似是而非的逃避主义，不愿意毫不羞耻地接受。委婉地说，我们的政府对西班牙人民事业的背叛所引起的怀疑，在后来日本军队大规模屠杀中国人民的过程中，得到了可怕的证实。而且，随着事态的发展，我们将看到这一点，战争也会降临到我们头上。尽管我们疾呼和平，但我们的行为却伴随着飞机的轰鸣声和炸弹的爆炸声，比呼唤和平的声音更响亮。在这种情况下，上帝是否能听见我们的轻声疾呼呢？

不过，在经历了这一切之后，美国农场的季节像往常一样来了又走，代理商的自动收报机记录在某种程度上反映了行业的脉动，而产品的价格取决于某些最终的模糊分析，总之农场存活了下来，农民耕田、播种、收获,他们的希望在上帝的掌握中,而上帝通过气象局广播对他们说话。

我们在阿斯加德听到了德奥合并的消息。我们在阿斯加德听到了,美国所有农场的人们也听到了,每个工厂、每个家庭都知道,对此不加制止,就意味着欧洲的战争,意味着法国和英国都将卷入战争。在当时的美国,也许连高中生都清楚地知道这一点,那就是希特勒必须被阻止。人人都说:"让欧洲阻止他吧,我们置身事外就好。"因为,很少有哪个民族能对现代战争的动机更加不抱幻想,并且深谙这种廉价乡村市集上的一整套宣传伎俩,比如后来的"结束战争的伟大战争"这种宣传,他们也深谙其中的玄机。

当捷克斯洛伐克危机时我们日夜守着收音机,对即将发生的事担心焦虑得喘不过气来;或是在《慕尼黑协定》的黑暗恐惧时刻,当张伯伦以英国的名义,为了英国"当代的和平",将自由人民当成奴隶卖给了德国,甚至在我们为被出卖的自由流泪的时候,我们都不认为这是**我们的**背叛,或者认为这仅仅是欧洲自己该担心的后果。如果在那些悲惨的日子里,我们确实唤醒了自己的希望,那就是用我们看待阿斯加德的充满爱的双眼去丈量我们的大陆,寄希望于我们还能够维护的和平,以及通过耕耘我们自己的花园而在此建立幸福的生活。还记得吗?我们如何感谢上帝和我们的先辈,庆幸我们不是欧洲人?庆幸我们既不是受害者——尽管我们在西班牙和中国发挥了作用,算是一种荣誉——也不是无耻背叛的国家之一。我们是否还记得——我们这些发现并阅读了媒体那几行态度勉强的新闻的人——那时只有苏联做好了准备,甚至恳求阻止希特勒,就像世界上所有国家中只有他们支持西班牙和中国似的？从那以后发生了多少事！我们很快就忘记了，甚至连英国都好像忘记了它曾抛弃捷克斯洛伐克，现在却来谴责我们没有宣战。

也许我们阿斯加德人能用高耸于西方地平线上那亘古不变的不朽山脉来帮助人们不要忘记，用那些围绕着我们的苍莽森林与耸立的丘陵来帮助人们不要忘记，在那里人们可以歌唱，我们日复一日、年复一年地被提醒着我们这片大陆的美丽、富饶以及它所拥有的无限的幸福来源。无论如何，我们确实记得。而且，当人们因接连不断的背叛走向最后的幻灭时，我们也不会忘记。"只有幸福，"一部老情节剧中孤苦伶仃的女主人公说，"才能让我再次落泪。"我不知道我在什么时候会流泪，不过我的泪腺可能挺脆弱的。但是我的**信念**！——直到幸福和和平重回人间才会消失。

国王、皇帝、教皇、主教、政治家、民选官员，以及美国总统、纽约市长和州长，还有杰伊镇监察员的话——我不相信。

公约、条约、非正式协议、联盟、对话、轴心、友好协议——我不相信。

纳粹主义、法西斯主义、资本主义，武力或所有权，或是任何你喜欢的说法——我不相信。

我们声称对南美、菲律宾，或是波多黎各、西印度群岛人民的爱——我不相信。

新闻的标题以及报社的社论——我不相信。富兰克林·D.罗斯福说："不要相信你读到的一切。"好的，总统先生，我们不相信。

我们听到波兰被入侵的消息，也只不过像我们听到遥远的飓风造成的大破坏那样悲伤。我们对法国和英国所谓的关切无动于衷，对他们的威胁、他们的动员、他们的宣战、他们对民主的声明、他们对我们的恳求，都无动于衷。把民主和荣誉挂在嘴边？上帝啊，我们能这么快就忘记吗？

那么俄国和《互不侵犯条约》呢？"好！"我喊道，"他们为那个虚伪的两面派盟军提供了应得的待遇。"我想，现在有**两个伟大的中立国家**了：苏联和美国。一个可以出售给德国，如果同盟国能够交易的话也可以出售给他们；另一个出售给日本，或者中国——如果中国还能交易的话。当苏联军队占领半个波兰时，我、我们以及每一个有常识和人类尊严的人都很高兴。在库格林去莫斯科之前，**那些**犹太人将是安全的。

但这一切与在阿斯加德的我们有什么关系呢？什么关系都没有。利库格斯曾对一个要求在斯巴达建立民主制度的人说："你去吧，先在你家里建立民主制度。"我们的大家庭就是美国。

对于立陶宛、爱沙尼亚、拉脱维亚，"斯大林已经控制了它们"，我们的媒体惊呼道。"苏联不会控制它们的。"共产党人说。好吧，它们没有。接着是芬兰，"斯大林正在吞并芬兰，瑞典紧随其后"，媒体和广播怒吼道。"斯大林没有这么做。"共产党人说。这都不关我们的事，但我们拿出地图，读了读历史。我们读得越多，对诉求研究得越多，就对媒体的言辞感到越惊讶。"它们为何不接受这个交易？"我们自问。现在它们接受了。如果不是因为同盟国的承诺以及我们美国廉价的"芬兰，回击"这样的言辞，成千上万善良的芬兰人和俄国人就会在各自边界线的一边，如往常一样生活和工作,至于边界线画在哪里,从来不曾、也永远不会让他们太关心。至于芬兰、瑞典?它们没事。看起来,斯大林并不想要它们。如果情况继续下去,从以往经验中总结真理的话,我还会再次相信共产主义者,他们常常是对的。

过去几年我们在阿斯加德听到的世界范围内的悲惨消息,使我们深深觉得难过和悲痛。我们曾衷心希望,我们的国家没有因为政府行为以及佛朗哥和他的法西斯盟友而变成"非友好"。我们的物资和飞机对友好的中国造成了极大的破坏,这让我们感到羞愧和耻辱。我们管理自己国家经济的能力是如此不足,以至于我们无法接受来自外国暴政的难民进入我们富裕的国家,这使我们感到痛心。

我们想，如果这些事情都做成了，将有多少人会在这个富饶、人烟稀少的纽约州北部定居下来呢！我们想到，当时我们买了地的时候，我们是多么充满希望，幻想着必要时"靠它"生活。我们以及每个美国人都知道，让我们的家保持井然有序是多么迫切的需要，我们既可以体会欧洲的痛苦，也因其苦难而抱有坚定的决心，绝不介入，绝不让此事在这里发生。

阿斯加德，我们是多少年前来到这里的！回头看看，便能重温我们是如何发现它的，以及我在这本书中谈到的建造房子的过程。那时，它只是一处破旧的农场，有着荒芜的土地、老旧的谷仓和一文不值的房子，而我们选择建造房子的地方覆盖着小松树和灌木丛。那儿有一条小溪，没有池塘。弗朗西丝和我发现了它，把它变成了一个无比可爱的小世界，不知怎么就知道经过劳动、经历时间后它会变成这个样子。如果你还记得的话，我们在觉得应该盖房子的地方坐了下来，好像与大自然手牵手，一起规划如何建房子。我们按照自己的生活方式和我们自己的样子来规划，以这些为我们经历的岁月和长大过程中养育我们的那些传统的基础来建造这房子。就像我写的那样，我们需要一个建筑师。他不应该是只受过学校教育的人，因为我们都不是那种按照建筑手册挑选时髦房子的人。他必须理解我们的本性和我们的需求，因为我们想要的不是看守所，而是一个可以生活、呼吸以及安放我们自身的家。此外，建筑师必须精通所有的施工事项、可用的建筑材料和使用方法。他还得认识到他的客户的钱包的局限性。因为对建筑师的要求如此之多，我们很幸运在家里找到了一位，那就是我们自己。我已经说过我们的房子建造得有多好，从住在里面的人感受到的幸福就可以断定设计的诸多优点。出于我们在此处的幸福和自豪，我们把它命名为阿斯加德。

阿斯加德正西方是白脸山。在晴朗的日子里，我们可以看到山顶的防火瞭望塔，天空中的那一小块是升降设备终点，还能看到每一棵耸立在山脊上的云杉。在晴朗的日子里，我们可以从白脸山看到阿迪朗达克山脉的南部和东部，湖区的南部和西部，以及北边从纽约州北部一直延伸到加拿大的丘陵和平原。在西北部的特别晴朗的日子——比如说，日落时分，在晚霞的映衬下，最西边的地平线仍然是黑暗的，与余晖对比鲜明——我们**能**看到，也许因为地球的

曲线，我们能看到整个纽约州，也许，一直能看到中西部。我们的眼睛看到了多少美景啊！至于我们的头脑，则有广阔的漫游范围，就像从山顶俯瞰一样，我们可以审视整个美国。和我们一起坐下，就像我和弗朗西丝坐在想要建造房子的地方，审视我们的农场，思考、规划如何建造房子，让我们从白脸山山顶，仿佛与世界手拉手，审视我们的国家，为它制定规划。我们的这片土地！就像我们所说的，我爱你，就像爱盐一样。

我们的这片土地，有一部分仍然是荒野，曾经开垦过的几英亩土地现在又恢复成了森林，还有几英亩因为不明智地将保护它们的草皮给除去了，结果变成了荒地。不过，整个区域都在产出，有数百万平方英里的牧场，因此我们想知道，在我们的土地丰收的同时，为什么还有那么多人生活在贫困中。为什么这些肥沃土地上的工人如此贫穷？为什么有那么多人无家可归？

我们的这片土地，仍然人烟稀少，分散的人口中心的高楼和穹顶，就像我们大陆的绿色天鹅绒床单上闪闪发光的珠宝。但是，为何在高楼下以及楼宇间会有这样肮脏的公寓，就像从窗户里扔出来的生锈的罐子和垃圾一样？为什么芝加哥的院子里到处都是这样的垃圾？还有匹兹堡的卫城，它真的植根于贫民窟吗？它是否会像一朵美丽的花朵在堆积的粪土上那样茁壮地成长，并将花瓣向天空伸展？

无数河流从山脉和高地流向大海。这些也许可以用来发电。而且有足够的电力让所有人都用上电灯、收音机和电话。为什么那么多人没有呢？工业的伟大工厂，应该可以有更多。但是，在工厂闲置、工人没有工作的情况下，为何那么多家庭缺乏这些东西呢，当初建造工厂不正是用于生产它们吗？为什么有那么多人生来就对美好的事物充满爱，并愿意为之努力，结果却成了穷人？为什么一块本应用于种植农作物的耕地却荒废了？

所有这些东西——我们大陆的美丽和富饶，我们人民正当的希望、善意和智慧，垃圾，破灭的希望，贫穷，值得尊敬的不满——所有这些，我们都在山顶上一一审视。我们掌握了问题核心，知道它的重要性，我们面对它，因为我们热爱我们的土地。就像弗朗西丝和我坐在想要建造房子的地方一样，思考我们的事业所提出的问题，用心感受我们的土地会变得多么美好，决心在那里建造一个符合我们需要、让我们快乐的房子。我们作为人民——对于今天在白脸山上的客人来说，我们都是——决心用充满我们集体灵魂的激情来将我们的"大陆农场"——美国，变成天堂。我们将建造耶路撒冷！

作为建筑师，我们必须——从比肯特家族所面临的限制条件更为全面的意义上——深刻理解我们的本质自我，我们的需求，我们的天性和我们的期望。我们不是那种从时尚杂志挑选最新款式的人。我们既不关心过去发生了什么，也不关心今天在任何人的授权下交给我们的最新事项是什么。我们的美国，不是一个收容所，而是我们所有人生活、呼吸和安放自身之处。我们的建筑师必须精通所有可用于这个大工程的施工方法，必须充分意识到我们在资源上的局限，既不超出当下所拥有的资源，也不会让我们在未来不得不去依赖他人而非自己。作为一个建筑师，这是一个宏大的问题，这也是我们的问题。这位建筑师必须是政治家、工程师、心理学家，他必须理解塑造我们的历史事件，接受而非否认我们的先辈所认为的人类的权利——这也是我们根深蒂固的信念，并且包容他们为争取这些权利而采取的手段。这是一个比肯特夫妇在阿斯加德的问题大几亿倍的问题。但我们的智慧和力量也是几亿倍的。难道我们会有一样的好运，发现这位建筑师的名字是——我们自己？或者发现他的名字是民主？最好是这样！对他设计的检验就是我们是否幸福。至于这件事，只有我们自己可以判断。

XXXIX
尾 声

我们已经上山好几个小时了。西边的天空已经暗淡下来,陆地的轮廓仿佛消失一般。夜晚已经到来。星空璀璨,和平降临大地。就保持这样吧,因为我们将从清晨开始,建设美国。

阿斯加德,我所拥有!我们在北方度过了一个严冬。上一季的干旱使地下水位下降,进入冬季后,冻结的地表下的储水量已所剩不多。我们周围的水井很快就干涸了,在1月底之前,我们就开始从河里为牛棚里的牛运水。偶尔天气变暖使冰雪融化,会给我们带来一些安慰,但是这种前所未有的持续寒冷却剥夺了我们的安慰。

我们的农民在其他年份里曾抱怨"冬天除了积雪和融雪外什么也没有"。1940年就没有这样的抱怨!冬天一直持续到4月,直到5月29号、30号还有霜冻。然而,这之后就一夜入夏。正如我所写的,绿草如茵,树木舒枝展叶,紫丁香开花了。耕过耙过的土地已经准备好播种。我们会播种,天会下雨,太阳会照耀,种子会生长。庄稼将成熟,我们会收割。把它们储存起来以备过冬,在畜棚的大阁楼上装满干草,在筒仓里装上玉米,在粮仓的箱子里装入谷物,这样我们就可以喂牲口了。阿斯加德的生活将继续下去。

所以,在美国,一切和平、满足和追求幸福的生活——我自己的生活!——总有一天会有的。我会帮忙耕种刚刚犁好的田地,帮忙开垦荒地,破开阻碍开垦的顽石,把残留的树桩连根拔起,砍掉灌木丛、清理牧场,给果园里的毛毛虫喷药。这里有工作要做,我和其他数百万人都要工作下去。让我们生活在和平中吧,我们会的。

与此同时,他们却在呼喊战争。立法者对失业的10年现状感到满意,积极反对劳工的权利和愿望,热心宣传削减公民自由,企图背叛和颠覆美国的民主原则,现在却号召我们以民主的名义在国外为民主而战!基于全国范围内的失业、贫困和不满,我们的国会和政府推出了最后的毁灭性武器——来拯救民主!拯救吗?——应该是埋葬吧。我虔诚地从内心深处祈祷,让他们都见鬼去吧。

1939年秋天,我们相互警告。我们得知了真相——把我们拖入最后战争的非人道密谋的可耻真相,阴谋、谎言、背叛造成了这一切——得知了我们在西班牙和中国的角色,鄙视张伯伦,不信任法国,充分意识到战争是可怕的谋杀,它将带来更多的战争——在1939年,我们得知了**真相**。1939年,我们拥有良好的记忆、清晰的愿景和健全的头脑,我们向上帝发誓,向自己和彼此发誓,坚持和平。我会遵守我的誓言,让其他人也遵守他们的誓言吧。

我生活在我自己的国家,在我所拥有的阿斯加德。在美国,请让我和我的家人以及所有的美国人都继续享受和平吧。让我们死在这里而非别处,这样,我们每个人最终可以在我们得到的6英尺土地,在自己的墓碑上刻下:

这是我所有!

致　谢

感谢路易斯·昂特梅尔《来自另一个世界》(*From Another World*)中的段落(本书142—144页),哈考科·布雷斯公司(Harcourt, Brace & Co.),1939年。

感谢哈德逊·斯特罗德(Hudson Strode)《雷鸟之南》(*South by Thunderbird*)中的段落(本书第XXXV章开头),兰登书屋,1937年。

感谢A.克鲁克斯·里普利的圣诞贺卡,1937年,本书第273页。

感谢国家商业银行和信托公司的画,本书第284页。

感谢国家商业银行和信托公司的画,本书第389页。

感谢卡尔·桑德堡(Carl Sandburg)的诗《把我放在铁砧上》(*Lay Me on an Anvil*),选自《剥玉米的人》(*Corn Huskers*),亨利·霍尔特公司(Henry Holt & Co.),1918年。

感谢《今天的生活和书信》(*Life and Letters Today*),伦敦,本文第XXXV章中的一大部分内容。

感谢他们的善意,允许作品被收录于本书中。